CW00496660

Die evolutive Auslegung völkerrechtlicher Verträge am Beispiel des GATT

Schriften zur Internationalen Entwicklungs- und Umweltforschung

Herausgegeben vom

Zentrum für internationale
Entwicklungs- und
Umweltforschung

der Justus-Liebig-Universität Gießen

Band 29

PETER LANG

Frankfurt am Main · Berlin · Bern · Bruxelles · New York · Oxford · Wien

Eva Greschek

Die evolutive Auslegung völkerrechtlicher Verträge am Beispiel des GATT

PETER LANG
Internationaler Verlag der Wissenschaften

Bibliografische Information der Deutschen Nationalbibliothek
Die Deutsche Nationalbibliothek verzeichnet diese Publikation
in der Deutschen Nationalbibliografie; detaillierte bibliografische
Daten sind im Internet über http://dnb.d-nb.de abrufbar.

Zugl.: Gießen, Univ., Diss., 2011

Umschlaggestaltung:
Atelier Platen, Friedberg

Gedruckt auf alterungsbeständigem,
säurefreiem Papier.

D 26
ISSN 1615-312X
ISBN 978-3-631-63428-8

© Peter Lang GmbH
Internationaler Verlag der Wissenschaften
Frankfurt am Main 2012
Alle Rechte vorbehalten.

Das Werk einschließlich aller seiner Teile ist urheberrechtlich
geschützt. Jede Verwertung außerhalb der engen Grenzen des
Urheberrechtsgesetzes ist ohne Zustimmung des Verlages
unzulässig und strafbar. Das gilt insbesondere für
Vervielfältigungen, Übersetzungen, Mikroverfilmungen und die
Einspeicherung und Verarbeitung in elektronischen Systemen.

www.peterlang.de

Vorwort

Die vorliegende Arbeit wurde im Wintersemester 2008 vom Fachbereich Rechtswissenschaft der Justus-Liebig-Universität Gießen als Dissertation angenommen. Sie ist im Wesentlichen auf dem Stand Ende 2008, nachfolgende Literatur konnte weitestgehend bis Anfang 2012 berücksichtigt werden.

Mein herzlicher Dank gilt meinem Doktorvater Prof. Dr. Thilo Marauhn, der die Arbeit mit wertvollen Hinweisen förderte. Prof. Dr. Mahulena Hofmann bin ich für das zügige Zweitgutachten dankbar. Danken möchte ich auch Prof. Dr. Wolf-Dietrich Walker sowie Prof. Dr. Britta Bannenberg als weitere Mitglieder der Prüfungskommission. Dr. Matthias Höher gebührt mein Dank für die Aufnahme der Dissertation in diese Schriftenreihe.

Besonders danken möchte ich schließlich meinen Eltern, die mir das Studium ermöglichten und mich währenddessen bedingungslos unterstützten. Ihre Hilfe und ihr Vertrauen haben mir die Freiheit in meiner Ausbildung gegeben. Mein Dank gilt in gleicher Weise allen, die mir während der Erstellung dieser Arbeit zur Seite standen und damit erheblich zu ihrem Gelingen beigetragen haben.

Dortmund, im August 2012

Eva Greschek

Inhaltsverzeichnis

Einleitung

A. Gegenstand der Untersuchung

Das 20. Jahrhundert ist geprägt von der Globalisierung der Weltwirtschaft. Seither öffnen sich die nationalen Märkte zunehmend einem weltweiten Austausch von Waren, Dienstleistungen und Kapital, um den Wohlstand in der Welt zu maximieren[1]. Diese Marktöffnung führte schon früh zum GATT 1947[2], einer ersten multilateralen Vereinbarung von Staaten, die den Handel mit Waren liberalisierte[3]. Einen Höhepunkt fand diese Entwicklung Ende des 20. Jahrhunderts mit der Errichtung der WTO, einem institutionellen Rahmen, um den freien Handel mit Waren, Dienstleistungen und geistigen Eigentumsrechten zu regeln.

Die vermehrte Kooperation und Zusammenarbeit der Staaten führte bald dazu, dass auch nicht-wirtschaftliche Belange in den Mittelpunkt des Interesses rückten. Angesichts wachsender global-ökologischer Probleme wie dem Klimawandel fand insbesondere der Umweltschutz ab den 1970er-Jahren Eingang in eine Vielzahl umweltvölkerrechtlicher Erklärungen. 1987 wurde beispielsweise das Montrealer Protokoll über Stoffe, die zu einem Abbau der Ozonschicht führen[4], und fünf Jahre später das Rahmenübereinkommen der Vereinten Nationen über Klimaveränderung[5] geschaffen. Dass Tiere vom Aussterben bedroht sein können, fand 1973 im Washingtoner Artenschutzabkommen (CITES)[6], 1979 in

---

1   Vgl. Herrmann, in: *Weiß/Herrmann/Ohler*, Rn. 17.

2   *General Agreements on Tariffs and Trade*, 30.10.1947/01.01.1948, 15.04.1994/01.01.1995, in: ILM 33 (1994), S. 1154, deutsche Quelle: BGBl. II 1951, S. 173 (jeweils auszugsweise); „GATT 1947" bezeichnet das Vertragswerk in seiner Fassung aus dem Jahr 1947; der Arbeit wird die amtliche deutsche Übersetzung der WTO-Verträge zugrunde gelegt; auf Abweichungen der amtlichen Übersetzung von dem Wortlaut des authentischen Textes in englischer, französischer und spanischer Sprache wird verwiesen.

3   Vgl. *Benedek*, S. 1: „Während in der Zeit zuvor eine Vielzahl bilateraler Regime den Handelsverkehr erschwerte, gelang es mit dem Abschluss des GATT, erstmals eine einheitliche multilaterale Rechtsordnung für den internationalen Handel als den Kernbereich der internationalen Wirtschaft zu errichten".

4   *Protocol on Substances that Deplete the Ozone Layer*, 16.09.1987/01.01.1989, in: ILM 26 (1987), S. 1541–1561, deutsche Quelle: BGBl. II 1988, S. 1014–1028.

5   *United Nations Framework Convention on Climate Change*, 09.05.1992/21.03.1994, in: ILM 31 (1992), S. 851–873, deutsche Quelle: BGBl. II 1993, S. 1784–1812.

6   *Convention on International Trade of Endangered Species of Wild Fauna and Flora*, 03.03.1973/20.06.1976, in: ILM 12 (1973), S. 1085–1104, deutsche Quelle: BGBl. II 1975, S. 777–833.

der Bonner Konvention zur Erhaltung wandernder Arten wildlebender Tiere[7] und 1982 in der Seerechtskonvention der Vereinten Nationen[8] Anerkennung. Nicht zuletzt wurde die Biodiversität 1992 in der Konvention über die Biologische Vielfalt[9] und acht Jahre später im Protokoll von Cartagena über biologische Sicherheit[10] unter Schutz gestellt.

Im Welthandelsrecht fehlt bis heute ein Bekenntnis der WTO-Staaten, die Ressourcen der Erde erhalten zu wollen. Nichtsdestotrotz wird der Umweltschutz in der Streitbeilegungspraxis der WTO berücksichtigt. Hervorzuheben ist die Entscheidung im Shrimps-Meeresschildkröten-Fall aus dem Jahr 1998, in der die Berufungsinstanz, der sogenannte Appellate Body, Handelsschranken zum Schutz von weit wandernden Tierarten zuließ. Der Appellate Body begründete diese „Umwelt-Entscheidung" mit dem evolutiven Wandel des GATT 1994[11]. Seiner Auffassung nach sei das Welthandelsrecht zur Nachhaltigkeit verpflichtet, einem Konzept, das mittlerweile im Umweltvölkerrecht anerkannt ist[12]. Die Streitbeilegungsinstanz äußerte sich jedoch weder zu den Grenzen einer „Ökologisierung" des GATT 1994 noch zum konkreten Inhalt des Konzepts einer nachhaltigen Entwicklung im Welthandelsrecht.

Diese „Erklärungslücken" führten bereits kurz nach der Entscheidung zu einer kontroversen gesellschaftlichen Diskussion: Einige vertraten die Auffassung, das Streitbeilegungsorgan änderte das Welthandelsrecht versteckt in ein „grünes Öko-GATT". Indem es den internationalen Handel aus umweltpolitischen Gründen einschränke, überschreite es in unzulässiger Weise seine Kompetenzen[13]. Eine solche „Ökologisierung" sei nur dann möglich, wenn die Mitglieder der

---

7   *Convention on the Conservation of Migratory Species of Wild Animals*, 23.06.1979/ 01.11.1983, in: ILM 19 (1980), S. 15–32, deutsche Quelle: BGBl. II 1984, S. 569–591.

8   *United Nations Convention on the Law of the Sea*, 10.12.1982/16.11.1994, in: ILM 21 (1982), S. 1261–1354, deutsche Quelle: BGBl. II 1994, S. 1798–2018.

9   *Convention on Biological Diversity*, 05.06.1992/29.12.1993, in: ILM 31 (1992), S. 822–841, deutsche Quelle: BGBl. II 1993, S. 1742–1772.

10 *Cartagena Protocol on Biosafety to the Convention on Biological Diversity*, 29.01.2000/11.09.2003, in: ILM 39 (2000), S. 1027–1046, deutsche Quelle: BGBl. II 2003, S. 1506–1538.

11 *Shrimp-Appellate Body Report*, para. 155, in: ILM 38 (1999), 118, 163; „GATT 1994" bezeichnet das Vertragswerk in seiner Fassung aus dem Jahr 1994.

12 Die Berufungsinstanz berücksichtigt das in der Präambel des WTO-Abkommens niedergelegte Nachhaltigkeitskonzept ausdrücklich im Rahmen der systematischen Auslegung des Chapeau von Art. XX GATT 1994 [vgl. *Shrimp-Appellate Body Report*, para. 155, in: ILM 38 (1999), 118, 163]; vgl. zum Nachhaltigkeitskonzept die Ausführungen unter Teil 3 B. II. 2. b).

13 Vgl. *Weizsäcker*, in: FAZ vom 15. November 1997, S. 15; *Schäfers*, in: FAZ vom 20. Mai 1999, S. 17; vgl. die Ausführungen in Teil 3 B. II. 4).

WTO das GATT 1994 in ein „General Agreement on Sustainable Trade" (GAST) bzw. ein „General Agreement on Trade and the Environment" (GATE) änderten[14]. Dagegen sahen andere hinter diesen Vorwürfen allein wirtschaftliche Interessen. Sie waren der Auffassung, besagten Stimmen ginge es nur darum, sich auf Kosten der Natur wirtschaftlich zu bereichern, was nicht mehr zeitgemäß sei[15].

Die vorliegende Arbeit greift diese Vorhalte auf, indem die rechtlichen Grundlagen, Grenzen und Folgen der evolutiven Auslegung völkerrechtlicher Verträge untersucht und am Beispiel des GATT 1994 verdeutlicht werden. Im Mittelpunkt der Analyse steht die Frage, ob und inwieweit Handelsschranken zum Schutz der Umwelt das GATT 1994 verändern. Ferner wird erörtert, welche Bedeutung und welchen konkreten Inhalt das Konzept der nachhaltigen Entwicklung im Welthandelsrecht hat. Weiterhin wird beleuchtet, welche Folgen sich für die Mitgliedstaaten ergeben, wenn der Schutz der Umwelt bei der Auslegung des GATT 1994 umfassend berücksichtigt wird.

B. Gang der Untersuchung

Die Arbeit gliedert sich in vier Teile.

Der erste Teil widmet sich den Grundlagen. Ziel ist es, die im Verlauf der Arbeit verwendeten Begriffe zu erläutern und die Subjekte und Foren der Auslegung vorzustellen.

Im ersten Abschnitt [A.] wird der Begriff des völkerrechtlichen Vertrages als Gegenstand der Auslegung geklärt[16] [I.]. Ferner wird die Auslegung bestehenden Rechts von der Schaffung neuen Rechts abgegrenzt [II.].

Der zweite Abschnitt [B.] stellt die zur Auslegung berufenen Subjekte und Foren vor. Im Mittelpunkt stehen dabei internationale Organe. Daneben wird auf den Rechtscharakter einer authentischen Interpretation durch die Vertragsparteien eingegangen. Der erste Teil schließt mit einer Zusammenfassung [C.].

---

14   Vgl. Helm, in: *Simonis*, 219, 240.

15   Vgl. *Weizsäcker*, in: FAZ vom 15. November 1997, S. 15; *Schäfers*, in: FAZ vom 20. Mai 1999, S. 17; vgl. die Ausführungen in Teil 3 B. II. 4).

16   Die vorliegende Arbeit untersucht die evolutive Auslegung völkerrechtlicher Verträge; die Auslegung anderer Rechtsquellen des Völkerrechts, wie z. B. des völkerrechtlichen Gewohnheitsrechts und der allgemeinen Rechtsgrundsätze [vgl. Art. 38 IGH-Statut (*Statute of the International Court of Justice*, 26.06.1945/24.10.1945, in: UNYB 1969, S. 965–971, deutsche Quelle: BGBl. II 1973, S. 505–531)] sowie einseitiger staatlicher Rechtsakte (vgl. von Heinegg, in: *Ipsen*, § 18, Rn. 1–17), ist nicht Gegenstand der Untersuchung.

Im zweiten Teil wird das „Phänomen"[17] der evolutiven Auslegung erläutert: Zunächst werden die Hintergründe erörtert, d. h. insbesondere die Vor- und Nachteile der evolutiven Auslegung aufgezeigt [A.]. Der zweite Abschnitt [B.] beschäftigt sich mit den Auslegungsregeln der WVRK[18], die in diesem Zusammenhang von besonderer Bedeutung sind. Im Mittelpunkt steht dabei die Frage, ob und unter welchen Voraussetzungen die WVRK die evolutive Auslegung von Verträgen vorsieht und begrenzt.

Zunächst wird diskutiert, ob die Auslegungsregeln gewohnheitsrechtlich gelten [I.]. Danach erfolgt eine Darstellung der Art. 31, 32 WVRK [II.]. Ferner wird untersucht, ob die WVRK die evolutive Auslegung von Verträgen vorsieht [III.]. Weiter wird die Reichweite der interpretativen Fortbildung erörtert [IV.], insbesondere ob und inwieweit nach Art. 31 III WVRK das völkerrechtliche Umfeld eines Vertrages die Auslegung leitet. Die Untersuchung konzentriert sich dabei auf die Frage, ob ein Vertrag auch dann durch spätere Äußerungen seiner Parteien verändert wird, wenn eine gemeinsame, rechtlich bindende Initiative der Staaten fehlt[19]. Die Ergebnisse werden zuletzt zusammengetragen [V.].

Im dritten Abschnitt [C.] wird die evolutive Auslegung völkerrechtlicher Verträge in der Entscheidungspraxis internationaler Organe aufgezeigt. Exemplarische Auswertung finden zunächst Entscheidungen von Rechtsprechungsorganen, nämlich des IGH bzw. seines Vorgängers, des StIGH, und des EGMR [I.]. Dann werden exemplarisch Entscheidungen des Sicherheitsrats der Vereinten Nationen als ein politisches Organ aufgeführt und analysiert [II.]. Ziel ist es

---

17 Die evolutive Auslegung völkerrechtlicher Verträge wird als ein „Phänomen" bezeichnet, da die Auslegungsmethode, wie die Untersuchung im Folgenden aufzeigt (vgl. die Ausführungen im 2. Teil der Arbeit), nicht ausdrücklich in der WVRK niedergelegt ist, sondern aus der Anwendung der normierten Auslegungsregeln hervorgeht und dadurch als „Phänomen erscheint".

18 *Vienna Convention on the Law of Treaties*, 23.05.1969/27.01.1980, in: ILM 8 (1969), S. 679–713, deutsche Quelle: BGBl. II 1985, S. 926–960.

19 Aufgrund der Unabhängigkeit völkerrechtlicher Verträge ist die Berücksichtigung von außervertraglichen Erklärungen, denen alle Parteien rechtsverbindlich zustimmen, ebenfalls bedenklich, soweit sie in keinem sachlichen Zusammenhang zum Vertrag stehen [vgl. Cremer, in: *Grote/Marauhn*, Kap. 4, Rn. 57: „Die (Europäische Menschenrechts-)Konvention würde zu einem Schwamm, der alle den Mitgliedstaaten gemeinsamen Menschenrechtsverpflichtungen aufsöge. Dies wäre äußerst ungewöhnlich. Ungewöhnlich wäre es (…), wenn man (…) als EMRK-Gehalt (…) das ansähe, was von allen Vertragsstaaten gemeinsam (…) betrachtet würde, ohne Rücksicht darauf zu nehmen, ob diese Rechtsüberzeugung sich auf die Konvention bezöge"]; aufgrund des Einvernehmens aller Parteien wird die Berücksichtigung in der Praxis aller Wahrscheinlichkeit nach nicht beklagt (so auch *Wirth*, RECIEL 1998, 237, 241); daher geht die Untersuchung darauf nicht näher ein.

hier, die gegenwärtige Spruchpraxis zur evolutiven Auslegung aufzuzeigen [III.]. Auch der zweite Teil endet mit einer Zusammenfassung [D.].

Der dritte Teil der Arbeit beschäftigt sich mit der interpretativen Fortbildung des GATT 1994. Einführend werden die Grundlagen des Welthandelssystems skizziert, indem im ersten Abschnitt [A.] die Organe der WTO dargestellt [I.] und auf die Auslegung des GATT 1994 eingegangen wird [II.]. Der erste Abschnitt schließt mit einer Zusammenfassung [III.].

Der zweite Abschnitt [B.] beschäftigt sich mit dem Verhältnis von Welthandel und Umweltschutz. Als Hintergrund wird zunächst die Spannung zwischen wirtschaftlichem Nutzen von Umweltgütern und Schutz der natürlichen Lebensgrundlage geschildert [I.]. Die folgenden Ausführungen gehen auf die Entwicklung des Umweltschutzes in der internationalen Rechtsgemeinschaft ein [II.]. Abschließend werden die Ergebnisse zusammengefasst [III.].

Der dritte Abschnitt [C.] beinhaltet eine Darstellung und Analyse der Streitbeilegungsverfahren, die sich mit der evolutiven Auslegung des Welthandelsrechts im Lichte des Umweltvölkerrechts auseinandersetzen.

Im Mittelpunkt des vierten Abschnitts [D.] steht die Frage, ob die Streitbeilegungsorgane unter dem „Deckmantel" der evolutiven Auslegung ihre Kompetenzen überschreiten, wenn sie das GATT 1994 an einen zeitgemäßen Umweltschutz anpassen. Dafür werden die im zweiten Teil der Arbeit gewonnenen Erkenntnisse über die Voraussetzungen und die Reichweite der evolutiven Auslegung völkerrechtlicher Verträge herangezogen. Ziel der Untersuchung ist es, anhand der Regeln der WVRK die Grenzen einer „grünenden" WTO festzulegen.

Dafür wird zunächst erörtert, ob die Bestimmungen des GATT 1994 für eine evolutive Auslegung zugänglich sind [I.]. Dann konzentrieren sich die Ausführungen auf die Frage, inwieweit das GATT 1994 Handelsschranken zum Schutz der Umwelt zulässt [II.]. Zuletzt werden die Ergebnisse dargestellt [III.]. Wie schon die vorhergehenden Teile schließt auch der dritte Teil mit einer Zusammenfassung [E.] – bevor der vierte Teil abschließend alle wesentlichen Ergebnisse der Arbeit resümiert.

17

Teil 1: Grundlagen

Im Folgenden wird der Begriff des völkerrechtlichen Vertrages bestimmt und die Auslegung bestehenden von der Schaffung neuen Rechts abgegrenzt [A.]. Nachdem hiernach die Subjekte sowie Foren der Auslegung vorgestellt werden [B.], schließen die Ausführungen mit einer Zusammenfassung [C.].

A. Begriffsbestimmungen

I. Der völkerrechtliche Vertrag

Das Völkerrecht kennt keinen zentralen Gesetzgeber[20]. Vielmehr einigen sich Staaten[21] auf verbindliche Regelungen[22], um Rahmenbedingungen für zwischenstaatliche Beziehungen festzulegen, gemeinsame Ziele zu verwirklichen und Rechtssicherheit zu schaffen. Dabei herrscht Vertragsfreiheit. Somit sind erstens Staaten in der Wahl der Einigungsform frei[23]. Ein Vertrag kann daher sowohl schriftlich als auch mündlich oder stillschweigend vereinbart werden[24]. Auch die Bezeichnung einer Einigung als Vertrag ist nicht erforderlich, sondern kennzeichnet lediglich die Art ihrer Entstehung oder ihre politische bzw. sachliche Bedeutung[25]. Zweitens steht es Staaten frei, Verträge inhaltlich zu gestalten. Sie sind lediglich zur Achtung des „ius cogens" verpflichtet, d.h. der zwingenden Normen des allgemeinen Völkerrechts[26].

---

20 *Pauwelyn*, S. 13, 16.

21 Die vorliegende Arbeit beschränkt sich auf die Staaten als Subjekte des Völkerrechts.

22 *Kokott/Buergenthal/Doehring*, Rn. 196; Vitzthum, in: *Vitzthum*, 1. Abschnitt, Rn. 115; Milej, in: *von Heinegg*, Rn. 118; *Kempen/Hillgruber*, § 12, Rn. 8; *Haraszti*, S. 15, Fußnote 1; vgl. Geiger, in: *Seidl-Hohenveldern*, S. 472; vgl. von Heinegg, in: *Ipsen*, § 9, Rn. 1; vgl. *Stein/von Buttlar*, Rn. 27; vgl. Bernhardt, in: *Ders.*, EPIL IV, 926, 927; vgl. Art. 2 I a) WVRK und Art. 9 WVRK.

23 Milej, in: *von Heinegg*, Rn. 118.

24 Geiger, in: *Seidl-Hohenveldern*, S. 472; vgl. *Dahm/Delbrück/Wolfrum*, § 146 I. 1., 2.; Bernhardt, in: *Ders.*, EPIL IV, 926, 927; obwohl Art. 2 I a) WVRK völkerrechtliche Verträge auf schriftliche Übereinkommen beschränkt, bleibt die Geltung völkerrechtlicher Verträge ohne Schriftform nach Art. 3 a) WVRK unberührt.

25 Von Heinegg, in: *Ipsen*, § 9, Rn. 6; *Kokott/Buergenthal/Doehring*, Rn. 194; *Kempen/ Hillgruber*, § 12, Rn. 9; vgl. *Stein/von Buttlar*, Rn. 30; vgl. Geiger, in: *Seidl-Hohenveldern*, S. 472; vgl. Vitzthum, in: *Vitzthum*, 1. Abschnitt, Rn. 115; vgl. *Dahm/Delbrück/Wolfrum*, § 146 I. 1.; vgl. Bernhardt, in: *Ders.*, EPIL IV, 926, 927.

26 Von Heinegg, in: *Ipsen*, § 11, Rn. 2; vgl. *Stein/von Buttlar*, Rn. 41, 43 f.; vgl. Art. 53, 64 WVRK; „ius cogens" steht im Gegensatz zu „ius dispositivum"; zum „ius cogens" zählen

Für den Abschluss von Verträgen haben sich gewohnheitsrechtlich zwei Verfahren herausgebildet, derer sich die Staaten bedienen: das einfache und das förmliche, zusammengesetzte Verfahren. Beim einfachen Verfahren werden die Verträge bereits mit der Unterzeichnung durch das jeweils zum Abschluss befugte Organ rechtsverbindlich. Beim zusammengesetzten Verfahren durchläuft der Vertragsschluss mehrere Phasen und endet – in vielen Fällen nach Durchführung eines innerstaatlichen Zustimmungsverfahrens[27] – mit der völkerrechtlichen Ratifikation, d. h. der förmlichen Erklärung, durch den Vertrag gebunden zu sein[28].

Nach dem so genannten „Pacta-tertiis-Prinzip"[29] gelten völkerrechtliche Vereinbarungen nur relativ, d. h. Drittstaaten werden ohne ihre Zustimmung weder berechtigt noch verpflichtet[30]. Dieser gewohnheitsrechtliche Grundsatz[31] ist Ausdruck des das Völkerrecht insgesamt prägenden Konsensprinzips[32].

Im Völkerrecht lassen sich Verträge zum einen nach der Anzahl ihrer Parteien und zum anderen nach ihrem Typus unterscheiden.

Bilaterale unterscheiden sich von multilateralen Verträgen nach der Anzahl der beteiligten Staaten: Bilaterale Verträge schließen nur zwei Staaten miteinander. Multilaterale haben dagegen eine größere Anzahl von Parteien[33].

Weiterhin unterscheiden sich Regelungs- von Austauschverträgen nach dem Vertragstyp[34]: Austauschverträge enthalten überwiegend Bestimmungen, die den Austausch einer einmaligen Leistung „do ut des" anstreben[35]. Dagegen sind Regelungsverträge auf ein zukünftiges Ziel gerichtet und enthalten überwiegend Bestimmungen, die eine dauerhafte Beziehung zwischen den Parteien anstreben.

---

insbesondere das Gewaltverbot, elementare Menschenrechte und das Selbstbestimmungsrecht der Völker.

27 Vgl. Art. 59 II GG.

28 *Kempen/Hillgruber*, § 12, Rn. 13–18; vgl. Art. 6 ff. WVRK.

29 Der Grundsatz lautet ausführlich „Pacta tertiis nec nocet nec prosunt".

30 *Verdross/Simma*, § 49; vgl. Art. 34 WVRK.

31 *Stein/von Buttlar*, Rn. 113; vgl. von Heinegg, in: *Ipsen*, § 12, Rn. 23.

32 Vgl. von Heinegg, in: *Ipsen*, § 11, Rn. 2.

33 *Stein/von Buttlar*, Rn. 30; *Kempen/Hillgruber*, § 12, Rn. 10; *Hobe/Kimminich*, S. 178; Geiger, in: *Seidl-Hohenveldern*, S. 473; Vitzthum, in: *Vitzthum*, 1. Abschnitt, Rn. 115; *Jennings/Watts*, S. 1203; von Heinegg, in: *Ipsen*, § 9, Rn. 7.

34 *Dahm/Delbrück/Wolfrum*, § 153 I.3.; Geiger, in: *Seidl-Hohenveldern*, S. 473; Bernhardt, in: *ebd.*, 505, 508.

35 *Kempen/Hillgruber*, § 12, Rn. 10; vgl. *Dahm/Delbrück/Wolfrum*, § 153 I.3.; vgl. *Doehring*, Rn. 393–395; *Verdross/Simma*, § 537.

Die Erfüllung der Vertragspflichten führt daher nicht zu ihrem Erlöschen[36]. Durch ihren beständigen Charakter dienen sie im besonderen Maße der Rechtssicherheit[37].

Das völkerrechtliche Schrifttum nennt Regelungs- mehrheitlich rechtsetzende Verträge[38] und Austauschverträge rechtsgeschäftliche Verträge[39]. Da Austauschverträge ebenfalls „Recht setzen" und Regelungsverträge auch auf der Einigung der Parteien basieren[40], sind die Begriffe des Regelungs- und Austauschvertrages jedoch vorzugswürdig.

II. Abgrenzung der Auslegung bestehenden Rechts von der Schaffung neuen Rechts

1) Mehrdeutigkeit vertraglicher Regelungen

Der Inhalt völkerrechtlicher Verträge ist oft mehrdeutig. Dies liegt an verschiedenen Gründen:

Zum einen ist schon die Sprache an sich, d. h. das schriftliche und mündliche Wort, nur bedingt verständlich[41]. Dies liegt daran, dass Sprache ein Mittel der zwischenmenschlichen Kommunikation ist und dazu dient, einen inneren Willen zu äußern[42]. Da eine Äußerung immer in einem gewissen Sprach- und Situati-

---

36 *Kempen/Hillgruber*, § 12, Rn. 10; vgl. *Dahm/Delbrück/Wolfrum*, § 153 I. 3.; vgl. *Doehring*, Rn. 393–395; vgl. *Jennings/Watts*, S. 1204.

37 Vgl. *Dahm/Delbrück/Wolfrum*, § 153 I. 3.; vgl. *Doehring*, Rn. 394.

38 Geiger, in: *Seidl-Hohenveldern*, S. 473; *Hobe/Kimminich*, S. 178; *Kempen/Hillgruber*, § 12, Rn. 10; *Bernhardt*, S. 21 f.; Ders., in: *Ders.*, EPIL IV, 926, 928; Ders., in: *Ders.*, EPIL II, 1416, 1421; *Doehring*, Rn. 390, 394–396; Zemanek, in: *Neuhold/Hummer/Schreuer*, Rn. 275; vgl. *Verdross/Simma*, §§ 537, 781; vgl. *Jennings/Watts*, S. 1204; vgl. von Heinegg, in: *Ipsen*, § 9, Rn. 7.

39 *Hobe/Kimminich*, S. 178; *Kempen/Hillgruber*, § 12, Rn. 10; *Verdross/Simma*, § 537; Zemanek, in: *Neuhold/Hummer/Schreuer*, Rn. 275; *Bernhardt*, S. 21 f.; so schon *Guggenheim*, S. 124; vgl. von Heinegg, in: *Ipsen*, § 9, Rn. 7.

40 Aus diesen Gründen äußern sich von Heinegg und Hobe/Kimminich kritisch zu der Unterscheidung von Vertragstypen (von Heinegg, in: *Ipsen*, § 9, Rn. 7; *Hobe/Kimminich*, S. 178); Bernhardt stellt fest, dass eine klare Abgrenzung der Vertragstypen weder möglich noch rechtlich relevant, jedoch nützlich ist (Bernhardt, in: *Ders.*, EPIL IV, 926, 928; vgl. auch *Ders.*, S. 21–23).

41 *Köck*, ZÖR 1998, 217, 229; *Brötel*, Jura 1988, 343, 343.

42 Insoweit unterscheidet sich die Rechtswissenschaft nicht von der allgemeinen Hermeneutik, d. h. der geisteswissenschaftlichen Lehre über das Verstehen oder die Deutung sinnhafter Symbole, die ebenfalls an die Ermittlung von Gedachtem anknüpft (Karl, in: *Schreuer*, 9, 11, insbesondere Fußnote 13; vgl. *Koller*, S. 200 f.).

onskontext erfolgt, geht sie von einem bestimmten Vorverständnis aus[43]. So haben Wörter einen gewissen Beurteilungsspielraum und können leicht missverstanden werden.

Eine klare Äußerung ist davon abhängig, dass der Sprechende und der Empfänger der Sprache dem Wortfluss die gleiche Bedeutung zumessen. Dies ist immer dann der Fall, wenn der Sprechende den „Sprachkern", d. h. die gewöhnliche Bedeutungsebene eines Wortes[44], ausdrücken möchte[45]. Möchte der Sprechende mit dem Wort dagegen nicht die herkömmliche Bedeutung ausdrücken und erläutert er zudem den Begriff nicht näher, so ist die Äußerung unklar[46]. In diesem Fall wird er falsch verstanden – sofern sich die Vorstellung des Sprechenden von der des Empfängers unterscheidet. Insbesondere mehrsprachige Verträge sind stellenweise vieldeutig.

Zum anderen können sich Staaten häufig nur schwer auf völkerrechtlich verbindliche Regelungen einigen, da sie oft gegensätzliche Interessen verfolgen[47]. Daher enthalten Verträge vielfach einen einfachen, verallgemeinernden Wortlaut[48], der einen Kompromiss aller Parteien darstellt. Solchen allgemeinen Formulierungen fehlt der beschriebene Sprachkern, was dazu führt, dass der Inhalt in der Regel mehrdeutig ist[49].

---

43 *Fastenrath*, S.167; vgl. *Karl*, S.24; Ders., in: *Schreuer*, 9, 11; vgl. *Larenz/Canaris*, S.12; vgl. *Koller*, S.65; die Untersuchung verweist auf Larenz/Canaris und Koller nur, soweit die Ausführungen, die sich auf nationale Vorschriften beziehen, auch auf internationale Vereinbarungen übertragbar sind.

44 *Bleckmann*, Rn.346; vgl. Bernhardt, in: *Seidl-Hohenveldern*, 505,505; vgl. *Larenz/ Canaris*, S.25f.; a.A. Karl und Brötel, nach denen „(d)ie Sprache als Kommunikationsmittel (...) von Natur aus unvollkommen" ist (Karl, in: *Schreuer*,9,11, insbesondere Fußnote 14; *Brötel*, Jura 1988, 343, 343).

45 Vgl. *Fastenrath*, S.167f.

46 *Bleckmann*, Rn.346.

47 *Kearney/Dalton*, AJIL 1970, 495, 499; Vitzthum, in: *Vitzthum*, 1.Abschnitt, Rn.48; *Hobe/ Kimminich*, S.194f.; *Brötel*, Jura 1988, 343, 343; *Sinclair*, S.142.

48 *Brötel*, Jura 1988,343,343f.; *Dahm/Delbrück/Wolfrum*, § 153 III.2. sowie § 3 II.; *Köck*, ZÖR 1998, 217, 229; *Stein/von Buttlar*, § 1, Rn. 10,23; *Vitzthum*, in: *Vitzthum*, 1. Abschnitt, Rn.45; *Verdross/Simma*, § 775; *Doehring*, Rn.387; *Aust*, S.184; *Pauwelyn*, S.13; vgl. *Fastenrath*, S.24,149; vgl. *Hobe/Kimminich*, S.13,193; vgl. *Schollendorf*, S.23; vgl. *Bernhardt*, S.1f.,29.

49 Vgl. *Bleckmann*, Rn.348.

2) Auslegung contra Änderung bzw. Fortbildung

Die Auslegung bzw. Interpretation[50] ermöglicht es, die Mehrdeutigkeit völkervertraglicher Regeln zu beseitigen. Ziel der Auslegung ist es, die Pflichten festzustellen, auf die sich die Vertragsparteien geeinigt haben[51]. Dies gelingt, indem der Inhalt der Vereinbarung anhand des normativ vorgegebenen Beurteilungsspielraums bestimmt wird[52].

Eine Änderung gestaltet einen Vertrag dagegen im Widerspruch zu seinem bisherigen Inhalt um. Sie kann den Text abändern, ist darauf jedoch nicht beschränkt[53]. Eine Änderung kann sich auf einzelne Bestimmungen beziehen oder den gesamten Vertrag betreffen[54]. Im Ergebnis modifiziert sie vertragliche Regeln oder schränkt diese ein. Im Gegensatz zur Auslegung widerspricht die Änderung dem normativ vorgegebenen Beurteilungsspielraum und ist daher auf die Schaffung neuen Rechts gerichtet[55].

Eine Fortbildung vervollständigt oder erweitert indessen einen Vertrag, d.h. sie ergänzt seinen bisherigen Inhalt[56]. Anders gesagt dehnt sie Normen aus oder

---

50   Die Ausdrücke „Auslegung" und „Interpretation" werden im Verlauf der Arbeit synonym verwendet.

51   Scheuner, in: *von Münch*, 899, 903; vgl. *Dahm/Delbrück/Wolfrum*, § 153 I. 1.

52   *McDougal/Lasswell/Miller*, S. 114; *Haraszti*, S. 197 f.; in diesem Sinne wohl auch *Fastenrath*, S. 197, Fußnote 773: „Grundlage für die Autorität (gerichtlicher Entscheidungen) bleibt aber deren Rationalität, sie ‚leben' von ihrer guten Begründung"; vgl. *Berber*, S. 477; vgl. *Larenz/Canaris*, S. 26; vgl. *Köbler/Pohl*, Auslegung; vgl. *Koller*, S. 200, 204.

53   Karl, in: *Schreuer*, 9, 9, 15.

54   Von Heinegg, in: *Ipsen*, § 13, Rn. 1; *Kempen/Hillgruber*, § 12, Rn. 57; zum Teil bezeichnet das völkerrechtliche Schrifttum nur die Umgestaltung einzelner Normen als Änderung; die umfassende Änderung eines Vertrages wird dagegen Revision genannt [vgl. *Stein/von Buttlar*, Rn. 89; vgl. *Dahm/Delbrück/Wolfrum*, § 155 I. 1.b); vgl. auch Art. 108, 109 UN-Charta [*Charter of the United Nations*, 26.06.1945/24.10.1945, in: Yearbook of the United Nations 1969, S. 953–965, deutsche Fassung in: BGBl. 1973 II, S. 431–503]; über die terminologische Bezeichnung hinaus unterscheiden sich beide Fälle nicht voneinander (von Heinegg, in: *Ipsen*, § 13, Rn. 1; *Dahm/Delbrück/Wolfrum*, § 155 I. 1.b); *Brownlie*, S. 630, Fußnote 119; *Verdross/Simma*, § 779; *Kempen/Hillgruber*, § 12, Rn. 57; *ILC-Kommentar Final Draft WVRK*, 3.–28. January 1966, U.N. Doc. A/6309/Rev.1, in: YBILC 1966 II, 169, 232, para. 3).

55   Karl, in: *Schreuer*, 9, 9, 15; vgl. Ipsen, in: *Ders.*, § 3, Rn. 2; *Dahm/Delbrück/Wolfrum*, § 153 I. 2.a).

56   Karl, in: *Schreuer*, 9, 15, 20.

fügt völlig neue Regelungen ein. Fortbildung ist ein Teil der Änderung[57], da hier ebenfalls neues Völkervertragsrecht erschaffen wird[58]. Im Ergebnis stellt die Auslegung den bestehenden Inhalt eines Vertrages fest. Änderung bzw. Fortbildung führen dagegen bisher nicht vorhandene Regelungen ein.

B. Subjekte und Foren der Auslegung

I. Vertragsparteien

Nach dem Grundsatz „eius est interpretari cuius condere" steht die Auslegung den Staaten zu[59]. Diese legen vertragliche Regelungen aus, um eine Anleitung für ihr Handeln zu erhalten[60] und um sie anzuwenden[61]. Denn um feststellen zu können, dass ein Vertrag ein Verhalten regelt, muss notwendigerweise die Bedeutung seiner Normen ermittelt werden[62].

Staaten können völkerrechtliche Verträge authentisch oder einseitig auslegen.

---

57 *Ebd.*, 9, 15, der von einer Vertragsänderung „in einem weiten und untechnischen Sinn" spricht.

58 *Ebd.*, 9, 9, 15; vgl. Ipsen, in: *Ipsen*, § 3, Rn. 2; *Dahm/Delbrück/Wolfrum*, § 153 I. 2. a); die Ausdrücke „Fortbildung" und „Schöpfung" lassen zwar auf den folgenden Unterschied schließen: Eine Fortbildung entwickelt den bisherigen Rechtszustand weiter, eine Schöpfung führt dagegen bisher nicht vorhandene Regeln neu ein; jede Schöpfung beinhaltet jedoch die Fortbildung des bisherigen Normenbestandes und jede Fortbildung die Schöpfung neuen Rechts; die Übergänge sind daher fließend (vgl. Bernhardt, in: *Gunther/Hafner/Lang/Neuhold/Sucharipa-Behrmann*, S. 14, 23; Karl, in: *Schreuer*, 9, 20).

59 Von Heinegg, in: *Ipsen*, § 11, Rn. 1; *Dahm/Delbrück/Wolfrum*, § 153 I. 2. a); Bernhardt, in: *Seidl-Hohenveldern*, 505, 505; Bernhardt, in: *Ders.*, EPIL II, 1416, 1417; *Kempen/Hillgruber*, § 12, Rn. 61; *Brownlie*, S. 602; vgl. *McDougal/Lasswell/Miller*, S. 133.

60 Dass auch die Anwendung eines Vertrages seine Auslegung prägt (vgl. Bernhardt, in: *Seidl-Hohenveldern*, 505, 505; Bernhardt, in: *Ders.*, EPIL II, 1416, 1417), ist für die Untersuchung nicht von Relevanz.

61 *Bernhardt*, S. 33; Ders., in: *Ders.*, EPIL II, 1416, 1416 f.; *Haraszti*, S. 18; vgl. *Berber*, S. 476; vgl. Milej, in: *von Heinegg*, Rn. 13; der vorliegenden Untersuchung wird damit eine Unterscheidung der Vertragsauslegung von der Vertragsanwendung zugrunde gelegt [a. A. wohl Milej, in: *von Heinegg*, Rn. 132: „(...) die Anwendung der Vertragsnormen auf einen konkreten Sachverhalt (ist) das eigentliche Ziel des Auslegungsvorgangs"; ebenso von Heinegg, in: *Ipsen*, § 11, Rn. 5]; auf die Schwierigkeiten, die Auslegung und Anwendung völkervertraglicher Normen voneinander zu unterscheiden, verweist Bernhardt (*Bernhardt*, S. 32; Ders., in: *Ders.*, EPIL II, 1416, 1416 f.).

62 Karl, in: *Schreuer*, 9, 10; *Bernhardt*, S. 32; *Berber*, S. 476 f.; *Haraszti*, S. 16 f.; Bernhardt, in: *Seidl-Hohenveldern*, 505, 505; vgl. *Larenz/Canaris*, S. 36.

1) Authentische Auslegung

a) Inhalt

Staaten legen einen Vertrag authentisch aus, indem sie sich einvernehmlich auf seine Bedeutung einigen. Der authentischen Auslegung liegt damit ihre gemeinsame Willenserklärung zugrunde. Als Ausdruck des völkerrechtlichen Konsensprinzips wirkt sie bezogen auf die Parteien des Vertrages „inter omnes"[63].

Die Parteien können einen Vertrag vor, während oder nach dem Abschluss authentisch auslegen. Ferner können sie sich schriftlich, mündlich oder stillschweigend einigen.

Die authentische Auslegung kann im Vertrag selbst in Form einer Legaldefinition festgelegt werden[64], sie kann sich aber auch außerhalb des Vertrages in einer übereinstimmenden Erklärung[65] bzw. einer gleichartigen Anwendungspraxis widerspiegeln[66].

Gewöhnlich wird die authentische Auslegung aus praktischen und politischen Gründen in einer separaten Erklärung festgelegt. Auf diese Art und Weise können die Parteien Uneinigkeiten über den Vertragsinhalt und ein übermäßig langes und unübersichtliches Vertragswerk umgehen[67].

b) Abgrenzung zur Änderung bzw. Fortbildung

Indem die Parteien in der authentischen Auslegung gemeinsam die Bedeutung eines Vertrages klarstellen, schließen sie bisher mögliche Sinngebungen für die Zukunft aus[68]. Dadurch weist die authentische Auslegung vertragsändernde Züge auf[69] und erzeugt bindendes Völkervertragsrecht[70]. Da die authentische Aus-

---

63   Dörr, in: *Dörr/Schmalenbach*, S. 532.

64   Eine Legaldefinition findet sich beispielsweise in Art. 2 WVRK.

65   Ein Beispiel für eine außervertragliche, schriftliche authentische Auslegung durch die Parteien ist der Notenaustausch der Bundesrepublik Deutschland und Chile zur Auslegung des deutsch-chilenischen Kulturabkommens vom 20.11.1956 (in: BGBl. II 1959, S. 549 und BGBl. II 1959, S. 1017).

66   *Jennings/Watts*, S. 1268; vgl. von Heinegg, in: *Ipsen*, § 11, Rn. 2, 14; vgl. *Dahm/Delbrück/ Wolfrum*, § 153 I. 2. a), § 155 I. 2., IV. 2.

67   *Aust*, S. 190 f.

68   Karl, in: *Schreuer*, 9, 24; vgl. *Bleckmann*, EuR 1979, 239, 241; vgl. *Dahm/Delbrück/ Wolfrum*, § 155 IV. 2.

69   Von Heinegg, in: *Ipsen*, § 11, Rn. 2; Milej, in: *von Heinegg*, Rn. 130, 145; Karl, in: *Schreuer*, 9, 15 und 24: „Klarstellung selbst schon bedeutet Änderung, da bisher offene Möglichkeiten der Sinngebung ausgeschlossen werden"; *Verdross/Simma*, § 775; *von Münch*, S. 152; *Bernhardt*, S. 44; *Bernhardt*, ZaöRV 1967, 491, 499; Bernhardt, in: *Seidl-Hohenveldern*, 505, 505 f.; *Bernhardt*, GYIL 1999, 11, 23; *Fastenrath*, S. 195; *Haraszti*,

legung einen vertragsgestaltenden Charakter hat, muss sie – wie die Schaffung von Normen – die Rechte Dritter sowie das „ius cogens" beachten[71].

Im Vergleich zu einer Änderung wirkt die authentische Auslegung nicht „ex nunc" ab dem Zeitpunkt ihrer Erklärung, sondern „ex tunc", d.h. rückwirkend ab dem Zeitpunkt des Vertragsschlusses[72]. Dies liegt daran, dass sie lediglich den normativen Beurteilungsspielraum des Vertrages konkretisiert und damit den von Anfang an bestehenden Konsens der Parteien präzisiert.

Darüber hinaus hat die authentische Auslegung gegenüber einer Änderung den Vorteil, einen Vertrag einfacher und schneller umzugestalten. Denn das förmliche, zusammengesetzte Verfahren, das für den Abschluss von Verträgen gilt[73], findet i.d.R., sprich soweit der zu ändernde Vertrag nichts anderes vorsieht, auch auf ihre Änderung Anwendung[74]. Für die authentische Auslegung gilt dies nicht[75], da weder das Völkervertragsrecht noch das völkerrechtliche

---

S. 19 f.; vgl. *Hobe/Kimminich*, S. 175; vgl. Dörr, in: *Dörr/Schmalenbach*, S. 532; vgl. *Bleckmann*, EuR 1979, 239, 241; vgl. Ress, in: *Simma*, Interpretation, Rn. 27; Bernhardt, in: *Ders.*, EPIL II, 1416, 1423; *Ders.*, GYIL 1999, 11, 23; *Aust*, S. 191–193 und *Sinclair*, S. 138, die die fließende Grenze zwischen der authentischen Interpretation und der Änderung eines völkerrechtlichen Vertrages hervorheben; vgl. *ILC-Kommentar zu Art. 68 Draft Report of the ILC 16th session*, 11. May–24. July 1964, U.N. Doc. A/5809, in: YBILC 1964 II, 173, 198 para. 2 und *ILC-Kommentar zu Art. 38 Final Draft WVRK*, 3.–28. January 1966, U.N. Doc. A/6309/Rev.1, in: YBILC 1966 II, 169, 236, para. 1: „Although the line may sometimes be blurred between interpretation and amendment to a treaty through subsequent practice, legally the processes are quite distinct".

70   Karl, in: *Schreuer*, 9, 27; *Bernhardt*, S. 44; *Ders.*, EPIL II, 1416, 1423; vgl. *Fastenrath*, S. 187 f., 191 f., 194; vgl. *Haraszti*, S. 20; vgl. *Jennings/Watts*, S. 1274; vgl. D'Amato, in: *Bernhardt*, EPIL II, 1234, 1234; vgl. *Verdross/Simma*, § 782; vgl. *Brötel*, Jura 1988, 343, 346; vgl. *Bleckmann*, EuR 1979, 239–241; *Draft Report of the ILC 16th session*, 11. May–24. July 1964, U.N. Doc. A/5809, in: YBILC 1964 II, 173, 203, para. 11; vgl. *ILC-Kommentar zu Art. 27 Final Draft WVRK*, 3.–28. January 1966, U.N. Doc. A/6309/Rev.1, in: YBILC 1966 II, 169, 221, para. 14.

71   Von Heinegg, in: *Ipsen*, § 11, Rn. 2, 11; *Verdross/Simma*, § 775; *Brötel*, Jura 1988, 343, 344 und 349; *Haraszti*, S. 45; vgl. *Jennings/Watts*, S. 1268 f.; vgl. *Fastenrath*, S. 195; vgl. Cremer, in: *Grote/Marauhn*, Kap. 4, Rn. 40; der Vertragstext ermöglicht nur die Abgrenzung der authentischen Auslegung zu einer impliziten Vertragsänderung. Er beschränkt die authentische Auslegung jedoch nicht.

72   *Neumann*, S. 338.

73   Vgl. die Ausführungen in Teil 1 A. I.

74   Vgl. Art. 39 f. WVRK.

75   Da auch eine Erklärung, die nicht innerstaatlich ratifiziert ist, völkerrechtlich wirksam bleibt (vgl. Art. 27 WVRK), trifft die authentische Auslegung auf verfassungsrechtliche

Gewohnheitsrecht ein förmliches Verfahren für eine authentische Auslegung vorsehen.

Nach vorzugswürdiger Auffassung eines Teils der völkerrechtlichen Lehre unterliegt die authentische Auslegung ausnahmsweise dann dem gleichen Verfahren wie eine Änderung, wenn der Wortlaut des Vertrages geändert wird. Nur so ist sichergestellt, dass das förmliche Vertragsänderungsverfahren nicht umgangen wird[76]. Eine den Wortlaut nicht ändernde authentische Auslegung bedarf jedoch nach richtiger Auffassung dieses Teils der Lehre keines förmlichen Verfahrens. Dies gilt, obwohl die authentische Auslegung, wie oben ausgeführt[77], immer eine Form der Änderung ist, da die Klarstellung eines Vertragsinhaltes andere Deutungen ausschließt[78].

2) Einseitige Auslegung

Eine einseitige Auslegung spiegelt sich in nationalen Gerichtsentscheidungen[79] und in Stellungnahmen von nationalstaatlichen Vertretern wider[80]. Dazu gehören beispielsweise Äußerungen von Außenministerien und anderen staatlichen Be-

---

Bedenken [vgl. BVerfGE 68, 1, 84–89 („Doppelbeschluss"); BVerfGE 90, 286, 362–364 („Auslandseinsätze der Bundeswehr"); BVerfGE 104, 151, 206–209 („Nato-Konzept")].

76   *Aust*, S. 193; *Dahm/Delbrück/Wolfrum*, § 155 IV.2.; *Fastenrath*, S. 195 und *Bernhardt*, ZaöRV 1967, 491, 499, die jedoch auf das Registrierungsgebot nach Art. 80 WVRK i. V. m. Art. 102 II UN-Charta verweisen; diese Begründung kann nicht völlig überzeugen, da Art. 80 WVRK i. V. m. Art. 102 UN-Charta nur auf die Mitgliedstaaten der Vereinten Nationen bzw. der WVRK anwendbar sind (Knapp, in: *Simma*, Art. 102, Rn. 41, sowie Fußnote 64); darüber hinaus lässt ein Verstoß gegen die Pflicht zur Registrierung den bindenden Charakter der Vereinbarung unberührt; die Vertragsparteien können sich auf nicht registrierte Verträge nicht vor einem internationalen Organ berufen; Art. 102 II UN-Charta setzt daher nicht der authentischen Auslegung, sondern nur der Durchsetzung des Vertrages eine Grenze (*Verdross/Simma*, S. 491, Fußnote 4).

77   Siehe die Ausführungen in Teil 1 B. I. 1).

78   Vgl. Ress, in: *Fürst/Herzog/Umbach*, 1775, 1783 f.: „(D)ie offenkundige Änderung (ist) nicht mehr vom Zustimmungsgesetz im Sinne von Art. 24 Absatz 1 GG gedeckt"; seiner Meinung nach erfasst die Ermächtigung des Art. 24 I GG in Anlehnung an die Regelung in Art. 46 I WVRK „auch solche ‚Fortentwicklungen', die durch Parteikonsens und Praxis gedeckt sind, sofern sie nicht wesentliche Bestimmungen des Vertrages (*tragende grundlegende Elemente*) betreffen und die Überschreitung des ursprünglichen Vertragsgehaltes (…) offenkundig ist" (Hervorhebung im Original).

79   Von Heinegg, in: *Ipsen*, § 11, Rn. 2; *Verdross/Simma*, § 774; *Dahm/Delbrück/Wolfrum*, § 153 I. 2.a); Bernhardt, in: *Seidl-Hohenveldern*, 505, 509; *Brötel*, Jura 1988, 343, 344.

80   *Kokott/Buergenthal/Doehring*, Rn. 210; *Brötel*, Jura 1988, 343, 344.

hörden. Da ein übereinstimmender Konsens der Vertragsparteien fehlt, ist eine einseitige Auslegung nicht verbindlich[81].

Etwas anderes gilt nur dann, wenn sich ein Staat ein Recht wirksam vorbehält. In diesem Fall ist die einseitige Erklärung ausnahmsweise rechtsverbindlich[82], da der Staat für sich ausdrücklich die Anwendung einzelner Vertragsbestimmungen ausschließt oder ihren Inhalt ändert[83].

II. Internationale Organe

Internationale Organe sind nicht automatisch zur Auslegung völkerrechtlicher Verträge befugt. Vielmehr ist ihre Zuständigkeit von der Entscheidung der Staaten abhängig[84]. Sie üben ihre Befugnisse somit nur auf Grund und im Rahmen der Kompetenzen aus[85], die ihnen meist ausdrücklich[86] eingeräumt wurden.

Die Auslegung von Verträgen wird Organen insbesondere[87] bei der Gründung einer internationalen Organisation übertragen, in deren Rahmen Staaten

---

81 Von Heinegg, in: *Ipsen*, § 11, Rn. 2; *Shaw*, S. 655, Fußnote 111; *Dahm/Delbrück/Wolfrum*, § 153 2.a); *Kokott/Buergenthal/Doehring*, Rn. 209 f.; Bernhardt, in: *Ders.*, EPIL II, 1416, 1417-1418; *Kempen/Hillgruber*, § 12, Rn. 62; vgl. Ress, in: *Simma*, Interpretation, Rn. 40.

82 *Wallace*, S. 258; vgl. *Harris*, S. 810; auf die Abgrenzung der einseitigen Auslegung vom Vertragsvorbehalt wird im Folgenden nicht eingegangen, da ihre Unterscheidung für die vorliegende Untersuchung am Beispiel des GATT 1994 keine Bedeutung hat [vgl. die Ausführungen in Teil 3 A. II. 1)].

83 Vgl. Art. 2 I d) WVRK und Art. 19 ff. WVRK.

84 *Bernhardt*, ZaöRV 1973, 1, 1; daher sind internationale Organisationen nur partielle Völkerrechtssubjekte.

85 *Schreuer*, S. 153; *Pauwelyn*, S. 146; vgl. *Doehring*, Rn. 307; vgl. Klein, in: *Vitzthum*, 4. Abschnitt, Rn. 152 hinsichtlich des UN-Sicherheitsrats; vgl. zu der Relevanz politischer Zweckmäßigkeitserwägungen und nationaler Interessen der UN-Mitglieder bei Abstimmungen des Sicherheitsrats nach Art. 27 UN-Charta die Ausführungen von *Gading*, S. 50–52: „Bei den politischen Zweckmäßigkeitserwägungen und den nationalen Interessen ist zu unterscheiden zwischen jenen, die sich innerhalb des rechtlich Zulässigen bewegen, und solchen, die davon abweichen"; vgl. *Bernhardt*, GYIL 1999, 11, 23: „Judges are bound to interpret and apply existing law, and they are in general not empowered to change the law"; vgl. Cremer, in: *Grote/Marauhn*, Kap. 4, Fußnote 28 hinsichtlich der Auslegungszuständigkeit des EGMR; internationale Gerichte können ausnahmsweise zur Entscheidung „ex aequo et bono" i. S. d. Art. 38 II IGH-Statut ermächtigt werden. Dabei wird die Entscheidung aus dem Gerechtigkeitsgefühl der Richter heraus gefällt (*Bleckmann*, Rn. 239). Auf diesen Ausnahmefall wird im Folgenden nicht eingegangen.

86 Vgl. die Ausführungen in Fußnote 91.

87 Die Errichtung eines gerichtlichen Spruchkörpers ist auch außerhalb einer internationalen Organisation möglich.

miteinander kooperieren. Diese mitgliedschaftlich strukturierten Zusammen-schlüsse sollen die Zusammenarbeit von Staaten institutionalisieren, um die zwischenstaatlichen Beziehungen zu regeln. Ziel ist es, einen administrativen Rahmen zu schaffen, der mit einer eigenen Rechtspersönlichkeit versehen ist und die gemeinsamen Interessen der Mitgliedstaaten realisiert[88].

Staaten können die Auslegung einem politischen oder gerichtlichen[89] Organ übertragen[90]. Politische Organe sind insbesondere deshalb zur Auslegung befugt, um die vertraglichen Grundlagen der Organisation anzuwenden[91]. Gerichtlichen Organen ist die Schlichtung zwischenstaatlicher Streitigkeiten übertragen. Die Streitschlichtung beschäftigt sich mit einer konkreten Auslegungsfrage, d. h. sie ist nicht darauf gerichtet, den ganzen Inhalt eines Vertrages festzustellen, sondern beschränkt sich nur auf einen Teil[92]. Die Auslegung kann des Weiteren auf bestimmte Verträge beschränkt sein[93].

Auch Beschlüsse internationaler Organe sind nur dann verbindlich, wenn Staaten dies festlegen. Organe können befugt sein, einen Vertrag autoritativ auszulegen[94]. Diese autoritative Auslegung ähnelt einer authentischen Auslegung

---

88   Vgl. Klein, in: *Vitzthum*, 4. Abschnitt, Rn. 2, 12, 20.

89   Der Begriff „gerichtliches Organ" dient im Folgenden als Oberbezeichnung; er umfasst auch gerichtsähnliche und schiedsgerichtliche Streitbeilegungsorgane des Völkerrechts.

90   Von Heinegg, in: *Ipsen*, § 11, Rn. 1; *Brownlie*, S. 602; *Fastenrath*, S. 194; Bernhardt, in: *Seidl-Hohenveldern*, 505, 505 f.; Bernhardt, in: *Ders.*, EPIL II, 1416, 1417; *Dahm/ Delbrück/Wolfrum*, § 153 I. 2. b); *Jennings/Watts*, S. 1268; vgl. *Verdross/Simma*, § 774.

91   Vgl. Klein/Schmahl, in: *Vitzthum*, 4. Abschnitt, Rn. 41; so der IGH in seinem Gutachten zu *Certain expenses of the United Nations* (Article 17, paragraph 2, of the Charter), Rechtsgutachten vom 20.07.1962, ICJ Reports 1962, 151, 169, in dem er Organen internationaler Organisationen die Auslegung ihrer Kompetenzen zuspricht; vgl. zu der Abgrenzung der Auslegung von der Anwendung eines Vertrages die Ausführungen in Teil 1 B. I.

92   *Bleckmann*, Rn. 350; *Bernhardt*, S. 32; *Haraszti*, S. 19.

93   Die Auslegung durch den EGMR ist beispielsweise auf die EMRK und ihre Protokolle beschränkt (vgl. Art. 32 I EMRK).

94   Karl, in: *Schreuer*, 9, 11; *Berber*, S. 483; *Fastenrath*, S. 196; von Heinegg, in: *Ipsen*, § 11, Rn. 3; Ress, in: *Simma*, Interpretation, Fußnote 135; autoritative Entscheidungsinstanzen sind beispielsweise das Exekutivdirektorium des Internationalen Währungsfonds [vgl. Art. XXIX a) IMFA (*Agreement of the International Monetary Fund*, in: UNTS Bd. 2, S. 39, 134, Bd. 606, S. 295 und Bd. 726, S. 266, deutsche Quelle: BGBl. II 1952, S. 638, BGBl. II, S. 13 und BGBl. II, S. 814)], die Direktoren der Weltbank [vgl. Art. IX a) IBRDA (*Agreement of the International Bank for Reconstruction and Development*, in: BGBl. II 1952, S. 664, BGBl. II, S. 1089)] und der Sicherheitsrat der Vereinten Nationen hinsichtlich Maßnahmen nach Kapitel VII (Art. 25 UN-Charta).

durch die Vertragsparteien. Denn eine autoritative bindet ebenso wie die authentische Auslegung alle Parteien eines Vertrages für die Zukunft. Im Unterschied zur authentischen kann jedoch für die autoritative Auslegung – soweit der Vertragstext dies vorsieht – eine qualifizierte Mehrheit genügen[95].

In der Regel sind internationale Organe nicht zur autoritativen Auslegung befugt[96]. Ihre Entscheidungen sind also grundsätzlich rechtlich unverbindlich[97]. Entscheidungen gerichtlicher Spruchkörper sind nur „inter partes" verbindlich, d. h. die Auslegung bindet nur die von ihr betroffenen Staaten[98].

Trotz der fehlenden Verbindlichkeit berufen sich internationale Rechtsprechungsorgane zur Begründung ihrer Urteile häufig auf andere gerichtliche Entscheidungen. Auch Akte politischer Organe werden in der Rechtsprechung oft berücksichtigt[99]. Diese Entscheidungspraxis fördert Kontinuität und Rechtssicherheit[100]. Auch ermöglicht sie eine nachträgliche Kontrolle der eigenen Entscheidungen und führt zur Arbeitsersparnis. Somit wirken Entscheidungen internationaler Organe faktisch über den Kreis der betroffenen Staaten und den Einzelfall hinaus[101]. Dadurch kommt gerichtlichen und politischen Entscheidungen eine hohe Bedeutung für die Auslegung von Verträgen zu[102].

---

95 Vgl. etwa bzgl. der Beschlüsse des Sicherheitsrats die Regelung in Art. 27 UN-Charta.

96 *Bernhardt*, GYIL 1999, 11, 23; nicht-autoritative Entscheidungsinstanzen sind beispielsweise die Generalversammlung (Art. 10 UN-Charta) und der Sicherheitsrat der Vereinten Nationen hinsichtlich der Maßnahmen nach Kapitel VI (Art. 36 UN-Charta) sowie der IGH (Art. 59, 65 IGH-Statut) und der EGMR (Art. 46 EMRK).

97 So etwa die Resolutionen der Generalversammlung (Art. 10 UN-Charta) und des Sicherheitsrats der Vereinten Nationen hinsichtlich Maßnahmen nach Kapitel VI (Art. 36 UN-Charta).

98 *Bernhardt*, S. 45, Fußnote 226; *Fastenrath*, S. 195 f.; *Berber*, S. 483; so etwa die Urteile des IGH (Art. 59 IGH-Statut bzw. Art. 94 I UN-Charta) und des EGMR (Art. 46 EMRK); die Gutachten des IGH sind dagegen rechtlich unverbindlich (Art. 96 UN-Charta).

99 Vgl. die Entscheidung im Namibia-Fall (*Advisory Opinion on the Legal Consequences for States of the Continued Presence of South Africa in Namibia*, ICJ Reports 1971, 16, 22), in der der IGH die Praxis des Sicherheitsrats der Vereinten Nationen, eine Enthaltung als eine „Zustimmung" i. S. d. Art. 27 III UN-Charta anzusehen, berücksichtigt (vgl. dazu auch die Ausführungen in Fußnote 108 und 117).

100 *Fastenrath*, S. 121; *Jennings/Watts*, S. 1269, Fußnote 5; vgl. *Pauwelyn*, S. 50 f.

101 *Dahm/Delbrück/Wolfrum*, § 51.; *Fastenrath*, S. 121.

102 Die Qualifizierung gerichtlicher Entscheidungen als „Hilfsmittel zur Feststellung von Rechtsnormen" ist für den IGH in Art. 38 I d) seines Statuts positiv-rechtlich festgelegt.

C. Zusammenfassung

Im Völkerrecht schließen Staaten Verträge, um Rahmenbedingungen für ihre Beziehungen zueinander festzulegen, um gemeinsame Ziele zu verwirklichen und um Rechtssicherheit zu schaffen. Die Form, Bezeichnung und inhaltliche Gestaltung der Verträge steht den Staaten dabei weitgehend frei.

Die vorliegende Arbeit unterscheidet bilaterale von multilateralen Verträgen und Austausch- von Regelungsverträgen. Regelungsverträge enthalten überwiegend Normen, die eine dauerhafte Beziehung zwischen den Parteien schaffen. Die Dauerhaftigkeit findet insbesondere im jeweiligen Vertragsziel Ausdruck. Regelungsverträge schaffen durch ihre Beständigkeit im besonderen Maße Rechtssicherheit.

Der Inhalt völkerrechtlicher Verträge ist häufig mehrdeutig. Dies liegt daran, dass Wörter missverstanden werden können und Normen oft allgemein formuliert sind, da sie einen Kompromiss der Vertragsparteien darstellen. Die Auslegung dient dazu, die Bedeutung von Verträgen innerhalb ihres normativ vorgegebenen Beurteilungsspielraums festzustellen. Im Gegensatz zur Auslegung führt eine Änderung bzw. Fortbildung bisher nicht vorhandene Regelungen im Widerspruch zum bisherigen Inhalt des Vertrages neu ein.

Die Auslegung steht in erster Linie den Vertragsparteien zu. Wenn die Parteien einen Vertrag authentisch, d. h. gemeinsam, auslegen, sind sie in der inhaltlichen Gestaltung genauso wie beim Vertragsschluss weitgehend frei. Da sich die Parteien gemeinsam auf den Inhalt einigen, steht eine authentische Auslegung im Ergebnis einer Vertragsänderung gleich. Daher kann eine authentische Auslegung auch den Wortlaut eines Vertrages ändern. Im Gegensatz zu ihr ist eine einseitige Auslegung gemeinhin rechtlich unverbindlich.

Die Staaten übertragen die Auslegung hauptsächlich bei der Gründung von internationalen Organisationen auf Organe. Die Auslegung ermöglicht politischen Organen insbesondere, den Vertrag anzuwenden. Gerichtlichen Organen ist die Schlichtung zwischenstaatlicher Streitigkeiten übertragen. Ihre Entscheidungen binden zumindest faktisch alle Vertragsparteien.

Teil 2: Das „Phänomen" der evolutiven Auslegung

Im Folgenden wird das „Phänomen"[103] der evolutiven Auslegung völkerrechtlicher Verträge erörtert. Zunächst werden die Hintergründe aufgezeigt, insbesondere ihre Vor- und Nachteile [A.]. Danach erfolgt eine Darstellung der Auslegungsregeln der WVRK [B.]. Im Mittelpunkt der Untersuchung steht die Frage, ob und unter welchen Voraussetzungen Art. 31, 32 WVRK die evolutive Auslegung vorsehen und der Fortbildung von Verträgen Grenzen setzen. In diesem Zusammenhang wird die Relevanz außervertraglicher Erklärungen nach Art. 31 III WVRK ermittelt. Folgend werden exemplarisch Entscheidungen internationaler Organe analysiert, die sich mit der evolutiven Auslegung auseinandersetzen [C.]. Die vorigen Ergebnisse werden abschließend zusammengefasst [D.].

A. Hintergründe der evolutiven Auslegung

I. Rechtsanpassung

Jeder Vertrag dient der rechtlichen Ordnung von gesellschaftlichen Bedürfnissen. Daher ist er in die ihn umgebende Lebensordnung eingebettet[104], d. h. sein Inhalt ist abhängig vom jeweiligen Werte- und Rechtsverständnis im Augenblick seines Zustandekommens[105].

Dieses Verständnis ändert sich jedoch im Laufe der Zeit. Zum einen können neue Erkenntnisse bestehende Werte ändern bzw. fortbilden. Zum anderen kann ein unvorhergesehenes Ereignis, das zum Zeitpunkt des Vertragsschlusses noch nicht bekannt war, eine neue Beurteilung hervorrufen[106]. Völkerrechtliche Verträge unterliegen demzufolge dem Bedürfnis, sich verändernden Gegebenheiten anzupassen[107].

---

103 Vgl. zum Begriff „Phänomen" die Ausführungen in Fußnote 17.
104 *Brötel*, Jura 1988, 343, 348; *Fastenrath*, S. 167.
105 Vgl. auch die Ausführungen in Teil 1 A. II. 1).
106 Vgl. *Gries*, in: *von Heinegg*, Rn. 1068; vgl. *Dahm/Delbrück/Wolfrum*, § 153 II. 1.a); vgl. *Bleckmann*, Rn. 371; vgl. *Hummer*, ÖZÖR 1975, 87, 88; vgl. *D'Amato*, in: *Bernhardt*, EPIL II, 1234, 1234; vgl. *Karl*, S. 26; vgl. *Klein*, S. 338; vgl. zu der Unterscheidung einer Änderung von einer Fortbildung die Ausführungen in Teil 1 A. II. 2).
107 Vgl. *Frowein*, JuS 1986, 845, 847: „Jede Rechtsnorm antwortet immer auf neue soziale Tatbestände. Insofern lebt sie mit der Veränderung der Verhältnisse, die sie regeln will"; vgl. *Ipsen*, Rn. 2–4; vgl. auch *Larenz/Canaris*, S. 171: „Jedes Gesetz steht als ein historisches Faktum im Wirkungszusammenhang seiner Zeit".

In der Regel tragen die Staaten als „Herren der Verträge" diesem Bedürfnis Rechnung, indem sie einem veränderten oder neuen Rechtsverständnis eine rechtsverbindliche Geltung zuweisen, indem sie Normen ändern oder authentisch auslegen[108]. Solche nachvertraglichen, rechtsverbindlichen Erklärungen sind die Grundlage jeder Auslegung[109]. Insbesondere internationale Organe stützen ihre Entscheidungen auf spätere Erklärungen der Staaten[110], ohne sie – trotz ihres vertragsändernden Charakters[111] – als eine Änderung bzw. Fortbildung zu identifizieren[112]. Der Inhalt von Verträgen ist demzufolge nicht mit ihrem Abschluss festgeschrieben, gleichsam „versteinert" und „bewahrt", sondern einer ständigen Anpassung an die gemeinsamen Erwartungen der Parteien unterworfen[113].

---

108 Es ist anerkannt, dass auch späteres Gewohnheitsrecht auf einen Vertrag Einfluss nimmt und internationale Organisationen bindet [vgl. von Heinegg, in: *Ipsen*, § 15, Rn. 111, § 20, Rn. 4; vgl. auch die Ausführungen in Fußnote 99 und 117; vgl. *Seidl-Hohenveldern/ Loibl*, Rn. 1512; vgl. *Thirlway*, BYIL 1996, 1, 12; vgl. die Aussage des IGH im WHO/Egypt-Fall, *Interpretation of the Agreement of 25 March 1951 between the WHO and Egypt*, Advisory Opinion of 20.12.1980, ICJ Reports 1980, 89: „International organizations are subjects of international law and, as such, are bound by (…) general rules of international law (…)"]; auf den Einfluss von späterer gewohnheitsrechtlich geltender Praxis auf den Inhalt von Verträgen wird im Folgenden aufgrund ihrer fehlenden Relevanz für die vorliegende Untersuchung nicht näher eingegangen.

109 Vgl. *Stein/von Buttlar*, Rn. 158; vgl. *Cremer*, in: *Grote/Marauhn*, Kap. 4, Rn. 35: „Doch erscheint es etwas vorschnell, eine solche Fortentwicklung mit einer (…) rechtsfortbildenen richterlichen Auslegung gleichzusetzen, ohne in Betracht zu ziehen, dass – daneben oder gar statt dessen – die schrittweise konsensuale Fortbildung (…) durch Verträge und Protokolle oder durch eine übereinstimmende Vertragspraxis gemeint sein könnte".

110 *Sinclair*, S. 136.

111 Vgl. die Ausführungen in Teil 1 B. I. 1) b).

112 Karl, in: *Schreuer*, 9, 15; *Dahm/Delbrück/Wolfrum*, § 155 IV. 2.: „In der Praxis spielt allerdings die Schwierigkeit einer klaren Abgrenzung von authentischer Interpretation durch nachfolgende Praxis und Vertragsänderung durch solche Praxis keine entscheidende Rolle"; vgl. *Sinclair*, S. 138: „There is (…) a close link between the concept that subsequent practice is an element to be taken into account in the interpretation of a treaty and the concept that a treaty may be modified by subsequent practice of the parties"; vgl. die Entscheidung im Namibia-Fall (*Advisory Opinion on the Legal Consequences for States of the Continued Presence of South Africa in Namibia*, ICJ Reports 1971, 16, 22), in welcher der IGH die Praxis des Sicherheitsrats der Vereinten Nationen, eine Enthaltung als eine „Zustimmung" i. S. d. Art. 27 III UN-Charta anzusehen, als eine authentische Auslegung wertet (ebenso *Bernhardt*, GYIL 1999, 11, 21), das völkerrechtliche Schrifttum hingegen zum Teil von einer gewohnheitsrechtlichen Änderung der Charta ausgeht (so *Gading*, S. 30).

113 *Bernhardt*, GYIL 1999, 11, 15, 21 f.; vgl. *McDougal/Lasswell/Miller*, S. 99; vgl. *Karl*, S. 27; vgl. Ress, in: *Simma*, Interpretation, Rn. 39; vgl. *Aust*, S. 193.

Diese gemeinsame Anpassung von Verträgen setzt jedoch voraus, dass sich die Parteien auf ein neues Rechtsverständnis einigen[114], was nicht immer gelingt. Das Problem, zu einer Einigung zu gelangen, wächst mit der Anzahl der Mitglieder – insbesondere, wenn Verträgen mehrere Staaten angehören, die aus unterschiedlichen Kultur- und Rechtskreisen kommen. Aus diesem Grund müssen Verträge den modernen Rechts- und Wertvorstellungen anderweitig gerecht werden.

In diesem Zusammenhang kommt der evolutiven Auslegung, die auch als dynamische Interpretation bekannt ist[115], in der Praxis internationaler Organe eine wesentliche Bedeutung zu. Dieses „Phänomen" passt völkerrechtliche Verträge an den Wandel des Rechtsverständnisses an[116], indem ihr Inhalt nicht über die Zeit hinweg gleichbleibend verstanden, sondern weiterentwickelt wird. Dabei wird oft rechtsvergleichend auf die völkerrechtliche Praxis Bezug genommen. Denn ein neues Werte- und Rechtsverständnis schlägt sich insbesondere[117]

---

114 Das Völkervertragsrecht kennt auch Mehrheitsregelungen.

115 Von Heinegg, in: *Ipsen*, § 11, Rn. 21; *Dahm/Delbrück/Wolfrum*, § 153 IV. 2.; *Stein/ von Buttlar*, Rn. 83; *Bleckmann*, Rn. 371; *Kempen/Hillgruber*, § 12, Rn. 71; Cremer, in: *Grote/Marauhn*, Kap. 4, Rn. 35–109; *Stein/von Buttlar*, S. 338 und Ress, in: *Simma*, Auslegung, Rn. 3, 19 verwenden den Begriff der „dynamisch-evolutiven" Auslegung; Bernhardt hingegen bevorzugt den Ausdruck der „evolutiven Auslegung" gegenüber dem der „dynamischen Auslegung" (in: *ders.*, EPIL II, 1416, 1419 und GYIL 1999, 11, 12); vgl. *Brötel*, Jura 1988, 343, 346; die Ausdrücke „evolutive Auslegung" und „dynamische Auslegung" werden im Verlauf der Untersuchung synonym verwendet. Daneben findet der Ausdruck „interpretative Fortbildung" Verwendung.

116 Ress, in: *Simma*, Interpretation, Rn. 20; vgl. *Kempen/Hillgruber*, § 12, Rn. 71.

117 Daneben schlägt sich ein neues Werte- und Rechtsverständnis auch in der Praxis staatlicher Organe nieder, sei es in Form reformierter bzw. neuer Gesetze oder Verwaltungsentscheidungen. Die innerstaatliche Praxis kann – soweit dies nicht vertraglich ausgeschlossen ist [vgl. *Neumann*, S. 66; vgl. auch die Aussage des WTO-Panels in *Korea-Procurement, Measures affecting government procurement*, WT/DS163/R, para. 7.96: „Customary international law (…) applies to the extent that the WTO treaty agreements do not ‚contract out' from it"] – als Nachweis derogierenden Gewohnheitsrechts (vgl. die Ausführungen in Fußnote 99 und 108) auf einen Vertrag Einfluss nehmen, vorausgesetzt, sie weist einen völkerrechtlichen Bezug auf [Heinegg, in: *Ipsen*, § 16, Rn. 6, 18; Milej, in: *von Heinegg*, Rn. 239–241, 243; *Doehring*, Rn. 287, 313; *Kempen/Hillgruber*, § 13, Rn. 99–101, 103; *Stein/von Buttlar*, Rn. 126; *Bleckmann*, Rn. 197; vgl. *Fastenrath*, S. 122; a. A. *Hobe/Kimminich*, S. 187 f., nach dem innerstaatliche gesetzliche Regelungen und Entscheidungen nationaler Gerichte keine Staatenpraxis nachweisen]. Inwieweit diese Praxis den Inhalt eines Vertrages prägt, soweit sie unterhalb der Schwelle einer gewohnheitsrechtlichen Vertragsänderung bleibt, ist – obwohl ebenfalls Bestandteil der Untersuchung [vgl. die folgenden Ausführungen in Teil 2 C. I. 2)] – nicht die Fragestellung der vorliegenden Arbeit.

in außervertraglichen Erklärungen nieder. Die interpretative Fortbildung beinhaltet somit auch eine Auslegung im Lichte späterer außervertraglicher Entwicklungen[118].

Die evolutive Auslegung trägt also dem Umstand Rechnung, dass eine Änderung durch die Parteien nur schwer zu erreichen ist. Sie ermöglicht eine Vertragsanpassung, die im Vergleich zur Änderung bzw. authentischen Auslegung durch die Parteien einfacher und schneller ist. Durch die Berücksichtigung des nachvertraglichen Umfelds dient sie ferner dazu, die heterogene Völkerrechtsordnung zu harmonisieren.

II. Rechtsunsicherheit, Bedürfnis nach Kontinuität und Gefahr fehlender Akzeptanz

Durch die Praxis, Verträge evolutiv auszulegen, sinkt jedoch die Verlässlichkeit des Rechts, da sich Staaten ihrer vertraglich übernommenen Pflichten nicht sicher sind[119]. Ferner ist es schwierig, das zeitgemäße Rechtsverständnis festzustellen, weil Organe gemeinhin mit Vertretern der Mitglieder der Organisation besetzt sind, deren Ansichten – von den jeweiligen Traditionen geprägt – sich oft voneinander unterscheiden.

Darüber hinaus stellt sich die Frage, ob und inwieweit es zulässig ist, rechtsvergleichend auf außervertragliche Erklärungen Bezug zu nehmen: Prägen neue Werte aus dem völkerrechtlichen Umfeld nur dann den Inhalt eines Vertrages, wenn alle seine Parteien verbindlich zustimmen[120]? Oder ist es zulässig, dass eine Äußerung auch die Staaten bindet, die ihr nicht oder nur rechtsunverbindlich zugestimmt haben? Demgemäß steht also in Frage, ob und inwiefern die Heranziehung des späteren Vertragsumfelds Staaten gegen oder ohne ihren Willen Pflichten auferlegt.

Durch die evolutive Auslegung wird der Inhalt von Verträgen verändert, eingeschränkt oder erweitert[121]. Insbesondere eine Erweiterung kann zu einer

---

118 Von Heinegg, in: *Ipsen*, § 11, Rn. 21.
119 Vgl. *Friedmann*, AVR 1969–70, 305, 319, vgl. Cremer, in: *Grote/Marauhn*, Kap. 4, Rn. 35: „Eine statische, konservative, inhaltsbeständige Auslegung der Konvention bietet Rechtssicherheit und Verlässlichkeit (…). Eine darauf aufbauende Rechtsprechung (…) zeichnet sich durch eine Kontinuität aus, welche die Bereitschaft der Gerichte der Vertragsstaaten fördern dürfte, (ihrer) (I)nterpretation nicht zuletzt auch bei der Auslegung nationaler (R)echte zu folgen".
120 Vgl. die Ausführungen in Fußnote 19.
121 Vgl. *Bernhardt*, GYIL 1999, 11, 20: „Sometimes old problems need new answers or at least new considerations, and modern developments sometimes require the application of human rights guarantees to the new developments"; nicht überzeugen kann die An-

völlig neuen Regelung führen[122]. Eine übermäßige evolutive Auslegung birgt allerdings unter anderem die folgenden Gefahren:

Erstens fehlt internationalen Organen oft in einigen Bereichen die fachliche Kompetenz[123]. Auch wenn es möglich ist, bei einzelnen Entscheidungen Fachexperten hinzuzuziehen, erhöht sich dadurch zumindest die Wahrscheinlichkeit (sach-)rechtlicher Fehlentscheidungen.

Zweitens könnten sich Staaten in ihrer Souveränität beeinträchtigt fühlen, sich auf den Inhalt von Verträgen und ihre Rechtsverbindlichkeit zu einigen[124]. Dies würde zum einen den fundamentalen völkerrechtlichen Grundsatz „pacta sunt servanda" erschüttern[125]. Zum anderen könnten Staaten das Bedürfnis haben, die Auslegung von einem anderen Gericht überprüfen zu lassen, wozu sie

---

sicht Cremers, dass die Entwicklung „externe(r), für eine Subsumtion notwendige(r) – aus rechtlicher Sicht: tatsächliche(r) – Hilfskriterien" (in: *Grote/Marauhn*, Kap. 4, Rn. 43), d. h. „neue Erkenntnisse im Bereich des Tatsächlichen, nämlich der Psychologie, Psychiatrie und Medizin" nicht „de(n) rechtliche(n) Maßstab (…) veränder(n)" (in: *ebd.*, Rn. 80), und damit „(d)as dynamische Element (…) so gesehen gar nicht in der Auslegung der Norm" (in: *ebd.*, Rn. 81) liegt. Auch empirische Erkenntnisse beeinflussen bestehende Meinungen, die wiederum rechtliche Maßstäbe, wenn auch nicht inhaltserweiternd, so doch inhaltsverändernd bewerten. Eine dementsprechende Auslegung beinhaltet daher ebenfalls ein dynamisches Element; vgl. auch die Ausführungen in Teil 1 A. II. 2).

122 Vgl. Cremer, in: *Grote/Marauhn*, Kap. 4, Rn. 47 ff., der zwischen einer Anerkennung neuer Schutzgehalte und einer Ausdehnung geschriebener Schutzgehalte differenziert; vgl. *Ders.*, der jedoch in der Erweiterung des Normeninhalts, die nicht zu einem neuen Inhalt führt, nur den „Eindruck des Dynamischen" sieht, wodurch ihm diese Dynamik „(w)eniger dramatisch erscheint", da sie „ohnehin jedem Recht zu eigen sein dürfte" (in: *ebd.*, Rn. 47, 82). Dies kann nicht überzeugen. Aufgrund des nur begrenzten Vorstellungsvermögens der Vertragsgründer werden die ursprünglich vereinbarten Vertragspflichten auch dann ergänzt, wenn zwar „der rechtliche Maßstab" gleich bleibt, dieser aber eine neue Bewertung erfährt. Auch diese Dynamik führt zur Rechtsunsicherheit, nämlich der Unsicherheit über die rechtliche Bewertung einer Norm, die durch eine Änderung des Vertrages durch die Parteien beseitigt werden könnte.

123 Vgl. *Reinisch*, RIW 2002, 449, 452.

124 Vgl. die Ausführungen in Teil 1 B. I.; vgl. *Reinisch*, RIW 2002, 449, 449, 452: „So ist es etwa im Bereich der internationalen Investitionsstreitbeilegung vor dem Internationalen Zentrum zur Beilegung von Investitionsstreitigkeiten oder im Rahmen der internationalen (privatrechtlichen) Handelsschiedsgerichtsbarkeit durchaus üblich, erst einmal die Zuständigkeit des Entscheidungsorgans in Zweifel zu ziehen. Dasselbe gilt für die Praxis vor dem (…) IGH in Den Haag, der daher in seiner bisherigen Tätigkeit auch mehr Entscheidungen zu Fragen seiner Jurisdiktion als Urteile in merito gefällt hat"; vgl. auch das Maastricht-Urteil des Bundesverfassungsgerichts (BVerfGE 89, 155, 210; vgl. *Pauwelyn*, S. 45.

125 *Brötel*, Jura 1988, 343, 346.

jedoch nur wenige Gelegenheiten hätten; erstinstanzliche Urteile können oft von keinem höherrangigen Gericht überprüft und gegebenenfalls für unwirksam erklärt werden, da eine Rechtsmittelinstanz fehlt[126]. Weiterhin endet der gerichtliche Instanzenzug im Völkerrecht spätestens beim Berufungsorgan. Danach ist eine Entscheidung – außer bei der Verletzung einer Regel des „ius cogens" – in jedem Fall verbindlich[127]. Zudem sind Akte politischer Organe keiner direkten gerichtlichen Kontrolle unterworfen[128]. Eine nachträgliche Überprüfung ist vielmehr bloß ausnahmsweise rudimentär vorhanden[129]. Letztlich bleibt den Staaten häufig nur, Entscheidungen internationaler Organe von nationalen Gerichten überprüfen zu lassen[130]. Nationale Urteile sind auf internationaler Ebene jedoch rechtlich unverbindlich[131].

---

126 So unterliegen etwa die Urteile des IGH nach Art. 60 IGH-Statut keinem Rechtsmittel.

127 Vgl. *Schreuer*, S. 153: „Als Rechtsfolge sind absolute Nichtigkeit (und) Vernichtbarkeit durch ein hierzu berufendes Organ (...) denkbar"; a. A. *Bernhardt*, GYIL 1999, 11, 24: „(A)cts or decisions clearly *ultra vires* are not binding" (Hervorhebung im Original); vgl. Weiß, in: *Weiß/Herrmann/Ohler*, Rn. 120: „Über ihre Zuständigkeit hinausgehende Rechtshandlungen entfalten nach tradierter Sicht als sog. ultra-vires Handeln keine Wirksamkeit auf völkerrechtlicher Ebene".

128 Frowein, in: *Bernhardt*, EPIL IV, 1029, 1035 f.; vgl. Klein, in: *Vitzthum*, 4. Abschnitt, Rn. 152, 179; vgl. *Pauwelyn*, S. 45; vgl. die Entscheidung im Lockerbie-Fall aus dem Jahr 1992, in welcher sich der IGH zu der Rechtmäßigkeit von Resolutionen des UN-Sicherheitsrats nicht äußerte, sich aber ihre inzidente Überprüfung offen hielt [*Questions of Interpretation and Application of the 1971 Montreal Convention arising from the Aerial Incident at Lockerbie* (Libya v. UK; Libya v. USA), Preliminary Measures, Entscheidung vom 14.04.1992, ICJ Reports 1993, para. 104–117]; dazu insbesondere *Stein*, AVR 1993, 206, 206–229 und *Gading*, S. 57–64, 66, der die faktische Wirkung der Gutachten hervorhebt, „auch wenn (diese) keinen (rechtlich) bindenden Charakter haben".

129 *Schreuer*, S. 153 f.; vgl. *de Wet/Nollkaemper*, 166, 170 f.: „The persistent difficulties surrounding judicial review in contentious proceedings, and the difficulty to obtain judicial review by means of an advisory opinion, imply that the role of the ICJ in reviewing the legality of a Security Council resolution is likely to remain limited in future"; vgl. auch das Gutachten über „Certain Expenses of the United Nations", in dem der IGH eine – wenn auch widerlegbare – Vermutung der Rechtmäßigkeit der Akte der Vereinten Nationen eingeführt hat [*Certain expenses of the United Nations* (Article 17, paragraph 2, of the Charter), Rechtsgutachten vom 20.07.1962, ICJ Reports 1962, 151, 151: „When the organization takes action which warrants the assertion that it was appropriate for the fulfillment of one of the stated purposes of the United Nations, the presumption is that such action is not ultra vires the organization"].

130 *Schreuer*, S. 154 f.: „Dieser Mangel eines institutionellen Überprüfungsmechanismus bedeutet jedoch keineswegs, dass Fragen des rechtmäßigen Zustandekommens oder der Fehlerhaftigkeit solcher Akte der Untersuchung durch andere Organe notwendigerweise entzogen sind. Staatliche Gerichte, welche mit internationalen Organakten

Aus all diesen Gründen besteht zumindest die Möglichkeit, dass Staaten einzelne Entscheidungen für sich als nicht bindend erachten. Wäre dies der Fall, könnten sie Entscheidungen schlichtweg nicht befolgen[132]: Im Völkerrecht existiert keine zentrale Zwangsgewalt[133], so dass die Durchsetzung auf dem Willen der Staaten basiert. Die Akzeptanz ist daher wesentlich. Lediglich die anderen Staaten könnten als „Richter in eigener Sache" die Entscheidungen selbst durchsetzen[134] – etwa durch den Ausschluss der betroffenen Partei vom Vertrag oder

rechtsprechender oder politischer Natur konfrontiert sind, können sehr wohl vor die Frage gestellt werden, ob ein für ihre Entscheidung wesentlicher Beschluss eines internationalen Organs richtig zustande gekommen ist, ob er ‚gültig‘ ist oder unter einem Mangel leidet, der seine Nichtbeachtung rechtfertigt"; vgl. auch *de Wet/Nollkaemper*, 166, 170, 185; vgl. hinsichtlich der Entscheidungsbefugnis nationaler Gerichte über internationale Organakte *Schreuer*, S. 155–160.

131   *Schreuer*, S. 155: „Dabei ist regelmäßig von einer konstitutiven Überprüfung im Sinne einer Kassation der internationalen Entscheidung durch das staatliche Gericht keine Rede (…)"; *de Wet/Nollkaemper*, 166, 184 f., 196 f.: „In legal terms, the term ‚review‘, is commonly used to refer to the judicial consideration of a decision by a lower court or an administrative authority by a higher court. Coupled to this notion of review is that the reviewing institution can annul, set aside or declare illegal the contested act. Clearly, it is not possible to construe the powers of national authorities *vis-à-vis* the Security Council in those terms. This construction would mean legal review of acts of a higher authority by a lower authority. It also might be taken to imply, though it does not necessary carry that implication, that lower authorities would have to power to annul or invalidate the reviewed act of a higher authority. These constructions do not fit in the system of international law – nor, for that matter, in any legal system. The authors use the term ‚review‘ in a wider sense, referring to a process in which authorities of a state can (…) adjust the implementation of the decision, without that leading to annulment or invalidation. (…) Clearly, a national court of one member state could not annul a decision of an international organization. (…) (R)eview would not have any consequences for other states or for the resolution as such – such effects could only be produced at the international level".

132   *De Wet/Nollkaemper*, 166, 196; Frowein, in: *Bernhardt*, EPIL IV, 1029, 1036; vgl. *Friedmann*, AVR 1969–70, 305, 319; vgl. *Gading*, S. 65 f.

133   *Stein/von Buttlar*, Rn. 14; *Kokott/Doehring/Buergenthal*, Rn. 21 f.; *Bernhardt*, ZaöRV 1973, 1, 1; *Pauwelyn*, S. 13, 16; nur der Sicherheitsrat hat eine eingeschränkte Zwangsgewalt, indem er gem. Art. 41, 42 UN-Charta sowohl nicht-militärische Sanktionen als auch militärische Maßnahmen anordnen kann und gem. Art. 94 II UN-Charta Maßnahmen beschließen kann, um einem Urteil des IGH Wirksamkeit zu verschaffen.

134   Vgl. Klein, in: *Vitzthum*, 4. Abschnitt, Rn. 24; Frowein, in: *Bernhardt*, EPIL IV, 1029, 1036: „Where no possibility exists to settle by judicial procedure a dispute as to the lawfulness of any act of an international organization, the danger is always present that the States concerned may take the law into their own hands"; in der Rechtsordnung der

aus der Organisation[135]. Dies würde allerdings die Zusammenarbeit der Staaten erheblich erschweren bzw. völlig verhindern.

Alternativ könnten Staaten dazu übergehen, sich schon beim Vertragsschluss – soweit dies vertraglich zugelassen ist – einzelne Pflichten vorzubehalten bzw. nachträglich von Vorbehalten Gebrauch zu machen. Es könnte sich auch ihre Bereitschaft verringern, Auslegung und Anwendung von Recht überhaupt auf Organe zu übertragen. Dies würde nicht nur im erheblichen Maße der Kontinuität des Rechts entgegenwirken. Auch die Errichtung politischer Organe wäre dann generell bedroht. Weiter könnten Staaten bei der Einrichtung gerichtlicher Organe Zurückhaltung üben, sei es in Form eines ständigen Streitbeilegungsorgans schon vor oder in Form eines „Ad-hoc-Tribunals" erst während eines Streitfalls[136]. Dies hätte zur Folge, dass zwischenstaatliche Streitigkeiten nicht gerichtlich gelöst würden, da die Zuständigkeit internationaler Organe von den Staaten abhängt[137].

Im Ergebnis könnten Staaten im äußersten Fall also von der Verwirklichung gemeinsamer Interessen im Rahmen internationaler Organisationen absehen. Dies könnte dazu führen, dass Staaten ihre Rechte und Pflichten vermehrt einseitig bewerten, anwenden und durchsetzen. Völkerrechtliche Pflichten könnten dadurch umgangen werden, so dass das internationale Recht gegebenenfalls nur noch fragmentarisch Anwendung fände. Dadurch wäre die Vorhersehbarkeit des multilateralen Ordnungssystems gefährdet. Dies könnte letztlich nicht nur die Effektivität der Verfolgung und Durchsetzung gemeinsamer staatlicher Interessen verringern, sondern das gesamte System internationaler Organisationen umgehen[138].

III. Zwischenergebnis

Das Verständnis von Recht unterliegt dem Wandel der Zeit. Die evolutive Auslegung trägt diesem Umstand Rechnung, indem sie eine Anpassung ermöglicht, die durch eine Vertragsänderung grundsätzlich nur langsam und schwer zu erreichen ist. Des Weiteren bewahrt sie die Homogenität des Völkerrechts, indem sie zeitgemäße Werte rechtsvergleichend ermittelt.

Die Anpassung an ein neues Rechtsverständnis führt jedoch auch zur Rechtsunsicherheit und widerspricht dem Bedürfnis nach Kontinuität. Oben-

---

WTO kann die in einem Streitfall obsiegende Partei zu Sanktionsmaßnahmen gegen die unterliegende Partei ermächtigt werden.

135 Vgl. etwa Art. 6 UN-Charta.
136 Vgl. *Verdross/Simma*, § 782; vgl. *Brötel*, Jura 1988, 343, 346.
137 Vgl. die Ausführungen in Teil 1 B. II.
138 Vgl. *de Wet/Nollkaemper*, 166, 197.

drein ist es nur schwer möglich, zeitgemäße Werte zu ermitteln. Ferner besteht die Gefahr, dass (sach-)rechtliche Fehlentscheidungen getroffen werden und die Anpassung von Staaten nicht akzeptiert wird. Diese Gefahr steigt, umso mehr vertragliche Bestimmungen um eine neue Regelung erweitert werden. Eine übermäßige evolutive Auslegung könnte nicht nur zur Schwächung der Legitimität bzw. Autorität internationaler Entscheidungen führen, sondern letztlich die Anwendung und Durchsetzung des Völkerrechts einschränken. Eine ausufernde interpretative Vertragsanpassung könnte daher im äußersten Fall die zwischenstaatliche Kooperation im Rahmen internationaler Organisationen hemmen.

B. Auslegungsregeln der WVRK

Die für die Auslegung völkerrechtlicher Verträge relevanten Regeln sind in Art. 31 und 32 WVRK niedergelegt[139]. Im Folgenden wird untersucht, ob und unter welchen Voraussetzungen diese Regeln die evolutive Auslegung vorsehen und begrenzen.

Zunächst wird die gewohnheitsrechtliche Geltung der Auslegungsregeln diskutiert [I.]. Darauf folgt eine Darstellung der Art. 31, 32 WVRK [II.]. Dann wird erörtert, ob die WVRK die evolutive Auslegung von Verträgen vorsieht [III.].

Nachstehend werden die Regelungen des Art. 31 III WVRK untersucht. Im Mittelpunkt steht die Frage, ob bei der evolutiven Auslegung spätere Erklärungen unabhängig von einer gemeinsamen, rechtlich bindenden Initiative der Vertragsparteien berücksichtigt werden[140]. Zur Diskussion steht insbesondere die

---

139   Die WVRK ist die alleinige Untersuchungsgrundlage der vorliegenden Arbeit. Im Folgenden wird daher nicht auf die Frage eingegangen, ob die Konvention die völkerrechtlichen Auslegungsregeln abschließend wiedergibt (dagegen sprechen sich aus: *Dahm/Delbrück/Wolfrum*, § 153 I. 4., II. 3., III. 3., *Verdross/Simma*, §§ 780, 781, *Brownlie*, S. 606, Vitzthum, in: *Vitzthum*, 1. Abschnitt, Rn. 124, *Doehring*, Rn. 390, 393, *Kempen/Hillgruber*, § 12, Rn. 61, *Sinclair*, S. 153 und Dörr, in: *Dörr/Schmalenbach*, S. 538–540; dafür wohl: von Heinegg, in: *Ipsen*, § 11, Rn. 16, nach dem zwar der Effektivitätsgrundsatz und der Grundsatz der „necessary implication" als auslegungsrechtliche Grundsätze „(a)ußerhalb der ,allgemeinen Auslegungsregel' des Art. 31 WVK verblieben sind (…), (d)ie korrekte Anwendung (des Art. 31 WVRK jedoch) stets zu Ergebnissen (führt), die den (…) Grundsätzen entsprechen, so dass ihre zusätzliche Aufnahme in die WVK ebenso wenig geboten war wie es ihre Kennzeichnung als zusätzliche ,rechtliche' Auslegungsregeln ist", Milej, in: *von Heinegg*, Rn. 152 f., der die Effektivitätsmaxime als „eine Variante der Auslegung nach Sinn und Zweck" bezeichnet und *Köck*, ZÖR 1998, 217, 231 ff.; nicht ganz eindeutig Bernhardt (vgl. in: *Seidl-Hohenveldern*, 505, 507 f., in: *Ders.*, EPIL II, 1416, 1419, 1421, GYIL 1999, 11, 14 und ZaöRV 1967, 491, 504).

140   Dass internationale Organe bei der Auslegung zur Berücksichtigung der einvernehmlichen späteren (Erklärungs-)Praxis verpflichtet sind, was aufgrund der Rechtsfort-

41

Rolle von bilateralen und einseitigen Äußerungen sowie des „soft law", d. h. der unverbindlichen Regeln des Völkerrechts[141]. Daneben sind Erklärungen, an denen keine Partei teilnimmt, von besonderem Interesse. Anhand dieser Fragestellungen wird die Reichweite der evolutiven Auslegung von Verträgen nach Art. 31 III WVRK ermittelt [IV.]. Zuletzt werden die Ergebnisse zusammengefasst [V.].

I. Gewohnheitsrechtliche Geltung

Die WVRK ist ein multilateraler Vertrag, den die ILC, ein nach Art. 13 I a) UN-Charta eingerichtetes Hilfsorgan der Generalversammlung der Vereinten Nationen, 1969 abfasste. Seit ihrem Inkrafttreten 1980 regelt die WVRK das Recht der Verträge zwischen den Staaten.

Wie alle völkerrechtlichen Verträge bindet die WVRK nur diejenigen Staaten, die ihr beigetreten sind. Bislang hat sie 112 Parteien[142], d. h. etwa 60 Prozent aller weltweit existierenden Staaten. Nach Art. 4 WVRK sind ihre Regeln nur auf Verträge anwendbar, die nach ihrem Inkrafttreten vereinbart wurden. Eine Rückwirkung der WVRK ist damit ausdrücklich ausgeschlossen. Weiter schließt Art. 2 WVRK die Anwendung auf mündliche Vereinbarungen aus, was jedoch nicht ihre rechtliche Gültigkeit berührt, wie Art. 3 WVRK explizit feststellt.

Die in der WVRK normierten Auslegungsregeln werden allerdings auch gegenüber Nichtvertragsstaaten sowie früheren und mündlichen Verträgen angewendet, soweit sie Gewohnheitsrecht darstellen[143]. Die gewohnheitsrechtliche Geltung der Art. 31, 32 WVRK ist dabei umstritten.

---

bildung durch die Parteien als „Herren der Verträge" unbedenklich ist, wurde bereits erörtert (vgl. die Ausführungen in Teil 2 A. I.). Ferner wurde bereits ausgeführt, dass die Praxis, außervertragliche Erklärungen, denen alle Parteien zustimmen, auch ohne Sachzusammenhang zu berücksichtigen, von den Staaten aller Wahrscheinlichkeit nicht beklagt wird und die Untersuchung infolgedessen nicht näher darauf eingeht (vgl. die Ausführungen in Fußnote 19).

141   Der Begriff entstammt einer Äußerung des früheren Präsidenten des IGH, *Lord MacNair* (vgl. *Thürer*, ZSR 1985, 429, 431 f., 434; vgl. von Heinegg, in: *Ipsen*, § 19, Rn. 20).

142   Stand: Ende August 2010; Die USA und Frankreich haben die WVRK beispielsweise bislang nicht ratifiziert.

143   Dörr, in: *Dörr/Schmalenbach*, S. 525.

42

1) Bejahende Ansicht

Nach herrschender Ansicht deklariere die WVRK weitgehend gewohnheitsrechtlich geltendes Vertragsrecht. Dies gelte insbesondere für die Auslegungsregeln in Art. 31, 32 WVRK[144].

2) Verneinende Ansicht

Nach einer anderen, verneinenden Ansicht beinhalteten die Auslegungsregeln keine Rechtsqualität. Vielmehr seien sie Ausdruck des Grundsatzes von Treu und Glauben. Als bloße Anleitung für die Auslegung stellten sie lediglich Richtlinien und Billigkeitserwägungen dar, die dem Ermessen des Interpreten offen stünden. Die Auslegungsregeln seien folglich nicht gewohnheitsrechtlich entstanden[145].

3) Vorzugswürdige Ansicht: Art. 31, 32 WVRK normieren Gewohnheitsrecht

Meines Erachtens kann die zuletzt genannte Ansicht nicht überzeugen. Sie schließt vom Ermessens- und Beurteilungsspielraum der Normen auf das Fehlen der Rechtsverbindlichkeit der Auslegungsregeln[146]. Jede Auslegung füllt jedoch immer einen vertraglich vorgegebenen Interpretationsspielraum[147]. Auch wenn die Beurteilung im Ermessen des Interpreten liegt, weisen Auslegungsregeln ihm den Weg bei der Interpretation. Sie geben damit zwar nicht das Auslegungsergebnis, jedoch den Auslegungsvorgang rechtlich vor[148].

---

144 *Ebd.*, S. 523; *Bernhardt*, S. 29; Ders., in: *Ders.*, EPIL II, 1416, 1419; Ders., in: *Ders.*, EPIL IV, 926, 927; *Ders.*, GYIL 1999, 11, 13; Ders., in: *Seidl-Hohenveldern*, 505, 506; *Shaw*, S. 656; *Jennings/Watts*, S. 1271; *Dahm/Delbrück/Wolfrum*, § 153 I.4., II.1.; *Stein/von Buttlar*, Rn. 33–35; *Verdross/Simma*, § 775; Vitzthum, in: *Vitzthum*, 1. Abschnitt Rn. 123; *Hobe/Kimminich*, S. 207; Milej, in: *von Heinegg*, Rn. 120–123; *Brötel*, Jura 1988, 343, 344, 349; *Kokott/Buergenthal/Doehring*, Rn. 195; Ress, in: *Simma*, Interpretation, Rn. 8; *Kempen/Hillgruber*, § 12, Rn. 8, 64; *Dixon*, S. 58; *Sinclair*, S. 153; Torres-Bernárdez, in: *Hafner*, 721, 721 f.; *Aust*, S. 186; *Cameron/Gray*, ICLQ 2001 (Vol. 50), 248, 254; von Heinegg, in: *Ipsen*, § 11, Rn. 11.
145 *Berber*, S. 477.
146 Bernhardt, in: *Seidl-Hohenveldern*, 505, 506; Torres-Bernárdez, in: *Hafner*, 721, 721.
147 *Köck*, ZÖR 1998, 217, 220 f.; *Haraszti*, S. 197 f.; *Berber*, S. 477; vgl. *Sinclair*, S. 118.
148 *Fastenrath*, Fußnote 736; *Sinclair*, S. 117; Torres-Bernárdez, in: *Hafner*, 721, 721; vgl. von Heinegg, in: *Ipsen*, § 11, Rn. 20.

Die Art. 31, 32 WVRK normieren somit völkerrechtliches Gewohnheitsrecht. Daher binden die Auslegungsregeln gewohnheitsrechtlich auch Nichtvertragsstaaten und finden auf frühere und mündliche Vereinbarungen Anwendung.

II. Auslegungsregeln

Art. 31 WVRK enthält eine „allgemeine Auslegungsregel"[149] und Art. 32 WVRK eine Regel über „ergänzende Auslegungsmittel".

1) Art. 31 I WVRK

Art. 31 I WVRK positiviert die grammatikalische, systematische und teleologische[150] Auslegungsmethode[151]. Die Auslegung wird von dem Grundsatz von Treu und Glauben begleitet[152]. Dieser materielle völkerrechtliche Grundsatz[153] wird für die Auslegung jedoch nur hervorgehoben[154]. Seine Beachtung fließt schon aus dem in Art. 26 WVRK[155] niedergelegten Prinzip „pacta sunt ser-

---

149 Dieser Arbeit wird die amtliche deutsche Übersetzung der WVRK zugrunde gelegt. Soweit diese von dem Wortlaut eines der nach Art. 85 WVRK authentischen Texte abweicht, wird darauf verwiesen.

150 Die teleologische Auslegung hat sprachlich ihren Ursprung in dem griechischen Wort „telos", welches „das Ziel" bedeutet.

151 *Dahm/Delbrück/Wolfrum*, § 153 II. 1.a), 2.; *von Münch*, S. 148; Milej, in: *von Heinegg*, Rn. 132; in der Literatur werden diese Auslegungs*methoden* auch Auslegungs*regeln* genannt (vgl. *Bleckmann*, Rn. 343; vgl. *Fastenrath*, S. 177; vgl. von Heinegg, in: *Ipsen*, § 11, Rn. 5 f.; vgl. Milej, in: *von Heinegg*, Rn. 132; vgl. *Dahm/Delbrück/Wolfrum*, § 153 II. 1.; vgl. *Kempen/Hillgruber*, § 12, Rn. 61). Der Wortlaut, die Systematik und der Telos eines Vertrages stellen jedoch nach der Konzeption der WVRK genau genommen Methoden einer einheitlichen „Allgemeine[n] Auslegungs*regel"* dar (vgl. *Köck*, ZÖR 1998, 217, 218/219; vgl. *Jennings/Watts*, S. 1272; vgl. die Ausführungen der ILC zu Art. 27 *Final Draft WVRK*, 3.–28. January 1966, U.N. Doc. A/6309/Rev. 1, in: YBILC 1966 II, 169, 219 f., para. 8). Der Untersuchung liegt diese Unterscheidung der Begriffe „Auslegungsregel" und „Auslegungsmethode" zugrunde. Mit dem Begriff „Auslegungsregel" sind die Regelungen in Art. 31 und Art. 32 WVRK gemeint. Der Begriff „Auslegungsmethode" kennzeichnet dagegen den Wortlaut, die Systematik, den Sinn sowie die Entstehungsgeschichte eines völkerrechtlichen Vertrages.

152 Art. 31 I WVRK lautet: „Ein Vertrag ist nach Treu und Glauben in Übereinstimmung mit der gewöhnlichen, seinen Bestimmungen in ihrem Zusammenhang zukommenden Bedeutung und im Lichte seines Zieles und Zweckes auszulegen".

153 Von Heinegg, in: *Ipsen*, § 11, Rn. 16, 20.

154 *Doehring*, Rn. 390; *Jennings/Watts*, S. 1272.

155 Art. 26 WVRK lautet: „Ist ein Vertrag in Kraft, so bindet er die Vertragsparteien und ist von ihnen nach Treu und Glauben zu erfüllen".

vanda", da die redliche Einhaltung eines Vertrages seine gutgläubige Auslegung voraussetzt[156]. Die Gutglaubensvorgabe eröffnet daher keinen eigenen Weg zum Verstehen eines Vertrages. Vielmehr ordnet der Grundsatz ein Verbot des Missbrauchs an, das für jede der in Art. 31 I WVRK genannten Auslegungsmethoden gilt[157].

Zwischen dem Wortlaut, der Systematik und dem Telos besteht keine Hierarchie[158]. Die Methoden stehen vielmehr gleichrangig nebeneinander. Dies bestätigt nicht nur die singuläre Überschrift „Allgemeine Auslegungsregel"[159], sondern fordert auch der Gutglaubensgrundsatz[160]. Folglich bestimmen alle drei Methoden kumulativ die Auslegung – was jedoch nicht ausschließt, die Methoden im Rahmen des Auslegungsvorgangs unterschiedlich zu gewichten[161]. Vielmehr liegt ihre Bewertung im Ermessen des Interpreten[162].

Der kumulativen Anwendung der Auslegungsmethoden steht die so genannte Vattel'sche Maxime nicht entgegen[163]. Diese Regel, die auf römischem Recht basiert[164] und nach ihrem französischen Begründer benannt ist, besagt,

---

156 Sinclair, S. 119; Dörr, in: Dörr/Schmalenbach, S. 548.

157 Sinclair, S. 120; Dahm/Delbrück/Wolfrum, § 153 II. 1.; Dörr, in: Dörr/Schmalenbach, S. 548; Vitzthum, in: Vitzthum, 1. Abschnitt, Rn. 123; Hobe/Kimminich, S. 216; Köck, ZÖR 1998, 217, 218 Fußnote 5; von Heinegg, in: Ipsen, § 11, Rn. 17, 20; Brötel, Jura 1988, 343, 345; Aust, S. 187.

158 Dörr, in: Dörr/Schmalenbach, S. 541; Dahm/Delbrück/Wolfrum, § 153 II. 1.; Brownlie, S. 603; Fastenrath, S. 177; Jennings/Watts, S. 1272, Fußnote 6; von Heinegg, in: Ipsen, § 11, Rn. 12; Kempen/Hillgruber, § 12, Rn. 65; vgl. Berber, S. 477; vgl. ILC-Kommentar zu Art. 27 Final Draft WVRK, 3.–28. January 1966, U.N. Doc. A/6309/Rev.1, in: YBILC 1966 II, 169, 220, para. 9.

159 Dörr, in: Dörr/Schmalenbach, S. 523; von Heinegg, in: Ipsen, § 11, Rn. 12; Brownlie, S. 603; Köck, ZÖR 1998, 217, 219; Kempen/Hillgruber, § 12, Rn. 65; Aust, S. 186; vgl. ILC-Kommentar zu Art. 27 Final Draft WVRK, 3.–28. January 1966, U.N. Doc. A/6309/Rev.1, in: YBILC 1966 II, 172, 220, para. 8; Nichts anderes gilt, soweit die Überschrift der originalen englischen Fassung „General Rule of Interpretation" mit „Generalregel" oder „Grundregel" übersetzt wird (so Köck, ZÖR 1998, Fußnote 4), da nur die singuläre Verwendung des Begriffes „Regel" entscheidend ist.

160 Von Heinegg, in: Ipsen, § 11, Rn. 17.

161 Köck, ZÖR 1998, 217, 219; Bernhardt, in: Ders., EPIL II, 1416, 1418.

162 Vgl. die Ausführungen in Teil 2 B. I. 3).

163 So aber Bernhardt, S. 40: „(...) nur der Hinweis auf den Vorrang eines klaren Wortlauts deutet eine gewisse Rangordnung an".

164 Coing, S. 266: „Cum in verbis nulla ambiguitas est, non debet admitti voluntatis quaestio" (lateinisch; die deutsche Übersetzung lautet sinngemäß: „Wenn in den Worten keine Zweideutigkeit liegt, muss nicht zusätzlich nach dem Willen gefragt werden"); vgl. Fastenrath, S. 182.

dass ein Vertrag allein grammatikalisch auszulegen sei, wenn sein Wortlaut den Inhalt unzweifelhaft wiedergebe[165].

Die Vattel'sche Maxime kann keineswegs überzeugen. Denn die grammatikalische Auslegung reicht nicht dafür aus, um die genaue Bedeutung eines Vertrages festzustellen[166]. Gibt der Wortlaut den Inhalt des Vertrages unzweifelhaft wieder, d.h. ist er eindeutig[167], kommen die systematische und teleologische Auslegung zwar zu einem Ergebnis, das der grammatikalischen Auslegung entspricht[168]. Die Bedeutung ist jedoch anhand einer umfassenden Würdigung des Normeninhaltes zu finden[169]. Nur so kann ausgeschlossen werden, dass dem Wortlaut durch die Anordnung der Normen oder durch den Telos eine andere Bedeutung zukommt. Die Auslegung setzt damit notwendigerweise voraus, den Wortlaut, die Systematik und den Telos kumulativ zu berücksichtigen[170].

Der Gleichrangigkeit der Auslegungsmethoden steht auch nicht entgegen, dass der Auslegungsvorgang grundsätzlich mit dem Vertragstext beginnt[171]. Dieses Vorgehen lässt sich zum einen damit begründen, dass Anknüpfungspunkt

---

165 De Vattel, in: *Schätzel*, 2. Buch, 17. Kapitel, § 263: „Der erste allgemeine Lehrsatz über die Auslegung ist folgender: *Es ist nicht erlaubt auszulegen, was keiner Auslegung bedarf*" (Hervorhebung im Original).

166 Vgl. von Heinegg, in: *Ipsen*, § 11, Rn. 7, 12.

167 Wie bereits ausgeführt [vgl. die Ausführungen in Teil 1 A. II. 1)] ist die Sprache einer unzweifelhaften und feststehenden Bedeutung zugänglich. Insbesondere für die in völkerrechtlichen Verträgen verwendeten Ausdrücke wird dies jedoch überwiegend bezweifelt (so *Dixon*, S. 68; vgl. *Bernhardt*, S. 68 f.; vgl. *Stein/von Buttlar*, Rn. 82; vgl. *Larenz/Canaris*, S. 26, 164; a. A. *Bleckmann*, Rn. 345 f.). Letztlich wird damit die praktische Anwendung der Vattel'schen Maxime abgelehnt [vgl. *Lauterpacht*, BYIL 1949, 48, 48: „(I)t is most improbable that Vattel regarded this ‚first general principle' as being of decisive practical importance"; vgl. auch *Stein/von Buttlar*, Rn. 82 und *Brötel*, Jura 1988, 343, 344].

168 Dörr, in: *Dörr/Schmalenbach*, S. 529; *Bernhardt*, GYIL 1999, 11, 15; vgl. von Heinegg, in: *Ipsen*, § 11, Rn. 7.

169 Vgl. *McDougal/Lasswell/Miller*, S. 96 f.

170 *Brötel*, Jura 1988, 343, 344; *Fastenrath*, S. 182; *Bernhardt*, S. 17; *Müller*, S. 138; *Jennings/Watts*, S. 1267; *Bos*, NILR 1980, 3, 14 f.; vgl. *Dahm/Delbrück/Wolfrum*, § 153 I 3.; vgl. *McDougal/Lasswell/Miller*, S. 78–81; vgl. *Sinclair*, S. 116.

171 Dörr, in: *Dörr/Schmalenbach*, S. 541; *Doehring*, Rn. 388; *Dahm/Delbrück/Wolfrum*, § 153 II. 1.a); *Stein/von Buttlar*, Rn. 83; *Kokott/Doehring/Buergenthal*, Rn. 220; *Herdegen*, § 15, Rn. 28; *Kempen/Hillgruber*, § 12, Rn. 65; von Heinegg, in: *Ipsen*, § 11, Rn. 12; vgl. *ILC-Kommentar Final Draft WVRK*, 3.–28. January 1966, U.N. Doc. A/6309/Rev.1, in: YBILC 1966 II, 169, 220, para. 9; a. A. Matscher, in: *Bernhardt/Geck/Jaenicke/Steinberger*, S. 548: „Eindeutig ist nur der Vorrang, den (die WVRK) dem Vertragstext als solchem, als Ausgangspunkt und Grundlage einer jeglichen Auslegung, einräumt".

der Auslegung einer kodifizierten und damit schriftlichen Norm[172] nun einmal deren Schriftbild ist[173]. Zum anderen ist der Wortlaut maßgeblich, da er die Grundlage der systematischen und teleologischen Auslegung ist. Der durchgehende Sinn einer Wortfolge ergibt sich nämlich erst aus dem Verständnis der einzelnen Worte[174]. Der Wortlaut beinhaltet somit lediglich einen Hinweis auf den Inhalt der Norm. Er dient der Auslegung im Sinne einer ersten Orientierung[175]. Die Bedeutung, die letztlich der Norm innewohnt, ist jedoch ebenso mit Hilfe der systematischen und teleologischen Auslegung zu finden[176]. Da sich der Vertragsinhalt nicht nur aus der sprachlich-grammatikalischen Bedeutung, sondern auch aus der Normenstellung und dem gesamten Sinnzusammenhang ergibt, gelingt die Auslegung mittels eines so genannten hermeneutischen Zirkels, d. h. einem Prozess des Voraus- und Zurückblickens[177].

Im Rahmen der systematischen Auslegung kommt einer Norm die in ihrem Textzusammenhang, ihrem Kontext, liegende Bedeutung zu[178]. Diese Methode erfordert eine Abgrenzung der jeweiligen Norm zum Inhalt der Regelungen, die in ihrem Umfeld stehen und sich von ihr sachlich unterscheiden. Die so genannte äußere Systematik des Vertrages, die in der Gliederung des Textes in Kapitel, Artikel und Absätze zum Ausdruck gelangt, bietet dabei einen Hinweis auf die sachliche Zugehörigkeit von Normen[179]. Normen eines völkerrechtlichen Vertrages fügen sich danach zum widerspruchsfreien Ganzen zusammen und stellen in sich und untereinander eine Einheit dar[180]. Damit bezweckt die systematische Auslegung die Vermeidung von Wertungswidersprüchen innerhalb eines Vertrages[181].

---

172 Die Regeln der WVRK sind nach Art. 2 I a) WVRK nur auf schriftlich geschlossene Verträge anwendbar. Gemäß Art. 3 WVRK lässt diese Regelung die Geltung völkerrechtlicher Verträge ohne Schriftform unberührt.

173 Vgl. von Heinegg, in: *Ipsen*, § 11, Rn. 13; vgl. *Brötel*, Jura 1988, 343, 345; vgl. *Larenz/Canaris*, S. 134.

174 Vgl. *Larenz/Canaris*, S. 27 f.

175 Vgl. *Doehring*, Rn. 388.

176 Vgl. von Heinegg, in: *Ipsen*, § 11, Rn. 6, 8, 12; *Brownlie*, S. 604.

177 Vgl. *Fastenrath*, S. 173; vgl. *Karl*, in: *Schreuer*, 9, 18; vgl. *Sinclair*, S. 130; vgl. *Koller*, S. 201.

178 Vgl. *Larenz/Canaris*, S. 146.

179 *Bleckmann*, Rn. 355; Ress, in: *Simma*, Interpretation, Rn. 37; vgl. *Larenz/Canaris*, S. 147.

180 *Fastenrath*, S. 184; *Kokott/Doehring/Buergenthal*, Rn. 222; *Berber*, S. 482; *Bleckmann*, Rn. 354.

181 *Ebd.*

Der Bedeutungszusammenhang erschließt sich erst dann, wenn man auch die vertraglichen Regelungszwecke beachtet[182]. Denn Grundlage der systematischen Auslegung ist das Verständnis des Vertrages als sachliche Konzeption, d. h. der Erkenntnis, dass der Vertragstext nicht zufällig geschaffen wurde, sondern ihm sachliche Erwägungen zugrunde liegen. Diese Erwägungen bestimmen das Auslegungsergebnis mit[183]. Die systematische Auslegung einer Norm ist daher eng mit ihrer teleologischen Auslegung verbunden.

Die einem Vertrag immanenten, sachdienlichen Überlegungen sind ziel- und zweckgerichtet[184]. Sie geben den Sinn des Vertrages wieder, welchem die teleologische Auslegung größtmögliche Effektivität verschafft[185].

Der Sinn ist sowohl in den einzelnen Normen als auch im Vertragswerk als Ganzem enthalten[186]. Der den Einzelnormen innenwohnende Sinn konkretisiert also nur die Ziele und Zwecke des gesamten Vertrages[187] – der Grundsatz der Vertragstreue fordert, dass Wertungswidersprüche innerhalb eines Vertrages vermieden werden[188]. In der Regel erhellt die Präambel die Ziele und Zwecke, die einem Vertrag in seiner Gesamtheit zugrunde liegen[189]. Damit kommt ihr ein hoher Erkenntniswert für die Auslegung zu[190].

---

182 Vgl. *Brötel*, Jura 1988, 343, 347; vgl. *Fastenrath*, S. 184; vgl. *Larenz/Canaris*, S. 148.

183 Vgl. *Fastenrath*, S. 184.

184 *Fastenrath*, S. 186.

185 Von Heinegg, in: *Ipsen*, § 11, Rn. 10; Bernhardt, in: *Seidl-Hohenveldern*, 505, 507; an dieser Stelle soll nicht der völkerrechtliche Effektivitätsgrundsatz, der auch als Grundsatz des „effet utile" oder „ut res magis valeat quam pereat"-Maxime bekannt ist, mit der teleologischen Auslegung nach Art. 31 WVRK gleichgesetzt werden. Dass die teleologische Auslegung auch außerhalb des Effektivitätsgrundsatzes das Ziel verfolgt, einem völkerrechtlichen Vertrag zu seiner Wirksamkeit zu verhelfen, stellen Dahm/Delbrück/Wolfrum, von Heinegg, Kempen/Hillgruber, Sinclair, Brownlie, Bernhardt und Dörr ausdrücklich fest (*Dahm/Delbrück/Wolfrum*, § 153, Fußnote 66; von Heinegg, in: *Ipsen*, § 11, Rn. 16; *Kempen/Hillgruber*, § 12, Rn. 69; *Sinclair*, S. 118; *Brownlie*, S. 606; *Bernhardt*, S. 88–97; Dörr, in: *Dörr/Schmalenbach*, S. 545; vgl. auch Torres-Bernárdez, in: *Hafner*, 721, 724).

186 *Brötel*, Jura 1988, 343, 347; Bernhardt, in: *Ders.*, EPIL II, 1416, 1419 f.

187 *Köck*, ZÖR 1998, 217, 225.

188 Vgl. *Fastenrath*, S. 186; vgl. *Larenz/Canaris*, S. 165.

189 *Kokott/Doehring/Buergenthal*, Rn. 222; *Berber*, S. 480; *Bleckmann*, Rn. 362; Bernhardt, in: *Seidl-Hohenveldern*, 505, 507; *Sinclair*, S. 127, 130; Dörr, in: *Dörr/Schmalenbach*, S. 546.

190 *Berber*, S. 480; vgl. Dörr, in: *Dörr/Schmalenbach*, S. 544.

2)   Art. 31 II–IV WVRK

Art. 31 I WVRK wird durch die ihm folgenden drei Absätze weiter konkretisiert. Sie spezifizieren den ersten Absatz[191] und gehören damit zu seiner Regelung[192]. Eine hierarchische Ordnung liegt den Absätzen des Art. 31 WVRK allerdings nicht zugrunde[193]. Der zweite Absatz[194] legt fest, was zum Zusammenhang einer völkervertraglichen Norm gehört. Der dritte Absatz[195] stellt bestimmte Erklärungen der Parteien diesem Zusammenhang gleich[196]. Beide Absätze nehmen auf ein Verhalten Bezug, das außerhalb des Vertragstextes liegt.

Zum Zusammenhang einer Norm gehören demnach die Regelungen des Vertrages selbst, wobei die Präambel und die Anlagen zum Text gehören. Die Gleichstellung der Präambel mit dem Text erklärt ihre Schlüsselstellung bei der Auslegung[197].

Nach Art. 31 II WVRK gehört ferner eine Erklärung, die anlässlich des Vertragsschlusses abgegeben wurde und außerhalb des Textes steht, unter den fol-

---

191 *Sinclair*, S. 115, 119, 127; vgl. *Bernhardt*, ZaöRV 1967, 491, 498; vgl. *Aust*, S. 187.

192 Dörr, in: *Dörr/Schmalenbach*, S. 523; *Köck*, ZÖR 1998, 217, 219, Fußnote 8; vgl. *Fastenrath*, der für die Ermittlung des gewöhnlichen Sprachgebrauchs ausdrücklich auf die Möglichkeit von „Legaldefinitionen (...), wovon in (...) internationalen Verträgen reger Gebrauch gemacht wird", verweist (*Fastenrath*, S. 178); vgl. *ILC-Kommentar zu Art. 27 Final Draft WVRK*, 3.–28. January 1966, U.N. Doc. A/6309/Rev.1, in: YBILC 1966 II, 169, 220, para. 8; a. A. wohl Kearney/Dalton, die Art. 31 III WVRK als eigenständige Auslegungsregel ansehen [*Kearney/Dalton*, AJIL 1970, 495, 519: „Context is narrowly defined (...)"].

193 *Aust*, S. 187.

194 Nach Art. 31 II WVRK „bedeutet der Zusammenhang außer dem Vertragswortlaut samt Präambel und Anlagen a) jede sich auf den Vertrag beziehende Übereinkunft, die zwischen allen Vertragsparteien anlässlich des Vertragsabschlusses getroffen wurde"; „b) jede Urkunde, die von einer oder mehreren Vertragsparteien anlässlich des Vertragsabschlusses abgefasst und von den anderen Vertragsparteien als eine sich auf den Vertrag beziehende Urkunde angenommen wurde".

195 Art. 31 III WVRK lautet: „Außer dem Zusammenhang sind in gleicher Weise zu berücksichtigen a) jede spätere Übereinkunft zwischen den Vertragsparteien über die Auslegung des Vertrags oder die Anwendung seiner Bestimmungen; b) jede spätere Übung bei der Anwendung des Vertrags, aus der die Übereinstimmung der Vertragsparteien über seine Auslegung hervorgeht; c) jeder in den Beziehungen zwischen den Vertragsparteien anwendbare Völkerrechtssatz".

196 Vgl. Bernhardt, in: *Ders.*, EPIL II, 1416, 1420; vgl. *Köck*, ZÖR 1998, 217, 219, Fußnote 8, der die Regelungen in Art. 31 III WVRK als „eine Art erweiterte(n) Zusammenhang" tituliert.

197 *Berber*, S. 480; vgl. die Ausführungen in Teil 2 B. II. 1).

genden drei Voraussetzungen dazu: Erstens muss die Erklärung entweder genau zum Zeitpunkt des Vertragsabschlusses erfolgen oder zumindest mit dem Vertragsschluss zeitlich eng zusammenhängen[198]. Zweitens muss sich die Erklärung „auf den Vertrag beziehen", d.h. im sachlichen Zusammenhang zum Vertrag stehen[199]. Drittens müssen alle Parteien der Erklärung zustimmen. Der zweite Absatz umfasst damit ausdrücklich eine authentische Auslegung durch die Parteien, die zum Zeitpunkt des Vertragsschlusses abgegeben wird[200].

Nach Art. 31 III WVRK finden bei der Auslegung auch solche Erklärungen Berücksichtigung, die außerhalb des Textes liegen und die die Parteien nach Abschluss des Vertrages abgegeben haben. Dazu gehören „jede spätere Übereinkunft zwischen den Vertragsparteien über die Auslegung des Vertrags oder die Anwendung seiner Bestimmungen" und „jede spätere Übung bei der Anwendung des Vertrags, aus der die Übereinstimmung der Vertragsparteien über seine Auslegung hervorgeht".

Beide Absätze unterscheiden sich nicht nur in zeitlicher Hinsicht voneinander. Inhaltlich unterscheiden sie sich darin, dass Absatz 3 eine Übereinstimmung „über die Auslegung" fordert, im zweiten Absatz dagegen von einer „sich auf den Vertrag beziehende(n)" Erklärung die Rede ist[201]. Der dritte Absatz fordert damit einen weniger engen sachlichen Bezug zum Vertrag. Es reicht, wenn die Staaten ihr Verhalten von einem Vertrag als erfasst ansehen. Ein Hinweis auf den Vertrag muss nicht erfolgen[202].

Die Unterpunkte (a) und (b) des dritten Absatzes unterscheiden sich darin, dass erster eine „Übereinkunft" und zweiter nur eine (nicht rechtsgeschäftliche) „Übereinstimmung" fordert. Eine bestimmte Form der Erklärung ist für beide nicht erforderlich. Eine „spätere Übung" i.S.d. Unterpunktes (b) setzt darüber hinaus lediglich ein faktisches Verhalten voraus, das die Vertragsparteien akzeptieren. Dabei genügt auch ihre stillschweigende Zustimmung[203]. Die Übung

---

198   *Aust*, S. 190.
199   *Sinclair*, S. 129.
200   *Aust*, S. 190 f.; Dörr, in: *Dörr/Schmalenbach*, S. 550.
201   Vgl. von Heinegg, in: *Ipsen*, § 11, Rn. 14.
202   Dörr, in: *Dörr/Schmalenbach*, S. 557.
203   *Karl*, S. 189; Dörr, in: *Dörr/Schmalenbach*, S. 555: „In principle, any action, or even interaction, of parties with a view to implementing the treaty will have to be considered. (...) (T)he notion of ‚practice' comprises any external behavour of a subject of international law, here insofar as it is potentially revealing of what the party accepts as the meaning of a particular treaty provision. No particular form is required, so that official statements or manuals, diplomatic correspondence, press releases, transactions, votes on resolutions in international organizations are just as relevant as national acts of legislation or judicial decisions. In fact, ‚practice' in this respect is not limited to the

muss jedoch von einiger Dauer sein[204]. Somit umfasst Art. 31 III WVRK jede nach Vertragsschluss vereinbarte authentische Auslegung, auch wenn ihr alle Parteien lediglich stillschweigend – etwa durch eine nachvertragliche Praxis[205] – zustimmen[206].

Zuletzt stellt Unterpunkt (c) „jede(n) in den Beziehungen zwischen den Vertragsparteien anwendbare(n) einschlägige(n) Völkerrechtssatz" dem Zusammenhang des Vertrages gleich. Im Unterschied zu den Unterpunkten (a) und (b) ist ein konkreter Bezug zum Vertrag nicht erforderlich. Da die Regelung nur die vage Einschränkung enthält, dass der Völkerrechtssatz „einschlägig" und „zwischen den Parteien anwendbar" sein muss, und ihr Wortlaut durch den Hinweis auf „jede(n)" Völkerrechtssatz sehr weit gefasst ist, kann grundsätzlich das gesamte völkerrechtliche Umfeld die Auslegung eines Vertrages beeinflussen[207].

Art. 31 IV WVRK bestimmt letztlich, einer Norm ausnahmsweise „eine besondere Bedeutung (…) beizulegen, wenn feststeht, dass die Vertragsparteien dies beabsichtigt haben". Die Parteien können die besondere Bedeutung sowohl ausdrücklich als auch implizit festlegen. Sie kann etwa aus einer Legaldefinition, einer nachvertraglichen gemeinsamen Übung oder aus den vorbereitenden Arbeiten zum Vertrag folgen. Ferner kann sich eine besondere Bedeutung bereits aus dem Kontext und dem Sinn eines Vertrages ergeben[208].

---

central government authorities of States, rather any public body acting in an official capacity can contribute to demonstrating the state's position towards its treaty commitments".

204 Dörr, in: *Dörr/Schmalenbach*, S. 556: „In order to become relevant under lit b, State conduct must constitute a sequence of acts or pronouncements, since ‚practice' cannot be established by one isolated incident. The interpretative value of that practice will always depend on the extent to which it is concordant, common and consistent and thus sufficient to establish a discernable pattern of behaviour".

205 Wie bereits festgestellt [vgl. die Ausführungen in Teil 1 B. I. 1) a)] kann sich die authentische Auslegung sowohl in einer übereinstimmenden schriftlichen oder mündlichen Erklärung, als auch in einer gleichartigen Anwendungspraxis widerspiegeln.

206 Dörr, in: *Dörr/Schmalenbach*, S. 523, 554 f.; von Heinegg, in: *Ipsen*, § 11, Rn. 2; *Dahm/Delbrück/Wolfrum*, § 153 I. 2. a), II. 1. b; *Verdross/Simma*, §§ 775, 782; *Aust*, S. 191–195; *Sinclair*, S. 136–138; ob Art. 31 III WVRK spätere außervertragliche Erklärungen, die nicht zwischen allen Parteien vereinbart sind bzw. denen keine Partei zustimmt, und rechtsunverbindliche Äußerungen des vertraglichen Umfelds dem Zusammenhang gleichstellt, wird im Verlauf der Arbeit noch untersucht (vgl. die Ausführungen in Teil 2 B. IV.); wie bereits ausgeführt (vgl. die Ausführungen in Fußnote 19) geht die Untersuchung auf die Frage des sachlichen Zusammenhangs zwischen einem Vertrag und einer außervertraglichen Erklärung, der alle Parteien zustimmen, nicht näher ein.

207 Dörr, in: *Dörr/Schmalenbach*, S. 560 f.; vgl. dazu die Ausführungen in Teil 2 B. IV.

208 Dörr, in: *Dörr/Schmalenbach*, S. 568 f.

Aus dem Umkehrschluss folgt, dass einer Norm ihre gewöhnliche Bedeutung zukommt, wenn die Parteien ihr vorher keine besondere Bedeutung zugewiesen haben[209]. Die gewöhnliche Bedeutung findet sich im allgemeinen Sprachgebrauch wieder[210]. Grundlage der Auslegung ist somit die semantische Sprachebene[211].

3) Art. 32 WVRK

Art. 32 WVRK legt als „ergänzende Auslegungsmittel" „insbesondere die vorbereitenden Arbeiten und die Umstände des Vertragsabschlusses" fest[212]. Die Aufzählung dieser zwei Regelbeispiele[213] schließt weitere Hilfsquellen nicht aus[214]. Vielmehr sind alle Umstände zu berücksichtigen, die zum Abschluss des Vertrages führten[215]. Dazu gehören beispielsweise Vorentwürfe, Verhandlungsprotokolle, Sitzungsberichte sowie Begründungen[216] aus dem gesamten historischen Umfeld der beteiligten Staaten[217]. Diese Quellen bestätigen entweder den Ver-

---

209 *Kokott/Doehring/Buergenthal*, Rn. 220; *Sinclair*, S. 126; vgl. Dörr, in: *Dörr/Schmalenbach*, S. 541; vgl. *Brötel*, Jura 1988, 343, 345; vgl. *ILC-Kommentar zu Art. 27 Final Draft WVRK*, 3.–28. January 1966, U.N. Doc. A/6309/Rev.1, in: YBILC 1966 II, 169, 220, para. 8: „(...) the world ,special' serves to indicate its relation to the rule in paragraph 1".

210 Von Heinegg, in: *Ipsen*, § 11, Rn. 6; *Fastenrath*, S. 177; vgl. *Larenz/Canaris*, S. 141; vgl. Dörr, in: *Dörr/Schmalenbach*, S. 542 f.

211 Vgl. *Fastenrath*, S. 177, 167; die Semantik beschäftigt sich mit der Beziehung von sprachlichem Ausdruck und sprachlich Ausgedrücktem. Die Bedeutung von Wörtern wird danach durch Sprachkonventionen festgelegt. Da Definitionen in Lexika nur eine begrenzte Autorität haben, geschieht dies nicht schriftlich oder sonst ausdrücklich. Sprachkonventionen sind vielmehr in der gewöhnlichen Verwendungsweise in der Lebens- und Sprachpraxis zu erkennen [so *Fastenrath*, S. 167 f.; vgl. auch die Ausführungen in Teil 1 A. II. 1)].

212 Art. 32 WVRK lautet: „Ergänzende Auslegungsmittel, insbesondere die vorbereitenden Arbeiten und die Umstände des Vertragsabschlusses, können herangezogen werden, um die sich unter Anwendung des Artikels 31 ergebende Bedeutung zu bestätigen oder die Bedeutung zu bestimmen, wenn die Auslegung nach Artikel 31 a) die Bedeutung mehrdeutig oder dunkel lässt oder b) zu einem offensichtlich sinnwidrigen oder unvernünftigen Ergebnis führt".

213 Vgl. *Brötel*, Jura 1988, 343, 348; der Charakter der Aufzählung als Regelbeispiel wird durch die Verwendung des Wortes „insbesondere" deutlich.

214 *Bernhardt*, ZaöRV 1967, 491, 502; *Brötel*, Jura 1988, 343, 348.

215 *Ebd.*

216 Vgl. *Dahm/Delbrück/Wolfrum*, § 153 II. 4.a), der feststellt, dass „von einem weiten Begriff auszugehen (ist)".

217 *Brötel*, Jura 1988, 343, 348; *Dahm/Delbrück/Wolfrum*, § 153 II. 4.b); vgl. *Sinclair*, S. 141.

tragsinhalt oder stellen wertvolle Hilfen für sein Verständnis dar[218], „wenn die Auslegung nach Art. 31 (...) die Bedeutung mehrdeutig oder dunkel lässt oder (...) zu einem offensichtlich sinnwidrigen oder unvernünftigen Ergebnis führt". Die WVRK sieht die historische Auslegung, d. h. die Auslegung einer Norm mit Hilfe ihrer Entstehungsgeschichte[219], somit lediglich zusätzlich vor.

III. Von der teleologischen zur evolutiven Auslegung

Im Folgenden wird durch eine Auslegung des Art. 31 WVRK[220] untersucht, ob die WVRK die interpretative Fortbildung von Verträgen vorsieht[221].

Erforderlich dafür ist, dass die Auslegungsregeln der WVRK auf sich selbst anwendbar sind – was zunächst betrachtet wird (1.). Hiernach wird erörtert, ob

---

218 *Jennings/Watts*, S. 1276.

219 Weil als ergänzende Auslegungsmittel nur die Umstände der Entstehungsgeschichte eines völkerrechtlichen Vertrages gelten, wird Art. 32 WVRK die historische Auslegungsregel genannt (vgl. *Bernhardt*, in: *Ders.*, EPIL II, 1416, 1420; vgl. *Dahm/Delbrück/Wolfrum*, § 153 II. 4. a); vgl. *Fastenrath*, S. 184; vgl. *Ress*, in: *Simma*, Interpretation, Rn. 10). Die der historischen Vertragsentwicklung folgende Auslegung wird auch genetische Interpretation genannt (so *Bleckmann*, Rn. 343).

220 Dass ein zeitgemäßes Rechtsverständnis nicht als ergänzendes Auslegungsmittel nach Art. 32 WVRK Berücksichtigung findet, ist offensichtlich. Denn als ergänzende Auslegungsmittel gelten, wie oben festellt, gerade nur die historische Umstände eines Vertrages [vgl. auch *Fastenrath*, S. 190; vgl. *Ress*, in: *Simma*, Interpretation, Rn. 25; a. A. *Aust*, S. 200, nach dem andere Verträge „adopted (...) after the one in question which use the same or similar terms" nach Art. 32 WVRK zu berücksichtigen sind; vgl. *Sinclair*, S. 138, nach dem eine nachfolgende Praxis nicht aller Vertragsparteien nach Art. 32 WVRK berücksichtigungsfähig ist. Eine Begründung fehlt jedoch bei beiden Autoren]. Auch nach dem Wortlaut und dem Sinn des Art. 32 WVRK ist ein zeitgemäßes Rechtsverständnis nicht als „ergänzendes Auslegungsmittel" zu berücksichtigen. Denn Art. 32 WVRK normiert, dass bei der Auslegung „insbesondere die vorbereitenden Arbeiten und die Umstände des Vertragsabschlusses" heranzuziehen sind. Somit sind die ergänzenden Auslegungsmittel nach dem Wortlaut in der Regel auf das historische Vertragsumfeld begrenzt. Ferner soll den Normen die Bedeutung zukommen, die ihnen ihre Vorgeschichte zuspricht (vgl. *Berber*, S. 481). Die Berücksichtigung zeitgemäßer Werte widerspricht daher dem Sinn der Regelung.

221 In der Literatur ist anerkannt, dass die Auslegungsregeln der WVRK selbst konkretisierungsbedürftig sind (vgl. *Köck*, ZÖR 1998, 217, 221; vgl. *Dixon*, S. 57; vgl. *Bernhardt*, GYIL 1999, 11, 13; vgl. *Neuhold*, AVR 1971, 1, 54; vgl. *Schollendorf*, S. 24; vgl. *Sinclair*, S. 117). Die evolutive Auslegung völkerrechtlicher Verträge kann auch eine außerhalb der WVRK bestehende „Auslegungsregel" darstellen. Da der Maßstab der WVRK die alleinige Untersuchungsgrundlage der vorliegenden Arbeit ist (vgl. die Ausführungen in Fußnote 140), wird auf diesen Standpunkt jedoch nicht näher eingegangen.

die allgemeine Auslegungsregel die evolutive Auslegung von Verträgen ermöglicht (2.). Dafür wird Art. 31 WVRK nach seinem Wortlaut (a.), seiner Systematik (b.), seinem Telos (c.) und seiner Historie (d.) ausgelegt. Abschließend werden die Ergebnisse zusammengefasst (3.).

1) Auslegungsfähigkeit des Art. 31 WVRK

Gegen die Auslegung des Art. 31 WVRK bestehen keine Bedenken, da die Auslegungsregeln auf sich selbst anwendbar sind[222].

So fällt die WVRK in ihren eigenen Anwendungsbereich, da sie eine „in Schriftform geschlossene und vom Völkerrecht bestimmte internationale Übereinkunft zwischen Staaten" im Sinne der Art. 1, 2 I a) WVRK ist. Darüber hinaus sind die Auslegungsregeln der WVRK, wie bereits ausgeführt[223], gewohnheitsrechtlich anerkannt. Ihre Auslegung unterliegt daher nicht der Gefahr, in einem Zirkelschluss zu enden[224].

2) Auslegung des Art. 31 WVRK

a) Wortlaut

Die grammatikalische Auslegung kommt zu keinem eindeutigen Ergebnis. Denn er nennt die evolutive Auslegung von Verträgen nicht ausdrücklich. Auch der Zeitpunkt der Auslegung wird im Wortlaut nicht eindeutig erwähnt[225].

Nach Art. 31 III a) und b) WVRK sind zwar „jede spätere Übereinkunft" bzw. „jede spätere Übung" der Parteien bei der Auslegung zu berücksichtigen. Nicht eindeutig ist jedoch, ob danach eine Änderung zu beachten ist, die keine völkerrechtlich verbindliche Geltung erlangt hat[226]. Vielmehr könnte die Regelung auch ausschließlich lediglich eine nachträgliche, authentische Auslegung durch die Parteien anerkennen[227].

---

222 Dörr, in: *Dörr/Schmalenbach*, S. 537 f.
223 Vgl. die Ausführungen in Teil 2 B. I.
224 Auf die besondere Gefahr von Zirkelschlüssen verweist *Leibiger* (*Leibiger*, S. 37).
225 Ebenso Matscher, in: *Bernhardt/Geck/Jaenicke/Steinberger*, S. 548: „Halten wir schließlich fest, dass die WVK zu den mehr rechtspolitischen als rechtsdogmatischen Fragen einer statischen bzw. historischen oder dynamischen bzw. evolutiven Auslegung (…) keine klar in eine bestimmte Richtung weisende Aussagen macht" und Dörr, in: *Dörr/Schmalenbach*, S. 533: „Arts 31-33 VCLT do not address the issue explicitly".
226 Wie bereits ausgeführt bestehen gegen die evolutive Auslegung keine Bedenken, wenn sich das Recht in der Zeit ändert, d. h. ein neues Rechtsverständnis völkerrechtlich verbindliche Geltung erlangt (vgl. die Ausführungen in Teil 2 A. I.); vgl. Dörr, in: *Dörr/Schmalenbach*, S. 535`
227 Vgl. die Ausführungen in Teil 2 B. II. 2).

Der Wortlaut des Unterpunktes c) lässt dies ebenfalls offen: Weder konkretisiert die Regelung, ob ein „zwischen den Vertragsparteien anwendbarer einschlägiger Völkerrechtssatz" rechtsverbindlich sein muss, noch bezieht sie sich auf einen bestimmten Zeitpunkt[228].

Auch in Art. 31 IV WVRK ist nicht ausdrücklich bestimmt, ob ein zeitgemäßes Rechtsverständnis bei der Auslegung zu berücksichtigen ist. Die Regelung lässt zwar zunächst darauf schließen, dass der Zeitpunkt des Vertragsschlusses für die Auslegung maßgebend ist. Denn danach ist einer Norm eine besondere Bedeutung zuzumessen, „wenn die Vertragsparteien dies *beabsichtigt haben*"[229]. Jedoch schließt die Vergangenheitsform nicht aus, dass die Parteien einer Norm eine bestimmte Bedeutung nach dem Abschluss des Vertrages zugewiesen haben – etwa durch eine gemeinsame Übung bei der Anwendung des Vertrages[230].

b) Systematik

Auch der Kontext der Norm weist nicht eindeutig darauf hin, ob ein Vertrag evolutiv auszulegen ist oder nicht. Insbesondere spricht ihr systematischer Zusammenhang mit Art. 28 WVRK oder Art. 32 WVRK nicht gegen die Berücksichtigung zeitgemäßer Werte.

Das Rückwirkungsverbot, das in Art. 28 WVRK normiert ist, steht der evolutiven Auslegung nicht entgegen: Die Regelung verbietet nur, dass ein neues Rechtsverständnis auf einen früheren Sachverhalt angewendet wird[231]. Sie untersagt dagegen nicht, ein zeitgemäßes Rechtsverständnis auf einen neuen Sachverhalt anzuwenden. Das Rückwirkungsverbot betrifft daher geradezu nicht die interpretative Anpassung von Verträgen.

Auch spricht der systematische Zusammenhang mit Art. 32 WVRK nicht gegen eine evolutive Auslegung. Diese Norm verbietet lediglich zeitgemäße Werte als ergänzende Auslegungsmittel zu berücksichtigen[232] – was nicht ausschließt, der Auslegung nach Art. 31 WVRK ein zeitgemäßes Rechts- und Werteverständnis

---

228 Vgl. *Sinclair*, S. 139: „But what does this reference to ‚relevant rules of international law‘ mean? Every treaty provision must be read not only in its own context, but in the wider context of general international law (…). But this of necessity raises the question whether a treaty provision is to be interpreted in the light of the rules of international law in force at the time of the conclusion of the treaty or those in force at the time of the interpretation"; vgl. Dörr, in: *Dörr/Schmalenbach*, S. 535.

229 Hervorhebung durch Verfasser.

230 Vgl. die Ausführungen in Teil 2 B. II. 2); so auch Dörr, in: *Dörr/Schmalenbach*, S. 569.

231 Vgl. von Heinegg, in: *Ipsen*, § 19, Rn. 19: „Im übrigen gilt, dass Sachverhalte, aufgrund derer ein Recht erworben oder ein Rechtsverhältnis begründet wird, nach denjenigen Normen zu beurteilen sind, die zu jener Zeit galten".

232 Vgl. die Ausführungen in Teil 2 B. II. 3) sowie in Fußnote 220.

ständnis zugrunde zu legen. Art. 32 WVRK ist nämlich von der allgemeinen Auslegungsregel unabhängig[233].

c) Telos

Die Auslegung bezweckt, wie bereits erörtert[234], den Vertragsinhalt festzustellen, welcher dem Willen der Parteien entspricht. Ob Art. 31 WVRK eine Rechtsanpassung vorsieht, ist davon abhängig, ob sich der Wille der Parteien vorrangig im objektiven Erklärungswert des Vertrages widerspiegelt oder nur der historische Entschluss der Parteien für die Auslegung maßgeblich ist[235]. Dies ist umstritten.

aa) Objektiver Erklärungswert des Vertrages

Nach einer Ansicht sei Ziel der Regelung, den sich im objektiven Erklärungswert einer Einigung niederschlagenden Willen der Vertragsparteien festzustellen[236]. Dieser Erklärungswert sei nicht allein anhand des Wortlauts zu ermitteln. Vielmehr forme auch der Gesamtkontext und insbesondere der in den Normen zum Ausdruck kommende Sinn und Zweck die Bedeutung eines Vertrages[237].

---

233   Vgl. die Ausführungen in Teil 2 B. II. 3).
234   Vgl. die Ausführungen in Teil 1 A. II. 2).
235   Vgl. Karl, in: *Schreuer*, 9, 14; vgl. Ress, in: *Simma*, Interpretation, Rn. 19; vgl. *Bernhardt*, S. 31; Teilweise wird vertreten, dass der Parteiwille aus dem Ziel und Zweck des Vertrages zu ermitteln sei (so *Fastenrath*, S. 187; vgl. *Aust*, S. 185; vgl. *Sinclair*, S. 115). Sowohl der objektive Erklärungswert des Vertrages als auch der Parteiwille beinhalten jedoch teleologische Gesichtspunkte (Karl, in: *Schreuer*, 9, 13; vgl. *Bernhardt*, S. 15, Fußnote 85). Auf diese Ansicht wird daher nicht gesondert eingegangen.
236   *Bernhardt*, S. 30–32; Ders., in: Ders., EPIL II, 1416, 1421; *Ders.*, GYIL 1999, 11, 14 f.; Ders., in: *Seidl-Hohenveldern*, 505, 505; von Heinegg, in: *Ipsen*, § 11, Rn. 5; *Verdross/ Simma*, § 776; *Berber*, S. 479; *Hobe/Kimminich*, S. 217; *Brownlie*, S. 602; Vitzthum, in: *Vitzthum*, 1. Abschnitt, Rn. 123; *Bleckmann*, Rn. 343; *Ders.*, EuR 1979, 239, 239; *Dahm/ Delbrück/Wolfrum*, § 153 I. 3.; *Kempen/Hillgruber*, § 12, Rn. 63; *Brötel*, Jura 1988, 343, 346; *Stein/von Buttlar*, Rn. 83; *Herdegen*, § 15, Rn. 29; *Jennings/Watts*, S. 1267, 1271; vgl. *Fitzmaurice*, BYIL 1957, 203, 204-207; vgl. *Sinclair*, S. 115; vgl. Ress, in: *Simma*, Interpretation, Rn. 10; vgl. *Klein*, S. 339; De Vattel äußert sich widersprüchlich, indem seiner Ansicht nach zum einen der Wortlaut einer „Urkunde", soweit diese „in klaren und genauen Ausdrücken abgefasst" sei, eine weitere Auslegung ausschließe (De Vattel, in: *Schätzel*, 2. Buch, 17. Kapitel, §§ 263, 271), zum anderen jedoch „eine von dem Recht gebilligte Auslegung eines Aktes nur dahin zielen kann, die Gedanken seines Verfassers oder seiner Verfasser zu ermitteln" und „der Text (…) nichts ohne den Willen, der ihn vorschreibt" bedeute (*Ebd.*, §§ 270, 274, vgl. auch § 280).
237   *Bleckmann*, EuR 1979, 239, 239; *Stein/von Buttlar*, Rn. 83.

Dieser Ansicht nach gebe der objektive Erklärungswert den zeitgemäßen Willen der Parteien wieder, d.h. zwischen beiden werde eine Einheit vermutet[238]. Der tatsächliche historische Wille der Parteien sei dagegen nur nachrangig zu berücksichtigen. Er bestimme nur dann den Inhalt, wenn der Text mehrdeutig oder unklar bleibe oder zu einem offensichtlich sittenwidrigen oder unvernünftigen Ergebnis führe[239]. Der historische Wille der Rechtssetzer forme den Inhalt somit lediglich ergänzend oder bestätige zusätzlich die gefundene Auslegung. Ein Rückgriff auf den historischen Willen sei daher nicht nötig, wenn sich Werte veränderten oder ein neues Rechtsverständnis entstehe und sich dies in der Einigung selbst widerspiegele[240].

Die Vermutung, dass zwischen dem aktuellen Willen der Parteien und dem objektiven Erklärungswert eine Einheit bestehe, werde selbst dann nicht widerlegt, wenn die ursprüngliche Vorstellung nicht ermittelt werden könne oder sich die Gründer über die Weiterentwicklung geradezu keine Gedanken gemacht hätten. Denn der Vertrag emanzipiere sich nach seinem Inkrafttreten von seinen Begründern[241] und entfalte eine ihm eigene Wirksamkeit[242]. Da der historische Wille nicht die Tragweite des Textes begrenze, sei die evolutive Auslegung möglich.

Nach dieser Auffassung sei jedoch erforderlich, dass die Entwicklungsmöglichkeit objektiv in der Vereinbarung selbst enthalten sei. Dies sei dann der Fall, wenn sich die Anpassung an den Maßstäben orientiere, die in der Einigung selbst angelegt seien – die Weiterentwicklung müsse der zumindest vermuteten Regelungsabsicht ihrer Erschaffer entsprechen[243]. Der Grund dafür liege darin,

---

238 *Sinclair*, S.115; *Brownlie,* S.602.

239 *Dahm/Delbrück/Wolfrum*, § 153 I.3.; *Bernhardt*, GYIL 1999, 11, 15; vgl. *Ders.,* S.17 f.; vgl. von Heinegg, in: *Ipsen*, § 11, Rn. 18.

240 Vgl. *Bernhardt*, S.17, der den „Rückgriff auf außerhalb des Textes liegende (...) Anhaltspunkte (...) bei in sich unklaren und mehrdeutigen Texten" bejaht, jedoch „ein(en) Vorbehalt (...) für die Benutzung der Vorarbeiten" befürwortet; vgl. auch von Heinegg, in: *Ipsen*, § 11, Rn. 18.

241 *Bernhardt*, S.31; vgl. *Dahm/Delbrück/Wolfrum*, § 153 II.1.a); vgl. von Heinegg, in: *Ipsen*, § 11, Rn. 21.

242 Ebd.; vgl. *Doehring*, Rn. 394; vgl. *Larenz/Canaris*, S.138.

243 *Brötel*, Jura 1988, 343, 346; *Stein/von Buttlar*, Rn.83 f.; *Sinclair*, S.140; *Fastenrath*, S.189; vgl. *Bleckmann*, EuR 1979, 239, 240/241; vgl. *Jennings/Watts*, S.1282: „While (evolutionary interpretation) may in certain circumstances go some way towards negating the application of the inter-temporal law, that law will still, even in such circumstances, provide at least the starting point for arriving at the proper interpretation of the treaty"; vgl. *Larenz/Canaris*, S.139 f., Fußnote 16.

dass nur der ursprüngliche Entschluss der Parteien ihre gemeinsame Willensrichtung aufdecke[244].

Ob sich ein Vertrag anpassungsfähig zeige, habe man durch Auslegung festzustellen[245]: Zum einen sei sein Wortlaut maßgebend. So erwiesen sich insbesondere solche Normen anpassungsfähig, die für eine Weiterentwicklung offen gestaltet seien[246]. Dies treffe insbesondere auf Allgemeinformulierungen zu. Dazu gehörten beispielsweise Begriffe wie die „öffentliche Ordnung", „Schutz der Moral" oder auch ein Hinweis auf die „nationalstaatliche Gerichtsbarkeit", „Territorialgewässer" und „Festlandsockel"[247]. Zum anderen diene der Telos in einem besonderen Maße der Öffnung von Verträgen für einen späteren Wandel[248]. Wichtige Direktiven für die evolutive Auslegung gebe dabei die Präambel vor: Sie zähle grundsätzlich nicht nur die Vertragskontrahenten und ihre Bevollmächtigten auf, sondern enthalte auch die Motive des Abschlusses und zeige dadurch die allgemeine Regelungsrichtung der Einigung auf[249]. Einen weiteren wesentlichen Anhaltspunkt für das evolutive Verständnis von Normen stelle auch die Verständigung der Parteien auf Organe der Streitbeilegung dar. Denn in der Wahl einer unabhängigen, ausschließlich dem Recht unterworfenen Kontrollinstanz zeige sich ihr Wille, mit dem Vertragswerk einen dauerhaften Ordnungsrahmen zu schaffen[250] und ihm eine Eigendynamik zu verleihen[251]. Auch

---

244 *Bleckmann,* EuR 1979, 239, 240/241; vgl. *Bernhardt,* S. 32; vgl. *Sinclair,* S. 141; vgl. *Köck,* ZÖR 1998, 217, 224, Fußnote 24, der hervorhebt, „dass zwischen der wahren Absicht der Parteien und Ziel und Zweck des Vertrages ein weit engerer Kontext besteht, als (…) angenommen".

245 *Verdross/Simma,* § 782; von Heinegg, in: *Ipsen,* § 11, Rn. 21; Ress, in: *Simma,* Interpretation, Rn. 20; *Brötel,* Jura 1988, 343, 346, der jedoch missverständlich voraussetzt, eine evolutive Vertragsauslegung müsse dem „mutmaßlichen Willen" seiner Parteien entsprechen. Damit meint er jedoch den in dem Vertrag niedergelegten Parteiwillen; vgl. *Klein,* S. 342 f.

246 *Verdross/Simma,* § 782; von Heinegg, in: *Ipsen,* § 11, Rn. 21; Milej, in: *von Heinegg,* Rn. 145.

247 Vgl. *Sinclair,* S. 139 f.

248 *Verdross/Simma,* § 782; *Bleckmann,* Rn. 371; *Bernhardt,* GYIL 1999, 11, 16: „(The) object and purpose can be understood as entry into a certain dynamism"; *Herdegen,* § 15, Rn. 28, der die teleologische Auslegung eines Vertrages als „Vehikel für eine dynamische Vertragsinterpretation" bezeichnet; ebenso *Bernhardt,* GYIL 1999, 11, 16; *Köck,* ZÖR 1998, 217, 224, Fußnote 24; *ILC-Kommentar zu Art. 27 Final Draft WVRK,* 3.–28. January 1966, U.N. Doc. A/6309/Rev.1, in: YBILC 1966 II, 169, 222, para. 16.

249 *Berber,* S. 480; Bernhardt, in: *Seidl-Hohenveldern,* 505, 507.

250 *Stein/von Buttlar,* Rn. 84; *Herdegen,* § 15, Rn. 32.

der Gutglaubensgrundsatz leite die Entwicklungsmöglichkeit von Normen[252]. Eine Auslegung im guten Glauben erfordere nämlich, dass in den Fällen, in denen sich mehrere Möglichkeiten einer Deutung anböten, diejenige Auslegung gewählt würde, die einer Norm zu ihrer größtmöglichen Effektivität[253] verhelfe[254]. Die Nichtbeachtung einer im Vertrag angelegten Fortentwicklung stelle demzufolge eine zu restriktive Auslegung dar[255]. Eine Auslegung, bei der die Entwicklung nicht zum Ausdruck komme, verstoße daher gegen den guten Glauben[256].

Nach dieser Auffassung habe man Verträge, die auf eine längere Durchführung ausgelegt seien, grundsätzlich evolutiv auszulegen. Denn nur die Anpassung an ein zeitgemäßes Rechtsverständnis entspreche ihrem Sinn und dem

---

251 Vgl. Cremer, in: *Grote/Marauhn*, Kap. 4, Rn. 36 und Fußnote 78, der die Eigendynamik mit der Unabhängigkeit und Rechtsgebundenheit der Richter begründet, so dass diese „auf keinen Fall als verlängerter Arm ihrer Heimatstaaten begriffen werden dürfen".

252 Vgl. *Verdross/Simma*, § 782; vgl. *Bernhardt*, S. 25; *Jennings/Watts*, S. 1281, Fußnote 31; vgl. *Aust*, S. 202: „Good interpretation is often no more than the application of commonsense"; vgl. *ILC-Kommentar Final Draft WVRK*, 3.–28. January 1966, U.N. Doc. A/6309/Rev.1, in: YBILC 1966 II, 169, 219, para. 6: „When a treaty is open to two interpretations one of which does and the other does not enable the treaty to have appropriate effects, good faith and the objects and purposes of the treaty demand that the former interpretation should be adopted" sowie S. 222, para. 16: „(C)orrect application of the temporal element would be indicated by interpretation of the term in good faith".

253 Wie bereits ausgeführt (vgl. Fußnote 185) soll nicht der völkerrechtliche Effektivitätsgrundsatz, der auch als Grundsatz des „effet utile" oder „ut res magis valeat quam pereat"-Maxime bekannt ist, mit der teleologischen Auslegung nach Art. 31 WVRK gleichgesetzt werden. Dass die teleologische Auslegung auch außerhalb des Effektivitätsgrundsatzes das Ziel verfolgt, einem völkerrechtlichen Vertrag zu seiner Wirksamkeit zu verhelfen, stellen Dahm/Delbrück/Wolfrum, von Heinegg, Kempen/Hillgruber, Sinclair, Brownlie und Bernhardt ausdrücklich fest (*Dahm/Delbrück/Wolfrum*, § 153, Fußnote 66; von Heinegg, in: *Ipsen*, § 11, Rn. 16; *Kempen/Hillgruber*, § 12, Rn. 69; *Sinclair*, S. 118; *Brownlie*, S. 606; *Bernhardt*, S. 88–97; vgl. auch Torres-Bernárdez, in: *Hafner*, 721, 724).

254 Klein, in: *Vitzthum*, 4. Abschnitt, Rn. 39; vgl. von Heinegg, in: *Ipsen*, § 11, Rn. 20; vgl. *Stein/von Buttlar*, Rn. 84.

255 Vgl. *Bernhardt*, GYIL 1999, 11, 23.

256 Vgl. *Bernhardt*, S. 24 f.; vgl. *Brötel*, Jura 1988, 343, 345; vgl. *Larenz/Canaris*, S. 139; vgl. *Aust*, S. 187: „Even if the words of the treaty are clear, if applying them would lead to a result which would be manifestly absurd or unreasonable [to adopt the phrase in Article 32(b)], the parties must seek another interpretation"; vgl. *Klein*, S. 343: „Nicht anders als der rein intertemporalrechtliche Ansatz ist daher auch das andere Extrem abzulehnen, das die grundsätzliche Berücksichtigung der nachvertraglichen Entwicklung fordert".

Gutglaubensgrundsatz[257]. Erst die interpretative Fortbildung verhelfe ihnen zur größtmöglichen Effektivität[258]. Darüber hinaus sei die Auslegung solcher Verträge oftmals einem gerichtlichen Spruchkörper übertragen. Dies bestätige den Willen der Parteien, eine andauernde Ordnung zu schaffen. Multilaterale[259] Regelungsverträge[260] stünden daher in der Regel für eine evolutive Auslegung offen. Dagegen erwiesen sich Verträge, die nur auf eine begrenzte Zeit bzw. einen einmaligen Leistungsaustausch ausgerichtet seien, grundsätzlich als nicht anpassungsfähig. Solche Vereinbarungen bezweckten geradezu eine abschließende Regelung[261], so dass eine Weiterentwicklung in der Regel ihrer Zielsetzung und einer Auslegung im guten Glauben widerspreche[262]. Für eine Anpassung verschlossen zeigten sich daher insbesondere bilaterale[263] Austauschverträge[264].

Nach dieser Auffassung sei die evolutive Auslegung somit grundsätzlich[265] abhängig von dem jeweiligen Charakter des Vertrages[266].

257 Karl, in: *Schreuer*, 9, 13; *Fitzmaurice*, BYIL 1957, 203, 207; *Dahm/Delbrück/Wolfrum*, § 153 I.3.,IV.1.; vgl. *Jennings/Watts*, S.1268,1273, Fußnote 13; vgl. *Bleckmann*, Rn.370; vgl. Bernhardt, in: *Ders.*, EPIL II, 1416, 1421; vgl. *Doehring*, Rn.394 f.

258 Vgl. die Ausführungen in Fußnoten 185 und 253; *Stein/von Buttlar*, Rn.83 f.; vgl. *Dahm/Delbrück/Wolfrum*, § 153 I.3.; vgl. Klein, in: *Vitzthum*, 4.Abschnitt, Rn.39; vgl. *Jennings/Watts*, S.1273, Fußnote 13; vgl. *Bernhardt*, GYIL 1999, 11, 21, 23; vgl. *Herdegen*, § 15, Rn.32; vgl. *Larenz/Canaris*, S.140, Fußnote 16.

259 *Köck*, ZÖR 1998, 218, 227.

260 Vgl. zu dem Begriff des Regelungsvertrages die Ausführungen in Teil 1 A. I.

261 *Klein*, S.344.

262 *Dahm/Delbrück/Wolfrum*, § 153 I.3.,IV.1.; vgl. *Doehring*, Rn.393, 395; vgl. *Bleckmann*, Rn.370.

263 *Köck*, ZÖR 1998, 217, 227.

264 Vgl. zu dem Begriff des Austauschvertrages die Ausführungen in Teil 1 A. I.; Dies schließt freilich nicht eine interpretative Anpassung von Austauschverträgen aus, die sich auf eine konsensuale Parteifortbildung stützt, wie dies bspw. bei einer authentischen Auslegung der Fall ist [vgl. die Ausführungen in Teil 2 A. I.; vgl. *Bernhardt*, GYIL 1999, 11, 21: „Bilateral treaties or treaties with only a few parties should not be excluded from an evolutive interpretation, but clear indications that all partners are in agreement that the original intentions should be substituted by new considerations and solutions are probably needed. This is indicated in Art. 31 § 3 of the Vienna Convention (...)"].

265 Vgl. *Klein*, S.343, der auf die Widerlegbarkeit dieser Vermutung hinweist.

266 *Kempen/Hillgruber*, § 12, Rn.71; *Dahm/Delbrück/Wolfrum*, § 153 I.3.,IV.1.; *Doehring*, Rn.390, 393–396; *Stein/von Buttlar*, Rn.83 f.; *Rest*, S.26 f., 81–102; Bernhardt, in: *Ders.*, EPIL II, 1416, 1421 f.; vgl. *Baade*, JIR 1957, 229, 249; vgl. *Jennings/Watts*, S.1268, 1273, Fußnote 13; vgl. *Herdegen*, § 15, Rn.32; vgl. Klein, in: *Vitzthum*, 4.Abschnitt, Rn.39; vgl. *Bernhardt*, S.21–23; vgl. *Ders.*, GYIL 1999, 11, 24 f.; vgl. *Guggenheim*, S.124; vgl. *Klein*, S.339, 343 f.

bb)   Historischer Parteiwille

Einer anderen Ansicht[267] nach leite allein der Wille der Vertragsgründer[268] die Auslegung[269]. Daher sei es das Ziel des Art. 31 WVRK, den historischen Willen aller Parteien[270] festzustellen. Die Norm ermögliche demzufolge keine interpretative Anpassung von Verträgen.

Auch nach dieser Auffassung sei der objektive Erklärungswert Ausdruck des Parteiwillens. Da Worte den Willen meist nur unvollkommen wiedergäben, stelle er jedoch nur eine von vielen Erkenntnisquellen für die Auslegung dar[271]. Wichtigere Mittel seien die Vorarbeiten des Vertrages und ähnliche historische Hilfsmittel[272]. Aus diesem Grund bestimme der historische Wille der Parteien die Tragweite einer Einigung auch dann, wenn er im Widerspruch zum objektiven Erklärungswert stehe[273].

Innerhalb dieser Meinung ist allerdings umstritten, ob ausnahmsweise auf den objektiven Erklärungswert zurückgegriffen werden könne, wenn ein entsprechender Entschluss der Vertragsgründer nicht feststellbar sei bzw. fehle[274].

---

267   Auch wenn diese Ansicht „weitgehend aufgegeben worden" ist (so *Bleckmann*, EuR 1979, 239, 239; vgl. auch von Heinegg, in: *Ipsen*, § 11, Rn. 5 und *Kempen/Hillgruber*, § 12, Rn. 63), bildet sie „nach wie vor den Gegenpol zur Ansicht vom Primat des nach dem normalen Sprachgebrauch verstandenen Textes" (so *Bernhardt*, S. 21).

268   Nicht relevant für die Untersuchung sind die Fragen, wessen Wille für den Abschluss eines völkerrechtlichen Vertrages maßgeblich ist und ob ein nationalstaatlicher, einheitlicher Wille in einem Staat mit einer pluralistischen Entscheidungsfindung überhaupt existiert. Daher werden diese Fragen im Folgenden nicht erörtert.

269   Grotius, in: *Schätzel*, 2. Buch, 16. Kapitel, I. (S. 289); *Lauterpacht*, BYIL 1949, 48, 52, 55, 73; *Haraszti*, S. 28; *Doehring*, Rn. 390 f.; vgl. von Heinegg, in: *Ipsen*, § 11, Rn. 4; vgl. Vitzthum, in: *Vitzthum*, 1. Abschnitt, Rn. 123; vgl. *Bleckmann*, EuR 1979, 239, 239; vgl. *Herdegen*, § 15, Rn. 28; vgl. *Verdross/Simma*, § 776; vgl. *Dahm/Delbrück/Wolfrum*, § 153 I.3.; vgl. Bernhardt, in: *Seidl-Hohenveldern*, 505, 505; vgl. *Kempen/Hillgruber*, § 12, Rn. 63; vgl. *Bernhardt*, S. 20, 34; vgl. *Brownlie*, S. 602; vgl. *Sinclair*, S. 114.

270   Bernhardt hebt hervor, „dass nicht der Wille eines Partners, sondern der gemeinsame Wille aller Kontrahenten für die Auslegung (...) völkerrechtlicher Verträge von Bedeutung ist" (*Bernhardt*, S. 34).

271   Vgl. Zemanek, in: *Neuhold/Hummer/Schreuer*, Rn. 345; vgl. *Bernhardt*, S. 16; vgl. die Ausführungen in Teil 1 A. II. 1).

272   Vgl. von Heinegg, in: *Ipsen*, § 11, Rn. 4; vgl. *Bernhardt*, S. 16; vgl. Bernhardt, in: *Ders.*, EPIL II, 1416, 1419; vgl. Ress, in: *Simma*, Interpretation, Rn. 25.

273   *Dahm/Delbrück/Wolfrum*, § 153 I.3.; *Kempen/Hillgruber*, § 12, Rn. 63; vgl. von Heinegg, in: *Ipsen*, § 11, Rn. 4.

274   *Karl* bemerkt daher zutreffender Weise, „dass die unterschiedlichen Orientierungen (an der Vertragserklärung oder dem historischen Parteiwillen) sich seltener im Auslegungsergebnis als in dessen Begründung äußern" (*Karl*, S. 25).

Ein Teil ließe in diesen Fällen einen Rückgriff zu[275]. Danach spiegele sich im Sinn des Vertrages der hypothetische Wille seiner Erschaffer wider[276]. Nach überwiegendem Teil sei dies dagegen unter keinen Umständen möglich; die Vertragserklärung stelle nur das Spiegelbild des historischen Willens der Parteien dar. Ihr komme jedoch keine ergänzende Relevanz zu[277].

Die erste Auffassung ist aus den folgenden zwei Gründen nicht überzeugend: Erstens ist nicht einsichtig, den objektiven Erklärungswert ausnahmsweise als maßgebend anzuerkennen, nur um das Fehlen des historischen Parteiwillens zu kompensieren. Einen sachlichen Grund gibt es dafür nicht. Vielmehr erfolgt der Rückgriff allein aus Zweckmäßigkeitserwägungen[278]. Zweitens ist die Auffassung nicht konsequent, wenn sie die hypothetischen mit den tatsächlichen Vorstellungen der Vertragsgründer gleichsetzt[279]. Denn der hypothetische Wille kann lediglich einen feststellbaren bzw. ursprünglich existierenden Willen fingieren[280].

Somit ist der überwiegenden Meinung zuzustimmen, wonach Verträge unter keinen Umständen vom Wandel der Werte bzw. von einem neuen Rechtsverständnis beeinflusst werden. Ein Vertrag „versteinert" demnach in jedem Fall im Zeitpunkt seines Abschlusses[281].

---

275 *Doehring*, Rn. 391 f., nach dem auf die Vertragserklärung zurückzugreifen sei, da der Vertrag sonst wegen Dissenses ungültig sei. „Dem Satz pacta sunt servanda wäre trotz seiner für das Vertragsrecht entscheidenden Wirkung schlecht gedient, wenn die Auslegung so ergebnislos verlaufen würde"; *McDougal/Lasswell/Miller*, S. 94; *Fitzmaurice*, BYIL 1957, 203, 205; *Bernhardt*, S. 31 f.; *Jennings/Watts*, S. 1271.

276 *Lauterpacht*, BYIL 1949, 48, 80; nicht ganz eindeutig sind die Aussagen von *Herdegen*, der zum einen dem „objektive(n) Parteiwille(n)" den Vorrang zuerkennt, zum anderen jedoch „eine ergänzende Vertragsinterpretation (unter Ermittlung eines hypothetischen Parteiwillens) in den Fällen" befürwortet, „in denen der Vertrag auf eine von den Parteien nicht vorgesehene Situation anzuwenden ist" (*Herdegen*, § 15, Rn. 28).

277 *Bleckmann*, Rn. 368; vgl. *Fastenrath*, S. 191; vgl. *Doehring*, Rn. 394.

278 Vgl. *Bernhardt*, S. 40; vgl. *Doehring*, Rn. 394.

279 *Bernhardt*, S. 39, 42; vgl. von Heinegg, in: *Ipsen*, § 11, Rn. 4.

280 Von Heinegg, in: *Ipsen*, § 11, Rn. 4; *Lauterpacht*, BYIL 1949, 48, 80; *Schollendorf*, S. 38; *Fastenrath* sieht in der Vermutung der Einheit zwischen Parteiwillen und Vertragstext eine Wandlung vom „Willenskonsens" zum „Erklärungskonsens der Rechtsetzer". Dadurch würde fingiert, „dass (der Rechtsetzer) den gesamten sprachlichen und normativen Gehalt seiner Erklärung auch tatsächlich gewollt hat". In Wahrheit handele es sich daher „um eine Spielart" der Ansicht, nach welcher die Vertragserklärung für die Auslegung maßgeblich ist (*Fastenrath*, S. 188).

281 *Bernhardt*, S. 39, 43; *Dahm/Delbrück/Wolfrum*, § 153 IV. 1., 2.; *Doehring*, Rn. 394; vgl. *Fastenrath*, S. 187; vgl. *Bleckmann*, EuR 1979, 239, 240; vgl. *Adomeit*, JZ 2003, 161, 161, 163; vgl. *Frowein/Peukert*, Einführung, Rn. 10; vgl. *Kempen/Hillgruber*, § 12, Rn. 63.

cc) Verankerung in der WVRK

Nach dem zuvor Gesagten ist die evolutive Auslegung möglich, wenn nach Art. 31 WVRK der objektive Erklärungswert von Verträgen maßgebend ist. Richtet sich die Regelung dagegen allein nach dem historischen Parteiwillen, ist eine interpretative Anpassung ausgeschlossen. Fraglich ist somit, ob die Norm an den objektiven Erklärungswert oder den historischen Parteiwillen knüpft. Die Antwort darauf ist in ihrer Auslegung zu suchen, d. h. in ihrem Wortlaut, ihrer Systematik bzw. Sinn und ihrer Entstehungsgeschichte.

Zunächst einmal zum Wortlaut der Regelung:

Absatz 1 weist dem objektiven Erklärungswert eine maßgebende Bedeutung zu; danach ist, wie bereits ausgeführt[282], der Wortlaut Ausgangspunkt der Auslegung, von dem aus eine Vorschrift mit Hilfe ihres systematischen Zusammenhangs und des Vertragssinns „gleichsam zu Ende zu denken"[283] ist[284]. Die Regelung stellt demzufolge die gewöhnliche Bedeutung, die eine Norm nach ihrem Kontext und Telos beinhaltet, dem Parteiwillen gleich[285]. Der Text bietet jedoch, wie ausgeführt[286], geradezu nur einen untergeordneten Hinweis auf den historischen Willen.

Der dritte Absatz bestätigt die wesentliche Stellung der Vertragserklärung, indem er der Tatsache Rechnung trägt, dass die Vorstellungen der Parteien mit dem Abschluss des Vertrages eben nicht „versteinern"[287]. Auch Absatz 4 weist ihr Vorrang gegenüber dem historischen Parteiwillen zu[288]. Dies wird jedoch unterschiedlich begründet:

Nach einer Auffassung weise die Regelung lediglich auf den ersten Absatz hin. Die nach Absatz 4 maßgebende „besondere Bedeutung" ergebe sich deswe-

---

282 Vgl. die Ausführung in Teil 2 B. II. 1.

283 Von Heinegg, in: *Ipsen*, § 11, Rn. 5.

284 Vgl. *Sinclair*, S. 118.

285 *Sinclair*, S. 115, 141.

286 Vgl. die Ausführungen in Teil 2 B. III. 3) c) bb).

287 *Brötel*, Jura 1988, 343, 346; *Verdross/Simma*, § 782; *Bernhardt*, in: *Ders.*, EPIL II, 1416, 1421; *Bernhardt*, GYIL 1999, 11, 15; von Heinegg, in: *Ipsen*, § 11, Rn. 21.

288 Kritisch *Bernhardt*, ZaöRV 1967, 491, 501; teilweise wird Art. 31 IV WVRK als prozessuale Beweislastregel angesehen (vgl. *Bernhardt*, S. 19 f.; vgl. *Dahm/Delbrück/Wolfrum*, § 153, Fußnote 53; vgl. *Aust*, S. 196; vgl. *Sinclair*, S. 126; vgl. *Brownlie*, S. 604; vgl. *ILC-Kommentar Final Draft WVRK*, 3.–28. January 1966, U.N. Doc. A/6309/Rev.1, in: YBILC 1966 II, 169, 222, para. 17); da die Verbindung der Auslegungs- mit der Beweisproblematik auf die Frage der evolutiven Vertragsauslegung keine Auswirkungen hat, wird auf diese Ansicht im Folgenden nicht eingegangen.

gen aus dem gesamten Vertragswerk[289]; die individuelle Sprachverwendung bzw. der Fachsprachgebrauch[290] fände sich im Kontext und im Sinn des Vertrages wieder[291].

Mehrheitlich wird dagegen vertreten, dass der Parteiwille zwar nach Art. 31 IV WVRK in bestimmten Fällen Vorrang habe, nämlich soweit er vom objektiven Erklärungswert abweiche bzw. ihm widerspreche. Dies bedeute jedoch nicht, dass ein Vertrag ausschließlich nach dem ursprünglichen Willen auszulegen sei. Denn Absatz 4 normiere geradezu nicht, dass der Parteiwille generell vorrangig sei. Vielmehr bestimme er, eine Norm grundsätzlich anhand ihres objektiven Erklärungswertes auszulegen, falls nicht ausnahmsweise ein abweichender Wille der Parteien erkennbar sei[292]. Im Ergebnis ist somit auch nach dieser Ansicht der objektive Erklärungswert entscheidend.

Umstritten ist, ob auch die systematische Auslegung der Norm mit Art. 32 WVRK darauf schließen lässt, dass der objektive Erklärungswert vorrangig sei.

Nach einem Teil seien die dort bespielhaft aufgezählten Vorarbeiten und Umstände des Vertragsabschlusses Indizien für den historischen Parteiwillen[293]. Demgemäß würden die Vorstellungen der Gründer nur ein „ergänzendes Auslegungsmittel" darstellen und keine eigenständige Bedeutung haben. Daraus folge, dass der objektive Erklärungswert die Auslegung nach Art. 31 WVRK leite.

Nach anderem Teil seien die genannten Regelbeispiele dagegen Indizien für den historischen Sprachgebrauch[294]. Sie ergänzten die Vorstellungen der Vertragsgründer, die Art. 31 WVRK festzustellen habe.

Diese zweite Ansicht kann nicht überzeugen. Außerhalb des Textes liegende Erklärungen, die im sachlichen Zusammenhang mit dem Vertrag stehen und anlässlich seines Abschlusses zwischen allen Parteien vereinbart wurden, finden schon nach Art. 31 II WVRK Berücksichtigung[295]. Diese Regelung, die den histo-

---

289 *Köck*, ZÖR 1998, 217, 218 Fußnote 6; *Sinclair*, S. 126; vgl. *Bernhardt*, ZaöRV 1967, 491, 501; vgl. *ILC-Kommentar Final Draft WVRK*, 3.–28. January 1966, U.N. Doc. A/6309/Rev. 1, in: YBILC 1966 II, 169, 222, para. 17.

290 Vgl. die Ausführungen in Teil 2 B. II. 2).

291 Torres-Bernárdez, in: *Hafner*, 721, 732.

292 *Bernhardt*, S. 18 f.; Ders., in: *Ders.*, EPIL II, 1416, 1421; vgl. *Ders.*, ZaöRV 1967, 491, 501; vgl. *Dahm/Delbrück/Wolfrum*, § 153, Fußnote 53.

293 Von Heinegg, in: *Ipsen*, § 11, Rn. 4, 18; Bernhardt, in: *Ders.*, EPIL II, 1416, 1419; Ders., in: *Seidl-Hohenveldern*, 505, 507; *Ders.*, GYIL 1999, 11, 14; *Bleckmann*, Rn. 343, 368; *Ders.*, EuR 1979, 239, 239; Ress, in: *Simma*, Interpretation, Rn. 24; *Herdegen*, § 15, Rn. 28; vgl. *Verdross/Simma*, § 779, Fußnote 9; vgl. *Brownlie*, S. 606; vgl. *Sinclair*, S. 116, 141; vgl. *Aust*, S. 187; vgl. die Ausführungen in Teil 2 B. III. 3) c) bb).

294 *Dahm/Delbrück/Wolfrum*, § 153 II. 4.b); vgl. *Sinclair*, S. 116.

295 Vgl. *Sinclair*, S. 141; vgl. Dörr, in: *Dörr/Schmalenbach*, S. 550.

rischen Sprachgebrauch erhellt, wäre überflüssig, wenn Absatz 1 den ursprünglichen Parteiwillen beträfe[296].

Auch die Entstehungsgeschichte des Art. 31 WVRK zeigt, dass sich die Auslegung an der Vertragserklärung orientiert: In den Vorarbeiten der ILC ist nämlich noch der ausdrückliche Hinweis zu finden, dass die Norm nicht den Entschluss seiner Gründer erforscht[297].

Folglich ist der objektive Erklärungswert sowohl nach dem Wortlaut des ersten, dritten und vierten Absatzes der allgemeinen Auslegungsregel als auch nach ihrem systematischen Zusammenhang mit Art. 32 WVRK und ihrer Entstehungsgeschichte maßgebend[298].

dd)   Zwischenergebnis

Art. 31 WVRK bezweckt, den Parteiwillen festzustellen, der im Vertragswerk objektiv zum Ausdruck kommt. Die WVRK weist damit den gegenwärtigen Intentionen der Parteien eine maßgebende Bedeutung zu. Völkerrechtliche Verträge sind somit an ein zeitgemäßes Werte- und Rechtsverständnis anzupassen, wenn die Parteien mit ihrer Zustimmung den zukünftigen Entwicklungsprozess in ihre Willensentscheidung mit aufgenommen, gebilligt und damit die Fortentwicklung zum Element des Vertrages gemacht haben.

d)   Geschichte

Die grammatikalische, systematische wie teleologische Auslegung lässt die Bedeutung von Art. 31 WVRK weder mehrdeutig oder dunkel noch führt sie zu einem offensichtlich sinnwidrigen Ergebnis. Ein Rückgriff auf die Entstehungs-

---

296   Vgl. *Bernhardt*, GYIL 1999, 11, 14.

297   *Draft Report of the ILC 16th session*, 11. May–24. July 1964, U.N. Doc. A/5809, in: YBILC 1964 II, 173, 201, para. 9; *ILC-Kommentar Final Draft WVRK*, 3.–28. January 1966, U.N. Doc. A/6309/Rev.1, in: YBILC 1966 II, 169, 220, para. 11: „The article (...) is based on the view that the text must be presumed to be the authentic expression of the intentions of the parties; and that, in consequences, the starting point of interpretation is the elucidation of the meaning of the text, not an investigation *ab initio* into the intentions of the parties" (Hervorhebung im Original).

298   Im Ergebnis ebenso: Bernhardt, in: *Ders.*, EPIL II, 1416, 1420 f.; *Dixon*, S. 71; *Herdegen*, § 15, Rn. 29; von Heinegg, in: *Ipsen*, § 11, Rn. 5; *Brownlie*, S. 602; *Verdross/Simma*, § 776; Vitzthum, in: *Vitzthum*, 1. Abschnitt, Rn. 123; *Bleckmann*, EuR 1979, 239, 239; *Ders.*, Rn. 368; *Kempen/Hillgruber*, § 12, Rn. 63; *Dahm/Delbrück/Wolfrum*, § 153 I. 3., 4.; vgl. Karl, in: *Schreuer*, 9, 14; vgl. *Doehring*, Rn. 391, 393 f.; kritisch *McDougal*, AJIL 1967, 992, 992, nach welchem die Aussage der ILC, „the starting point of interpretation is the elucidation of the meaning of the text, not an investigation *ab initio* into the intentions of the parties", eine „arbitrary presumption" sei.

geschichte der Norm könnte jedoch, wie bereits festgestellt[299], das gefundene Auslegungsergebnis bestätigen, nämlich dass Verträge anpassungsfähig sind[300]. Die Vorarbeiten der ILC zu Art. 31 WVRK haben noch die Klausel enthalten, dass einem Vertrag das Rechtsverständnis zugrunde zu liegen habe, welches zum Zeitpunkt seines Abschlusses vorherrschte[301]. Damit sollte das Prinzip des intertemporalen Rechts eingeführt werden[302]. Dieses Prinzip, das aus dem Island-of-Palmas-Fall[303] stammt, betrifft den zeitlichen Anwendungsbereich von Recht, d. h. den Zeitraum, in welchem eine Regel des Völkerrechts auf einen Sachverhalt anwendbar ist[304]. Obwohl sich das Schiedsgericht nicht mit der evolutiven Auslegung beschäftigte, sondern erörterte, wie sich eine Änderung des Völkergewohnheitsrechts auf eine Rechtsposition auswirke[305], wurde in diesem Fall

---

299 Vgl. die Ausführungen unter Teil 2 B. II. 3.

300 Dass Art. 32 WVRK seinem Wortlaut und Sinn nach – wie in Teil 2 B. III. 2. bereits ausgeführt – die evolutive Auslegung ausschließt, schließt nicht aus, dass die historische Auslegung des Art. 31 WVRK ergibt, einen Vertrag evolutiv auszulegen.

301 Vgl. *Art. 56 I Third Report on the Law of Treaties*, by Sir Humphrey Waldock, 3. March, 9. June, 12. June and 7. July 1964, U.N. Doc. A/CN.4/167/Add.1-3, in: YBILC 1964 II, 5, 8 und *Art. 69 I b) Draft Report of the ILC 16th session*, 11. May – 24. July 1964, U.N. Doc. A/5809, in: YBILC 1964 II, 173, 199.

302 Vgl. *Third Report on the Law of Treaties*, by Sir Humphrey Waldock, 3. March, 9. June, 12. June and 7. July 1964, U.N. Doc. A/CN.4/167/Add.1-3, in: YBILC 1964 II, 5, 8, para. 1, 3 und 9; vgl. *Draft Report of the ILC 16th session*, 11. May – 24. July 1964, U.N. Doc. A/5809, in: YBILC 1964 II, 173, 202, para. 11.

303 (Niederlande gegen die USA), Entscheidung vom 04.04.1928, Reports of International Arbitral Awards (RIAA), Vol. II (1949), S. 829–890.

304 Von Heinegg, in: *Ipsen*, § 19, Rn. 17.

305 Der Fall betraf einen Streit zwischen den USA und den Niederlanden über den Herrschaftsanspruch über die Palmasinsel im Jahr 1906. Die Insel liegt zwischen den Philippinen und dem heutigen Indonesien, das damals noch holländische Kolonie war. Die USA gründeten ihre Gebietsansprüche auf einen Abtretungsvertrag mit Spanien, dem Pariser Friedensvertrag vom 10. Dezember 1898, der den spanisch-amerikanischen Krieg beendete. Spanien hatte seinen Herrschaftsanspruch über die Insel durch ihre Entdeckung erworben. Die Niederlande führten dagegen an, sie hätten einen Anspruch auf die Insel, da sie diese seit Ende des 17. Jahrhunderts besetzten. Der StIGH entschied, dass die Palmasinsel unter niederländischer Herrschaft stehe. Der zum alleinigen Schiedsrichter bestellte damalige Präsident des StIGH Max Huber führte zur Begründung aus, dass das *völkerrechtliche Gewohnheitsrecht* zwar im 16. Jahrhundert die bloße Entdeckung von Territorium als Begründung eines Herrschaftsanspruchs anerkannt habe, dies jedoch ab Ende des 19. Jahrhunderts keinen wirksamen Herrschaftsanspruch mehr begründe. Vielmehr sei zusätzlich eine deutliche Manifestation der Herrschaftsgewalt nötig. Da Spanien die Palmasinsel zur Zeit des Abtretungsvertrages mit den USA nicht besetzt hätte, habe Spanien zu diesem Zeitpunkt keinen Herrschaftsan-

festgestellt, dass jedes Rechtsverhältnis im Lichte des ihm zeitlich entsprechenden Rechts zu beurteilen sei[306]. Die Mitglieder der ILC übertrugen dieses Prinzip auf das Völkervertragsrecht, waren sich jedoch uneinig, ob die Anpassung von Verträgen eine Frage der Auslegung oder Änderung sei[307]. Daher wurde die Klausel nicht in die endgültige Fassung der WVRK übernommen[308]. Die Entwürfe zur WVRK geben demnach keinen eindeutigen Hinweis darauf, ob ein zeitgemäßes Rechtsverständnis Berücksichtigung findet. Die Vorgeschichte des Art. 31 WVRK bestätigt daher nicht, dass Verträge evolutiv auszulegen sind.

3) Fazit: Der Telos als Motor der evolutiven Auslegung

Es lässt sich festhalten, dass Art. 31 WVRK nicht etwas zum Zeitpunkt der Einigung Vorgegebenes aufdeckt. Vielmehr soll die Auslegung ihren Inhalt fortentwickeln. Die WVRK sieht damit vor, Verträge interpretativ an das zeitgemäße Rechtsverständnis anzupassen.

An sich gilt dies für jede Vereinbarung, da Art. 31 WVRK nicht zwischen Vertragstypen differenziert. Jedoch erfordert der Sinn von multilateralen Regelungsverträgen grundsätzlich eine andere Auslegung als bilaterale Austauschverträge. Die evolutive Auslegung gewinnt dadurch bei Regelungsverträgen eine besondere Bedeutung.

Demgemäß entscheidet die jeweilige Regelungsrichtung der Vereinbarung über ihre Anpassung. Der Telos wird dadurch zum „Motor" für die evolutive Fortbildung des Völkervertragsrechts.

---

spruch über das Territorium gehabt. Die USA konnten daher von Spanien nicht die Gebietshoheit über die Palmasinsel erwerben [vgl. *Island-of-Palmas*-Fall (Niederlande gegen die USA), Entscheidung vom 04.04.1928, Reports of International Arbitral Awards (RIAA), Vol. II (1949), S. 883: „International law in the nineteenth century (…) laid down the principle that occupation, to constitute a claim to territorial sovereignty, must be effective (…). It seems therefore incompatible with *this rule of positive law* that there should be regions (…) which are reserved for the exclusive influence of one state, in virtue solely of a title of acquisition *which is no longer recognized by existing law, even if such a title ever conferred territorial sovereignty*" (Hervorhebung durch Verfasser)].

306   *Island-of-Palmas*-Fall (Niederlande gegen die USA), Entscheidung vom 04.04.1928, Reports of International Arbitral Awards (RIAA), Vol. II (1949), S. 845: „(…) a juridical fact must be appreciated in the light of the law contemporary with it".

307   Vgl. *Draft Report of the ILC 16th session*, 11. May – 24. July 1964, U.N. Doc. A/5809, in: YBILC 1964 II, 173, 203, para. 11.

308   Vgl. *ILC-Kommentar zu Art. 27 Final Draft WVRK*, 3. – 28. January 1966, U.N. Doc. A/6309/Rev.1, in: YBILC 1966 II, 169, 222, para. 16; vgl. *Fastenrath*, S. 191 f., Fußnote 751; vgl. *Dörr*, in: *Dörr/Schmalenbach*, S. 533.

IV. Reichweite der evolutiven Auslegung nach Art. 31 III WVRK

Im Mittelpunkt der folgenden Untersuchung steht die Frage, ob und inwieweit außervertragliche Erklärungen die Auslegung beeinflussen, die Staaten nach Abschluss eines Vertrages abgeben. Im Hinblick darauf soll die Grenze der evolutiven Auslegung erörtert werden.

Nach Art. 31 III a) und b) WVRK sind „jede spätere Übereinkunft zwischen den Vertragsparteien über die Auslegung des Vertrags oder die Anwendung seiner Bestimmungen" und „jede spätere Übung bei der Anwendung des Vertrags, aus der die Übereinstimmung der Vertragsparteien über seine Auslegung hervorgeht" in gleicher Weise wie der Vertragszusammenhang zu berücksichtigen. Nach Unterpunkt c) gilt dies auch für „jede(n) in den Beziehungen der Vertragsparteien anwendbare(n) einschlägige(n) Völkerrechtssatz". Einhelliger Meinung nach verweist die Norm auf spätere Erklärungen, die zwischen allen Parteien völkerrechtsverbindlich vereinbart sind[309]. Der Vertragsinhalt passe sich daher ständig an die gemeinsamen rechtsverbindlichen Erklärungen der Parteien an[310].

Ob darüber hinaus nachvertragliche Erklärungen zu berücksichtigen sind, die rechtsunverbindlich sind oder nicht die Zustimmung aller Parteien bzw. keiner Partei finden, ist durch eine Auslegung zu ermitteln.

1) Wortlaut

Der Wortlaut lässt nicht eindeutig darauf schließen, inwieweit das spätere völkervertragliche Umfeld bei der Auslegung zu berücksichtigen ist.

Zwar spricht die Absatz 3 von einer „Übereinkunft", wogegen in Absatz 1 von einem „Vertrag" die Rede ist. Die Verwendung zweier unterschiedlicher Begriffe lässt zunächst darauf schließen, dass eine „Übereinkunft" weiter als ein „Vertrag" ist und damit auch Formen des völkerrechtlichen „soft law" unter Ab-

---

309 *Berber*, S. 481; *Bleckmann*, Rn. 369; *Brötel*, Jura 1988, 343, 345, insbesondere Fußnote 34; Bernhardt, in: *Ders.*, EPIL II, 1416, 1421; *Ders.*, ZaöRV 1967, 491, 499; für *Milej* rechtfertigt sich das Heranziehen einer späteren Übereinkunft und einer späteren Praxis i. S. d. Art. 31 III WVRK aus dem Konsensprinzip (Milej, in: *von Heinegg*, Rn. 130, 145); vgl. Bernhardt, in: *Seidl-Hohenveldern*, 505, 507; vgl. *Bleckmann*, EuR 1979, 239, 240/241; vgl. die Ausführungen in Teil 2 B. II. 2).

310 Vgl. die Ausführungen in Teil 2 A. I.; wie bereits festgestellt, geht die Untersuchung auf die Berücksichtigungsfähigkeit von späteren Erklärungen, denen sich zwar alle Parteien anschließen, die jedoch in keinem sachlichen Zusammenhang zu dem Vertrag stehen, aufgrund ihrer fehlenden praktischen Relevanz nicht näher ein (vgl. die Ausführungen in Fußnote 19).

satz 3 fallen[311]. Jedoch gibt die Bezeichnung als Vertrag im Völkerrecht, wie bereits ausgeführt[312], keinen Hinweis auf die Bindungswirkung. Der Wortlaut der Norm fordert daher nicht zwingend, dass rechtsunverbindliche Erklärungen bei der Auslegung zu beachten sind.

Weiter legt ein Vergleich des Wortlauts des dritten mit dem des zweiten Absatzes zunächst den Schluss nahe, dass bilaterale oder einseitige Erklärungen die Auslegung beeinflussen. Denn Absatz 3 verlangt im Gegensatz zum zweiten Absatz nicht ausdrücklich die Zustimmung aller Parteien[313]. Jedoch ist auch dieser Schluss nicht zwingend: Unterpunkte a) und b) fordern, dass zwischen den Parteien eine „Übereinkunft" bzw. eine „Übereinstimmung" besteht. Demgemäß könnte die Regelung wie Absatz 2 die Zustimmung aller Vertragsparteien voraussetzen.

Auch der Wortlaut des Unterpunktes c) ist nicht eindeutig – die Regelung verweist umfassend auf *jede(n)*[314] Völkerrechtssatz, ohne ausdrücklich auf die Rechtsverbindlichkeit der Erklärung oder den Konsens der Parteien abzustellen[315]. Dadurch liegt die Vermutung nahe, dass die Regelung als Auffangbestimmung das gesamte völkerrechtliche Umfeld erfasst[316]. Jedoch fordert sie einschränkend, dass ein Völkerrechtssatz „in den Beziehungen zwischen den

---

311 So Milej, in: *von Heinegg*, Rn. 146 und *Aust*, S. 191: „There is no need for a further treaty, since the paragraph refers deliberately to an ‚agreement' not a treaty. The agreement can take various forms, (...) provided the purpose is clear".

312 Vgl. die Ausführungen in Teil 1 A. I.

313 Ebenso Weiß, in: *Weiß/Herrmann/Ohler*, Rn. 344 und Dörr, in: *Dörr/Schmalenbach*, S. 566.

314 Hervorhebung durch Verfasser.

315 Vgl. Milej, in: *von Heinegg*, Rn. 149, der sich an dieser Stelle jedoch nur auf den Wortlaut des Art. 31 III b) WVRK und damit auf die inhaltlichen Anforderungen „jede(r) (...) Übung bei der Anwendung des Vertrags" im Unterschied zu einer gewohnheitsrechtlichen Übung bezieht.

316 Köck, in: *Jaborengg/Spielbüchler*, 251, 273, nach dem der Hinweis in Art. 31 WVRK auf die „Berücksichtigung *jeder* auf den betreffenden Sachverhalt *anwendbaren Norm* des Völkerrechts (...) als Hinweis auf das Gesamt der Völkerrechtsordnung" zu verstehen sei (Hervorhebung im Original); Milej, in: *von Heinegg*, Rn. 145, der in Art. 31 III c) WVRK einen Verweis auf „den *Zusammenhang mit sonstigen völkerrechtlichen Normen*" sieht (Hervorhebung im Original); von Heinegg, in: *Ipsen*, § 11, Rn. 14: „Art. 31 Absatz 3 lit. c WVK stellt schließlich eine Auffangbestimmung dar, mittels der alle übrigen Völkerrechtsnormen erfasst werden, die in Bezug auf den auszulegenden Vertrag anzuwenden sind"; ebenso *Kempen/Hillgruber*, § 12, Rn. 68.

Vertragsparteien anwendbar" ist[317]. Daher ist Unterpunkt c) ebenfalls nicht eindeutig zu entnehmen, dass das gesamte völkerrechtliche Umfeld beachten ist. Die grammatikalische Auslegung des Art. 31 III WVRK klärt also nicht die Relevanz von nachvertraglichen Erklärungen, die rechtsunverbindlich vereinbart sind oder nicht die Zustimmung aller Parteien bzw. keiner Partei finden.

2) Systematik

Die systematische Auslegung der Norm im Zusammenhang mit Art. 34 WVRK legt nahe, dass nur nachvertragliche Erklärungen, denen alle Parteien völkerrechtsverbindlich beitreten, die Auslegung leiten[318]. Dies ist jedoch nur dann der Fall, wenn die Berücksichtigung von Erklärungen, denen nicht alle Parteien rechtsverbindlich zustimmen, dazu führt, dass Staaten gegen bzw. ohne ihren Willen völkerrechtlich gebunden sind. Denn Art. 34 WVRK positiviert das gewohnheitsrechtlich geltende Pacta-tertiis-Prinzip; dieses Prinzip verbietet geradezu, einen Staat gegen bzw. ohne seinen Willen völkerrechtlich zu binden[319].

3) Telos

Nach dem Ziel und Zweck „öffnet" Art. 31 III WVRK einen Vertrag nur insoweit für das spätere völkerrechtliche Umfeld, wie dies seinem objektiven Erklärungswert entspricht[320].

---

317 Ebenso *Dahm/Delbrück/Wolfrum*, § 153 II. 1.c) und *Fastenrath*, S. 183, Fußnote 728: „In der endgültigen Fassung des Art. 31 Absatz 3 c WVRK wird der rechtliche Kontext reduziert auf die Rechtsregeln, die zwischen den Parteien gelten"; Dörr, in: *Dörr/Schmalenbach*, S. 567: „That the external rules are ‚applicable' in the relations between the parties presupposes that the latter are legally bound by those rules, either because they have given their consent to them as treaty rules, or because they are addressed by them as binding customary rules or general principles, or because they are bound for other reasons, such as acquiescence or unilateral declaration".

318 Vgl. *Hilf/Hörmann*, AVR 1995, 397, 422; vgl. *Berber*, S. 481: „Zur Aufhellung des Sinnes eines Vertrags kann ebenfalls zweckdienlich sein, obwohl angesichts des möglichen Durchbrechungscharakters des Spezialvertrags mit Vorsicht zu benutzen, (…) die Auslegung im Sinn (…) über den gleichen Vertragsgegenstand abgeschlossener Verträge (Art. 31 II, III WVRK)"; vgl. *Jennings/Watts*, S. 1268: „An interpretation agreed between some only of the parties to a multilateral treaty may, however, not be conclusive, since the interests and intentions of the other parties may have to be taken into consideration".

319 Vgl. die Ausführungen in Teil 1 A. I.

320 Vgl. *Klein*, S. 340, Fußnote 55, nach dem ein Völkerrechtssatz „in den Beziehungen zwischen den Vertragsparteien (i. S. d. Art. 31 III c) WVRK) anwendbar" ist, wenn sich dies

Zum einen ist bei der teleologischen Auslegung, wie bereits ausgeführt[321], der objektive Erklärungswert eines Vertrages maßgebend. Zum anderen liegt der Regelung der Gedanke zugrunde, ein Auseinanderfallen der völkerrechtlichen Rechtsordnung zu vermeiden und eine harmonisierende Auslegung des Völkerrechts zu ermöglichen[322]. Dieses Ziel ist nur dann erreichbar, wenn auch rechtsunverbindliche und solche Erklärungen, die nicht zwischen allen Vertragsparteien vereinbart sind, die Auslegung beeinflussen.

4) Geschichte

Die Vorgeschichte von Art. 31 WVRK bestätigt nicht, dass das völkerrechtliche Umfeld die Auslegung leitet[323]. Die Entwürfe zur WVRK geben nämlich nicht eindeutig darüber Aufschluss, ob rechtsunverbindliche, außervertragliche Erklärungen berücksichtigungsfähig sind, denen nicht alle Parteien zustimmen.

Der Entwurf der ILC zur WVRK aus dem Jahr 1964 beschränkte den Zusammenhang nach Art. 31 III WVRK zwar noch ausdrücklich auf außervertragliche Erklärungen, die zwischen „allen Vertragsparteien" gelten[324]. Die endgültige Fassung der Norm enthält diesen Zusatz jedoch nicht mehr[325].

5) Fazit: Das völkervertragliche Umfeld als Rechtserkenntnisquelle

Nach der WVRK ist die Reichweite der interpretativen Fortbildung vom objektiven Erklärungswert des jeweiligen Vertrages abhängig. Das gesamte spätere vertragliche Umfeld ist „in den Beziehungen zwischen den Vertragsparteien (i. S. d. Art. 31 III c) WVRK) anwendbar", wenn ihr Wille, der in der Erklärung objektiv niedergelegt ist, den Vertrag dafür „öffnet". Der Pacta-tertiis-Grundsatz ist in diesem Fall nicht verletzt, da die Zustimmung der Parteien zum Vertrag ihren Beitritt zu den jeweiligen außervertraglichen Erklärungen ersetzt.

---

aus dem (in der Erklärung niedergelegten) Parteiwillen ergibt, und zugleich zu Recht kritisiert, Art. 31 III c) WVRK gebe dies nur ungenügend wieder; vgl. *Weidmann*, S. 78.

321   Vgl. die Ausführungen in Teil 2 B. III. 2) c) cc).

322   Dörr, in: *Dörr/Schmalenbach*, S. 561; vgl. *Dahm/Delbrück/Wolfrum*, § 153 II. 1.c); vgl. *Hilf/Hörmann*, AVR 1995, 397, 423.

323   Der Umstand, dass nach Art. 32 WVRK – wie in Teil 2 B. II. 3., III. 2. sowie in Fußnote 220 ausgeführt – keine zeitgemäßen Werte zu berücksichtigen sind, schließt nicht aus, dass die historische Auslegung des Art. 31 WVRK ergibt, einen Vertrag evolutiv auszulegen.

324   Vgl. *Art. 69 III b) Draft Report of the ILC 16th session*, 11. May–24. July 1964, U.N. Doc. A/5809, in: YBILC 1964 II, 173, 199.

325   Vgl. *Art. 27 III ILC-Kommentar Final Draft WVRK*, 3.–28. January 1966, U.N. Doc. A/6309/Rev.1, in: YBILC 1966 II, 169, 181.

Demnach ist die evolutive Auslegung nicht schrankenlos: Die Anpassung von Verträgen ist vielmehr darauf beschränkt, was ausdrücklich vereinbart ist oder zumindest als dies angesehen werden kann. Grundlage bleibt damit das Konsensprinzip. Nur in diesem Fall ist die Sicherheit und Vorhersehbarkeit von Recht gewahrt. Der Wandel des Rechtsverständnisses benötigt somit letztlich eine positive Grundlage im Vertrag selbst.

Schlussfolgernd dienen außervertragliche Erklärungen als ergänzende Rechtserkenntnisquelle – unabhängig von der Anzahl der beteiligten Staaten bzw. ihrem Status als Vertragsparteien oder ihrer Verbindlichkeit der evolutiven Auslegung.

V. Zwischenergebnis

Die Auslegung ist nach den gewohnheitsrechtlich geltenden Regeln der WVRK nicht statisch an den Zeitpunkt des Vertragsabschlusses gebunden. Vielmehr ist der Wandel des Rechtsverständnisses nach Art. 31 WVRK zu berücksichtigen, soweit die Entwicklung im Vertrag selbst angelegt ist. Dadurch sind insbesondere multilaterale Regelungsverträge für eine Anpassung zugänglich.

Außervertragliche Erklärungen dienen der evolutiven Auslegung gem. Art. 31 III WVRK als ergänzende Erkenntnisquelle. Auf die Anzahl der beteiligten Staaten, den Status als Vertragspartei oder die Rechtsverbindlichkeit der Erklärungen kommt es nicht an. Das völkerrechtliche Umfeld ist damit nicht selbst eine Quelle des Rechts. Vielmehr finden lediglich die dahinter stehenden Erwägungen bei der Auslegung Beachtung.

Indem sich die evolutive Auslegung wesentlich am Sinn und dem völkerrechtlichen Umfeld orientiert, lastet ihr jedoch regelmäßig die Gefahr an, rein rechtspolitische Erwägungen in einen Vertrag einzuführen. Dadurch befindet sich die evolutive Auslegung auf einem schmalen Grat zwischen interpretativem Vertragswandel und inhaltsänderndem Vertragsbruch[326].

Erforderlich ist daher, Normen nicht von ihrem Ziel und Zweck ausgehend willkürlich neu zu gestalten, sondern lediglich von ihrer vertraglichen Funktion her zu begreifen[327]. Der Flexibilität einer sich am wandelnden Werte- und Rechtsverständnis orientierenden Auslegung ist eine Grenze gezogen, indem Art. 31 WVRK die Auslegung an den gesamten[328] Text und den Gutglaubens-

---

326   Karl, in: *Schreuer*, 9, 14: „Teleologische Auslegung nach einem abstrakten Vertragsziel (…) wäre daher wohl oft Legislation und nicht mehr Auslegung".

327   Vgl. Zemanek, in: *Neuhold/Hummer/Schreuer*, Rn. 356.

328   Dies folgt aus dem Grundsatz, dass jede Norm im Licht aller anderen Bestimmungen gelesen werden muss.

grundsatz bindet[329]. Die evolutive Auslegung ist demgemäß nicht schrankenlos oder willkürlich, sondern ermöglicht, diese Änderungen nachzuvollziehen, die die Einigung seit ihrem Abschluss durchlebt hat[330]. Die Grenze ist folglich an der Stelle erreicht, an der sich die Anpassung nicht mehr mit dem Text des gesamten Vertragswerkes vereinbaren lässt.

Demgemäß hat die interpretative Fortbildung von Verträgen im Lichte ihres späteren, außervertraglichen Umfeldes zwei Voraussetzungen:

Erstens muss der jeweilige Wandel zumindest noch einen Anhaltspunkt im Vertrag finden[331], d.h. die Anpassung muss explizit oder implizit angelegt

---

329   Von Heinegg, in: *Ipsen*, § 11, Rn. 15: „Nur die Kombination mit der wörtlichen und der systematischen Auslegungsmethode vermag diese Gefahr (der Überschreitung der Auslegungsgrenze) zu bannen"; sowie „Ziel und Zweck des Vertrages sind stets dem Vertragstext selbst zu entnehmen. (...) (Der objektive Ansatz) verbietet Mutmaßungen und Unterstellungen"; *Brötel*, Jura 1988, 343, 347 f.: „Sehr bedenklich wäre es aber, wenn Maßstab für die Zweckerreichung hierbei nicht der Vertragstext mit seinen Grundgedanken, sondern ein allgemeines Zweck- und Effektivitätsdenken wäre, das sich generell eine möglichst sachgerechte und wirksame Regelung wünscht" sowie S. 346: „Es ist nämlich nicht zu übersehen, dass eine nur am abstrakten Vertragsziel ohne Berücksichtigung anderer normativer Gegebenheiten ausgerichtete ‚dynamische' Interpretation leicht über die Grenzen der Auslegung hinausführen kann in den Bereich der Legislation, was möglicherweise eine Erschütterung des fundamentalen Grundsatzes ‚pacta sunt servanda' zur Folge hat"; *Bleckmann*, EuR 1979, 239, 239: „Den ganzen Vertrag als ein System von Mitteln zur Erreichung der von den Vertragspartnern angestrebten Ziele zu interpretieren und damit vom Wortlaut weitgehend zu lösen, konnte sich das Völkerrecht nicht entschließen"; vgl. *Bernhardt*, S. 97: „So sehr der aus dem Vertrag erkennbare Zweck zu respektieren und ihm zum Erfolg zu verhelfen ist, so wenig kann gegenwärtig die zweckmäßigste Regelung eines Gegenstandes als vertraglich vereinbart gelten"; *Milej*, in: *von Heinegg*, Rn. 142, insbesondere Rn. 157: „(D)as gesamte System der textgebundenen, am objektiven Ansatz ausgerichteten Auslegungsregeln der Wiener Vertragsrechtskonvention (wird) gegenwärtig auf die Probe gestellt. Die von einer beträchtlichen Zahl von Staaten verwendeten Argumentationsmuster sind erheblich stärker an Sinn und Zweck orientiert"; vgl. *Doehring*, Rn. 395, i. B. a. eine extensive Vertragsauslegung, mit der er inhaltlich die evolutive Auslegung meint: „Sicherlich kann sich auch hier eine Grenze als überschritten herausstellen, wenn der Vertragszweck ganz offensichtlich verändert würde und das dann nicht die Zustimmung aller Parteien findet"; *Dahm/Delbrück/Wolfrum*, § 153 II 1. a) und Fußnote 64; vgl. *Bleckmann*, Rn. 347; vgl. *Fastenrath*, S. 188; vgl. *Verdross/ Simma*, § 781; vgl. *Sinclair*, S. 131; vgl. *Frowein/Peukert*, Einführung, Rn. 11.

330   *Brötel*, Jura 1988, 343, 347.

331   *Bernhardt*, S. 89; *Brötel*, Jura 1988, 343, 348; vgl. Cremer, in: *Grote/Marauhn*, Kap. 4, Rn. 47, 55 f., 60, nach dem die Anerkennung neuer Schutzgehalte im Gegensatz zur Ausdehnung geschriebener Schutzgehalte nicht nur dem Wortlaut des Art. 1 EMRK

sein[332]. Nicht erforderlich ist dabei, dass sich das zeitgemäße Rechtsverständnis im Wortlaut einzelner Normen widerspiegelt[333]. Es kann sich vielmehr aus jeder Regelung oder auch nur aus dem Gesamtzusammenhang ergeben. Aufgrund der Gleichstellung mit den Vertragsbestimmungen kann auch die Präambel eine Anpassung rechtfertigen[334].

Zweitens darf die evolutive Auslegung nicht bestehende Regelungen des Vertrages umgehen. So ist die Anpassung einer Norm durch die übrigen Vorschriften begrenzt. Deswegen ist die evolutive Auslegung unzulässig, wenn eine andere Bestimmung die Anpassung ausdrücklich ausschließt[335].

Wenn die evolutive Auslegung weder völlig neue Normen schafft noch bestehende Vorschriften umgeht, bleibt die erforderliche Stabilität gewahrt, d. h. die Sicherheit und Vorhersehbarkeit des Rechts. Dementsprechend ist das völkerrechtliche Umfeld nicht Maßstab, sondern nur Hilfsmittel der Auslegung.

C. Praxis internationaler Organe

Der nächste Abschnitt zeigt Beispiele aus der Praxis internationaler Organe zur evolutiven Auslegung auf.

Zunächst werden Entscheidungen gerichtlicher Instanzen [I.] und folgend Beschlüsse des UN-Sicherheitsrats als einem politischen Organ erörtert [II.]. Die Ergebnisse werden in einem Fazit zusammengefasst [III.].

I. Rechtsprechung

Die internationale Rechtsprechung hat sich mit der Frage der evolutiven Auslegung völkerrechtlicher Verträge vielfältig auseinandergesetzt. Ausgangspunkt sind verschiedene Entscheidungen sowohl des IGH und seines Vorgängers, des

---

widerspreche, sondern auch nicht mit dem Fehlen eines allgemeinen Auffangfreiheitsrechts und Gleichheitssatzes in der WVRK in Einklang zu bringen sei.

332 Vgl. Torres-Bernárdez, in: *Hafner*, 721, 732: „The search of the common intention of the parties (is) expressed or implied in the treaty (…)".

333 Vgl. *Stieglitz*, S. 180: „Als äußerste Grenze der Auslegung wird im nationalen Verfassungsrecht vor allem die Textgrenze angesehen. (…) (D)iese Grenze (gilt) für internationale Verträge, deren Abschluss und Anwendung weniger in den demokratischen Prozess integriert sind als die Verfassungsauslegung, nicht derart absolut".

334 *Brötel*, Jura 1988, 343, 348; vgl. *Bernhardt*, S. 89.

335 Beispielsweise ist es nicht möglich, die Todesstrafe aus dem zeitgemäßen Moralempfinden als „unmenschliche oder erniedrigende Strafe" nach Art. 3 EMRK zu verbieten, da die europäischen Staaten im Jahr 1950 die Todesstrafe in Art. 2 EMRK ausdrücklich anerkannt haben. Daher wurde das Protokoll Nr. 6 zur EMRK erforderlich [vgl. auch die folgenden Ausführungen in Teil 2 C. I. 2) a) ff)].

StIGH, in Den Haag[336], als auch die Rechtsprechung des EGMR in Straßburg[337]. Diese werden im Folgenden beispielhaft aufgezeigt[338] und analysiert.

1) Internationaler Gerichtshof

Der IGH wurde als Hauptrechtsprechungsorgan der Vereinten Nationen[339] im Jahr 1946 errichtet. Er nahm die Nachfolge des im Jahr 1921 gegründeten StIGH auf.

Der Jurisdiktion des IGH sind alle UN-Mitglieder unterworfen[340]. Nach Art. 38 IGH-Statut[341] ist die Auslegung nicht auf bestimmte Verträge beschränkt. Neben den für die jeweiligen Streitparteien bindenden Urteilen[342] ist der IGH für die Klärung jeder Rechtsfrage in Form eines Gutachtens zuständig[343].

Um die Entwicklung der Spruchpraxis zur evolutiven Auslegung aufzuzeigen, richtet sich die Reihenfolge der folgenden Fälle nach ihrer chronologischen Abfolge. Der Analyse der Rechtsprechung geht eine Kurzdarstellung der Entscheidungen voraus[344].

336　Vgl. Art. 22 I 1 IGH-Statut.

337　Auf Entscheidungen, in denen andere internationale Streitbeilegungsinstanzen einen Vertrag evolutiv auslegen [z.B. der kanadische Fall betreffend Zölle auf landwirtschaftliche Erzeugnisse (*Arbitral Panel established pursuant to Article 2008 of the North American Free Trade Agreement*, Final Report of the Panel, 02.10.1996, ILR 110 (1998), S. 542–599)], wird nicht eingegangen. Aufgrund der Besonderheiten des europäischen Gemeinschaftsrechts (vgl. *Herdegen*, § 1, Rn. 8 f.; vgl. *Kempen/Hillgruber*, § 2, Rn. 4; vgl. Cremer, in: *Grote/Marauhn*, Kap. 4, Rn. 59) bleibt auch die Rechtsprechung des EuGH außer Betracht.

338　Die Darstellung konzentriert sich auf die Aspekte der Entscheidungen, die für die Untersuchung relevant sind.

339　Vgl. Art. 92 UN-Charta.

340　Vgl. Art. 93 I UN-Charta i. V. m. Art. 35 I IGH-Statut; zurzeit sind 193 Staaten Mitglieder der Vereinten Nationen (Stand: 2011).

341　Art. 38 IGH-Statut lautet: „Der Gerichtshof, dessen Aufgabe es ist, die ihm unterbreiteten Streitigkeiten nach dem Völkerrecht zu entscheiden, wendet an a) internationale Übereinkünfte allgemeiner oder besonderer Natur, in denen von den streitenden Staaten ausdrücklich anerkannte Regeln festgelegt sind (...)".

342　Vgl. Art. 94 I UN-Charta i. V. m. Art. 59 IGH-Statut.

343　Vgl. Art. 96 UN-Charta i. V. m. Art. 65 IGH-Statut.

344　Im Folgenden beschränkt sich die Untersuchung auf Entscheidungen, die sich mit der interpretativen Fortbildung völkerrechtlicher Verträge beschäftigen. Entscheidungen, die sich mit der evolutiven Auslegung anderer Rechtsquellen des Völkerrechts – insbesondere einseitiger Rechtsakte – auseinandersetzen, bleiben außer Betracht [bspw. *Aegean Sea Continental Shelf*-Fall (Greece v. Turkey), Judgement of 19.12.1978, ICJ Reports

a) Sachverhalt und Entscheidungsgründe

aa) Erste Ansätze: Marokko-Tunis-Fall (1923)

Der StIGH hat schon früh zur Bedeutung späterer völkerrechtlicher Entwicklungen für die Auslegung eines Vertrages Stellung genommen.

Im Jahr 1923 beschäftigte sich der Gerichtshof im Rechtsgutachten zum Marokko-Tunis-Fall[345] mit der Auslegung des Begriffs „innerere Angelegenheit" i. S. d. Völkerbundsatzung. Streitpunkt war, ob Briten in den damaligen französischen Protektoraten Marokko und Tunis die französische Staatsangehörigkeit erwerben dürften. Im Mittelpunkt stand hier die Frage, ob der Gerichtshof überhaupt zur Beurteilung des Streits nach Art. 15 Absatz 8 der Völkerbundsatzung[346] befugt sei oder nationale Dekrete seine Zuständigkeit ausschlössen[347]. Das Gericht erkannte seine Zuständigkeit zur Entscheidung über den Fall an. Damit verwehrte es Frankreich, sich darauf zu berufen, es werden unzulässig in seine inneren Angelegenheiten eingegriffen[348].

In den Entscheidungsgründen führte das Gericht unter anderem aus, „(t)he question whether a certain matter is (...) solely within the jurisdiction of a state is an essentially relative question; it depends upon the development of international relations"[349]. Demnach sei nach seiner Ansicht die Bewertung als „innere Angelegenheit" von den jeweiligen Pflichten eines Staates abhängig, die dem Wandel des Völkerrechts unterlägen.

bb) Frauennachtarbeitskonvention (1932)

Keine zehn Jahre nach dem Gutachten zum Marokko-Tunis-Fall war der StIGH zum ersten Mal direkt mit der Frage der evolutiven Auslegung eines völker-

---

1978, S. 3–45; *Anglo-Iranian Oil Co.*-Fall (United Kingdom v. Iran), Judgement of 22.07.1952, ICJ Reports 1952, S. 93–115].

345 *Nationality Decrees Issued in Tunis and Morocco,* Advisory Opinion of 07.02.1923, PCIJ Series B No. 4.

346 Art. 15 Absatz 8 der Völkerbundsatzung lautete: „If the dispute between the parties is claimed by one of them, and is found by the Council, to arise out of a matter which by international law is solely within the domestic jurisdiction of that party, the Council shall so report, and shall make no recommendation as to its settlement".

347 Vgl. *Nationality Decrees Issued in Tunis and Morocco,* Advisory Opinion of 07.02.1923, PCIJ Series B, No. 4, 7, 21–24.

348 *Ebd.,* No. 4, 7, 32.

349 *Ebd.,* No. 4, 7, 24.

rechtlichen Vertrages konfrontiert. Im Mittelpunkt stand die Auslegung der Konvention über die Nachtarbeit von Frauen[350] aus dem Jahr 1919.

Gemäß Art. 3 der Konvention wurde die Nachtarbeit von Frauen in gewerblichen Betrieben untersagt[351]. In Frage stand, ob sich die Norm nur auf Arbeiterinnen oder auch auf Angestellte, d. h. Frauen in leitender Stellung, bezogen habe[352].

Das Gericht entschied, dass die Konvention auch auf Frauen in führenden Positionen anzuwenden sei[353], obwohl dies zur Zeit ihres Abschlusses nicht erwogen worden sei[354]. Dazu führte das Gericht aus, „the mere fact that, at the time when the Convention on Night Work of Women was concluded, certain facts or situations, which the terms of the Convention in their ordinary meaning are wide enough to cover, were not thought of, does not justify interpreting those of its provisions which are general in scope otherwise than in accordance with their terms"[355]. Das Gericht berief sich im Folgenden auf die gewöhnliche Bedeutung des Ausdrucks „woman" und erteilte dem historischen Willen der Vertragsparteien damit eine Absage. Es verlieh seiner Auffassung, dass der historische Parteiwille bei der Auslegung nur nachrangig zu berücksichtigen sei, Nachdruck, indem es die Vorarbeiten zur Konvention in den Entscheidungsgründen nur ergänzend heranzog[356].

cc)   Marokko-Fall (1952) und Südwestafrika-Fall (1966)

Zwanzig Jahre später setzte sich der Nachfolger des StIGH im bekannten[357] Marokko-Fall[358] zum ersten Mal mit der Anpassungsfähigkeit eines Vertrages aus-

---

350   *Interpretation of the Convention of 1919 concerning the Employment of Women during the Night* (1932), Advisory Opinion of 15.11.1932, PCIJ Series A/B, No. 50.

351   Art. 3 der Frauennachtarbeitskonvention lautete: „Woman without distinction of age shall not be employed during the night in any public or private industrial undertaking, or in any branch thereof, other than an undertaking in which only members of the same family are employed".

352   *Interpretation of the Convention of 1919 concerning the Employment of Women during the Night* (1932), Advisory Opinion of 15.11.1932, PCIJ Series A/B, No. 50, 365, 372 f.

353   *Ebd.*, No. 50, 365, 382.

354   *Ebd.*, No. 50, 365, 377.

355   *Ebd.*, No. 50, 365, 377.

356   *Ebd.*, No. 50, 365, 378–380; vgl. *Dahm/Delbrück/Wolfrum*, § 153, Fußnote 71; vgl. für die Bedeutung der Vorarbeiten bei der Feststellung des historischen Parteiwillens auch die Ausführungen in Teil 2 B. III. 3) c) bb).

357   Dem Fall kommt eine besondere Bedeutung zu, da zum ersten Mal die Vereinigten Staaten von Amerika vor dem IGH bzw. dem StIGH als eine Streitpartei teilnahmen (*Johnson*, BYIL 1952, 401, 401; *Cheng*, ICLQ 1953, 354, 354).

358   *Case concerning rights of nationals of the United States of America in Morocco* (France v. United States of America), Judgement of 27.08.1952, ICJ Reports 1952, S. 176–233.

einander. Jedoch hielt der IGH im Gegensatz zu seinem Vorgänger bei der Auslegung am historischen Sinnverständnis fest.

Gegenstand war ein Streit zwischen Frankreich und den Vereinigten Staaten von Amerika über die Rechte amerikanischer Staatsangehöriger in Marokko, das immer noch[359] unter französischem Protektorat stand[360]. Im Mittelpunkt stand die Auslegung eines Friedens- und Freundschaftsvertrags von 1836, in dem Marokko die Jurisdiktion amerikanischer Konsulare anerkannt hatte. Dieser Vertrag übertrug den USA allgemein die Entscheidungsgewalt für alle „Streitfälle zwischen amerikanischen Staatsbürgern"[361].

In Frage stand, ob sich die Formulierung „Streitfälle zwischen amerikanischen Staatsbürgern" allein auf zivilrechtliche Streitigkeiten zwischen Privaten beziehe oder auch strafrechtliche Delikte umfasse. Denn eine Straftat richte sich nach zeitgemäßem Verständnis nur gegen den Staat und sei somit im eigentlichen Sinn kein „Streitfall zwischen amerikanischen Staatsbürgern"[362].

Der IGH sprach den USA eine umfassende konsularische Jurisdiktionsgewalt in Marokko zu, d.h. auch für strafrechtliche Delikte[363]. Dabei hob das Gericht hervor, „it is necessary to take into account the meaning of the word ,dispute' at the times when the (treaty was) concluded. The clear-cut distinction between civil and criminal matters (…) has not yet been developed in Morocco. Accordingly, (…) the word ,dispute' (…) is referring both to civil disputes and to criminal disputes"[364]. Der IGH legte den Vertrag folglich im Lichte des Rechtsverständnisses aus, das 1836 und damit mehr als 100 Jahre vor dem Streitfall herrschte.

---

359   Vgl. den Marokko-Tunis-Fall.
360   Der Fall beinhaltete eine Fülle rechtlicher Fragen hinsichtlich US-amerikanischer Rechte in Marokko [vgl. *Case concerning rights of nationals of the United States of America in Morocco* (France v. United States of America), Judgement of 27.08.1952, ICJ Reports 1952, 176, 176; so auch *Johnson*, BYIL 1952, 401, 401; *Cheng*, ICLQ, 354, 354]. Die folgende Untersuchung des Falles beschränkt sich jedoch auf die Aussagen des IGH über die evolutive Vertragsauslegung.
361   Vgl. Art. 20 des Vertrages: „If any of the citizens of the United States, or any persons under their protection, shall have any dispute with each other, the Consul shall decide between the Parties (…)".
362   Vgl. *Case concerning rights of nationals of the United States of America in Morocco* (France v. United States of America), Judgement of 27.08.1952, ICJ Reports 1952, 176, 289.
363   *Ebd.*, 176, 212.
364   *Ebd.*, 176, 189.

An der historischen Auslegung hielt der IGH in einer Vielzahl nachfolgender Entscheidungen fest. Dazu zählt vor allem das zweite Urteil im Südwestafrika-Fall von 1966[365].

In diesem Fall waren Äthiopien und Liberia der Auffassung, dass Südafrika ein Mandat verletzt habe, das ihm der Völkerbund 1920 über die ehemalige deutsche Kolonie übertragen hatte[366]. Der IGH ging auf die behaupteten Mandatsverletzungen durch Südafrika allerdings nicht ein[367], sondern beschäftigte sich mit der Frage, ob einzelne Staaten geltend machen könnten, dass ein Mandatar seine Pflichten nicht einhalte, oder ein solches Klagerecht allein den Vereinten Nationen bzw. dem damaligen Völkerbund als internationaler Organisation zustehe[368].

Im Ergebnis lehnte das Gericht ein solches Recht der Mitgliedstaaten ab und wies die Klage Äthiopiens und Liberias zurück. Dabei vertrat es die Auffassung, ausschlaggebend für die Beantwortung der Streitfrage sei die Zeit „when the mandates system was being instituted, and when the instruments of mandate were being framed"[369]. Somit waren nach Ansicht des Gerichts die historischen Vorstellungen der Mitglieder der Vereinten Nationen bzw. des damaligen Völkerbundes entscheidend. Ihr späterer Wille habe dagegen keine Bedeutung, wenn er bei Gründung des Völkerbundes nicht vorherzusehen gewesen sei[370]. Dem folgend stellte der IGH fest, „that even in the time of the League (...) the Applicants did not, in their individual capacity as States, possess any separate self-contained right which they could assert, independently of, or additionally to, the right of the League (...). (A)nd if in the time of the League, – if as members of the League, – the Applicants did not possess the rights contended for, – evidently they do not possess them now. There is no principle of law which (...) would operate to invest the Applicants with rights they did not have even when the League was still in being"[371]. An dieser Ansicht habe nach Auffassung des Gerichts auch nichts der Umstand geändert, dass Südafrika seinen Verpflichtun-

---

365 *South West Africa* (Ethiopia v. South Africa; Liberia v. South Africa), Preliminary Objections, Judgement of 21.12.1962, ICJ Reports 1962, S. 319–348; Second Phase, Judgement of 18.07.1966, ICJ Reports 1966, S. 6–58.

366 Vgl. die Anträge in *South West Africa* (Ethiopia v. South Africa; Liberia v. South Africa), Preliminary Objections, Judgement of 21.12.1962, ICJ Reports 1962, 319, 322–326; Second Phase, Judgement of 18.07.1966, ICJ Reports 1966, 6, 10–14.

367 *South West Africa* (Ethiopia v. South Africa; Liberia v. South Africa), Second Phase, Judgement of 18.07.1966, ICJ Reports 1966, 6, 51.

368 *Ebd.*, 6, 18 f., 22.

369 *Ebd.*, 6, 23.

370 *Ebd.*

371 *Ebd.*, 6, 29, 31.

gen als Mandatar unter Umständen nicht nachkomme. Diese Konsequenz sei vielmehr zu akzeptieren „(i)f, on a correct legal reading of a given situation, certain alleged rights are found to be non-existent"[372]. Das Gericht sah seine Rolle nicht darin, „(to) postulate the existence of such rights in order to avert those consequences. This would be to engage in an essentially legislative task, in the service of political ends the promotion of which, however desirable in itself, lies outside the function of a court-of-law. (...) As is implied by the opening phrase of Article 38, paragraph 1, of its Statute, the Court is not a legislative body. Its duty is to apply the law as it finds it, not to make it"[373]. Ferner stellte der IGH fest, „(t)he Court cannot (…) presume what the wishes and intentions of those concerned would have been in anticipation of events that were neither foreseen nor foreseeable"[374]. Mit diesen Aussagen lehnte der IGH unmissverständlich die evolutive Auslegung der Völkerbundssatzung bzw. UN-Charta hin zu einem eigenen Klagerecht seiner Mitglieder ab.

Die Auffassung des Gerichts stieß insbesondere bei dem an der Entscheidung beteiligten Richter Jessup auf Ablehnung. Seiner Meinung nach könne „the law (…) never be oblivious to the changes in life, circumstance and community standards in which it functions. Treaties – especially multipartite treaties of a constitutional or legislative character – cannot have an absolutely immutable character"[375]. Der Richter war der Ansicht, dass „the standard to be applied by the Court must be one which takes account of the views and attitudes of the contemporary international community"[376]. Folglich verschloss Richter Jessup die UN-Charta bzw. die Völkerbundsatzung nicht grundsätzlich gegenüber einer evolutiven Auslegung.

dd)   Namibia-Fall (1971)

Im Namibia-Rechtsgutachten[377] änderte der IGH 1971 seine Auffassung, indem er bei der Auslegung erstmalig zeitgemäße Anschauungen und nachvertragliche Entwicklungen berücksichtigte. Dabei beschäftigte er sich erneut mit dem südaf-

---

372   *Ebd.*, 6, 36.
373   *Ebd.*, 6, 36, 48.
374   *Ebd.*, 6, 48.
375   *Ebd.*, 325, 439.
376   *Ebd.*, 325, 441.
377   *Legal Consequences for States of the Continued Presence of South Africa in Namibia (South West Africa) notwithstanding Security Council Resolution 276* (1970), Advisory Opinion of 21.06.1971, ICJ Reports 1971, S. 16–66.

rikanischen Treuhandmandat. Ausgangspunkt war dieses Mal jedoch ein Antrag des UN-Sicherheitsrats, zu den Pflichten des Mandatars Stellung zu nehmen[378]. Zur Verhandlung stand die Auslegung des ersten Absatzes von Art. 22 der Völkerbundsatzung[379]. Danach hatte der Mandatar die Pflicht, für das Wohlergehen und die Entwicklung der eingeborenen Bevölkerung, die den Bedingungen der modernen Welt nicht standhalte, Sorge zu tragen. Strittig war, ob das Wohlergehen und die Entwicklung der Bevölkerung aus Sicht des Jahres 1919, in dem die Satzung entstanden war, zu beurteilen oder der Norm ein zeitgemäßes Verständnis zugrunde zu legen sei.

Der IGH führte unter Ablehnung seiner bisherigen Auffassung aus, „an international instrument has to be interpreted and applied within the framework of the entire legal system prevailing at the time of the interpretation"[380]. Er sah sich verpflichtet, „to take into account the fact that the concepts embodied in Article 22 of the Covenant – ,the strenuous conditions of the modern world' and ,the well-being and development' of the peoples concerned – were not static, but were by definition evolutionary. (...) The parties to the Covenant must consequently be deemed to have accepted them as such"[381]. Das Gericht folgerte daraus, dass der Mandatar die Entwicklungen nach 1919 zu beachten habe und daher die Satzung unter Berücksichtigung der seither erfolgten Veränderungen evolutiv ausgelegt werden müsse[382]. In dem Gutachten berücksichtigte der IGH auch eine Resolution der Generalversammlung, in der die Unabhängigkeit kolonialer Gebiete aus dem Jahr 1960 anerkannt wurde[383].

---

378 *Ebd.*, 16, 17, 27; Gegenstand des Gutachtens war insbesondere die Frage, welche Auswirkung der Untergang des Völkerbundes auf das UN-Mandatsystem hat. Auf diese Frage wird aufgrund ihrer fehlenden Relevanz für die vorliegende Arbeit nicht eingegangen.

379 Art. 22 Absatz 1 der Völkerbundsatzung lautete: „To those colonies and territories which as a consequence of the late war have ceased to be under the sovereignty of the States which formerly governed them and which are inhabited by peoples not yet able to stand by themselves under the strenuous conditions of the modern world, there should be applied the principle that the well-being and development of such peoples form a sacred trust of civilisation and that securities for the performance of this trust should be embodied in the Covenant".

380 *Legal Consequences for States of the Continued Presence of South Africa in Namibia (South West Africa) notwithstanding Security Council Resolution 276 (1970),* Advisory Opinion of 21.06.1971, ICJ Reports 1971, 16, 31.

381 *Ebd.*

382 *Ebd.*

383 Vgl. *ebd.*

ee)   Gabcikovo-Nagymaros-Projekt (1997)

Als neueres Beispiel für die Relevanz nachvertraglicher Entwicklungen dient das Urteil des IGH zum Gabcikovo-Nagymaros-Projekt[384]. Auch wenn dieser Fall aus dem Jahr 1997 nicht direkt die evolutive Auslegung betraf, sondern sich damit beschäftigte, inwieweit sich neue Erkenntnisse auf die Beendigung von Verträgen und die Pflichten der Staaten auswirken, beinhaltet das Urteil klare Aussagen über die Anpassungsfähigkeit von Normen.

Die Ursache des Streits zwischen der Slowakei und Ungarn war ein Staudammprojekt, das der gemeinsamen Nutzung der Donau zur Stromgewinnung dienen sollte. Grundlage dieses gemeinsamen Investitionsprojekts war ein Vertrag aus dem Jahr 1977 sowie damit zusammenhängende Vereinbarungen. Aufgrund neuer Erkenntnisse, dass das Bauvorhaben die Umwelt nachhaltig schädige, nahm Ungarn 1989 zunächst Abstand von dem Bau, um den Vertrag 1992 schließlich zu kündigen. Die Slowakei leitete daraufhin die Donau auf ihrem Gebiet eigenmächtig um[385].

Der IGH erklärte beide Parteien als vertragsbrüchig, war jedoch der Auffassung, das Verhalten der Staaten beende den Vertrag von 1977 nicht[386], sondern begründe lediglich seine Anpassung[387]. Das Gericht stellte hierzu fest, „the 1977 Treaty was not only a joint investment project for the production of energy, but it was designed to serve other objectives as well: (…) the protection of the natural environment. (T)he Project's impact upon, and its implications for, the environment are of necessity a key issue. The numerous scientific reports (…) provide abundant evidence that this impact and these implications are considerable. (The) articles (of the Treaty) impose a continuing – and thus necessarily evolving – obligation on the parties (…) to protect nature"[388]. Und weiter: „(The principle of good faith) implies that (…) it is the purpose of the Treaty, and the intentions of the parties in concluding it, which should prevail over its literal application. The principle (…) obliges the Parties to apply it in a reasonable way and in such a manner that its purpose can be realized"[389].

---

384   *Gabcikovo-Nagymaros Project* (Hungary v. Slovakia), Judgement of 25.09.1997, ICJ Reports 1997, S. 7–84.
385   Vgl. *ebd.*, 7, 17–28.
386   *Ebd.*, 7, 47 f.
387   *Ebd.*, 7, 67 f.: „(T)he treaty is not static, and is open to adapt to emerging norms of international law".
388   *Ebd.*, 7, 77 f.
389   *Ebd.*, 7, 79.

Damit trug das Gericht den Parteien auf, die zeitgenössischen Erkenntnisse zum Umweltschutz anzuerkennen. Eine Anpassung des Vertrages sah es nicht nur als möglich, sondern als geboten an[390].

b)   Bewertung der Rechtsprechung

Die evolutive Auslegung völkerrechtlicher Verträge hat eine lange Geschichte in der Rechtsprechung des StIGH und IGH.

Bereits 1923 erkannte der StIGH im Marokko-Tunis-Fall die Wandlungsfähigkeit völkerrechtlicher Normen an, indem er feststellte „(t)he question whether a certain matter is (...) solely within the jurisdiction of a state (i. S. d. Völkerbundsatzung) depends upon the development of international relations"[391]. Der StIGH kehrte somit schon kurz nach dem Beginn seiner Tätigkeit im September 1921 dem historischen Willen der Vertragsparteien den Rücken zu[392]. Welche Art von Entwicklung nachträglich Verträge beeinflusse, ließ das Gericht in der Entscheidung allerdings offen.

Fast zehn Jahre später passte der StIGH dann einen Vertrag ausdrücklich an ein zeitgemäßes Frauenbild an. Dabei stützte er sich auf den Wortlaut der Konvention über die Nachtarbeit von Frauen. Das Gericht knüpfte jedoch nur ungenügend an die Vorstellungen ihrer Parteien an. Dem Rechtsgutachten mangelt es im Ergebnis an einem Bezug zu den Zielen und Zwecken und damit zur Regelungsrichtung der Konvention[393].

Der IGH begrenzte zwanzig Jahre später im Marokko-Fall wiederum die Auslegung eines Vertrages auf den Zeitpunkt seines Abschlusses. Denn der Gerichtshof war der Auffassung, dass Normen, die die Kompetenzen eines Staates beträfen, eine endgültige, abschließende Regelung beinhalteten und daher für eine evolutive Auslegung nicht zugänglich seien.

---

390   Vgl. *ebd.*, 7, 49: „Hungary and Slovakia must negotiate in good faith in the light of the prevailing situation, and must take all necessary measures to ensure the achievement of the objectives of the Treaty of 16 September 1977 (...)".

391   *Nationality Decrees Issued in Tunis and Morocco,* Advisory Opinion of 07.02.1923, PCIJ Series B, No. 4, 7, 24.

392   So auch *Baade*, JIR 1957, 229, 247, *Jennings/Watts*, S. 1282, Fußnote 35 und *Klein*, S. 341.

393   Vgl. die Entscheidungsgründe in *Interpretation of the Convention of 1919 concerning the Employment of Women during the Night* (1932), Advisory Opinion of 15.11.1932, PCIJ Series A/B, No. 50, 365, 374–376, in denen der StIGH nur feststellt, „the fact that the Washington Convention is a Labour convention does not provide sufficient reason for interpreting ‚women' in Art. 3 of that Convention as confined to women doing manual work". Die Offenheit der Norm gegenüber nachvertraglichen Entwicklungen diskutiert der Gerichtshof dagegen nicht.

Diese Auffassung bestätigte sich 1966 im zweiten Urteil zum Südwestafrika-Fall. Abermals fehlte eine Auseinandersetzung des IGH mit dem Sinn des Vertrages und dem Charakter seiner Normen. Auch wurden in dieser Entscheidung keine nachvertraglichen Erklärungen berücksichtigt.

Dem Mehrheitsvotum in diesem Urteil widersprach Richter Jessup. Obwohl sich dieses abweichende Votum nicht mit der streitgegenständlichen Frage, ob Staaten klageberechtigt seien, sondern mit der Mandatsverletzung durch Südafrika beschäftigte[394], war Richter Jessup der Auffassung, dass der historische Wille der Parteien nicht wesentlicher als das zeitgemäße Rechtsverständnis sei. Das Besondere an seiner Aussage war, dass der Richter zum einen den Charakter der Satzung der Vereinten Nationen als „multipartite treat(y) of a constitutional or legislative character"[395] hervorhob und zum anderen spätere Resolutionen der Generalversammlung und damit rechtlich unverbindliche Erklärungen eines Organs[396] bei der Auslegung berücksichtigte.

Diesen Ansatz übernahm der IGH 1971 im Namibia-Gutachten, indem er nicht nur auf Wortlaut und Sinn der damaligen Völkerbundsatzung, sondern auch auf eine spätere Resolution der UN-Generalversammlung verwies. Mit der Feststellung, dass das Wohlergehen eines Volkes im besonderen Maße von den jeweiligen Umständen abhänge und sich die Pflichten eines Mandatars nach zeitgemäßen Bedingungen zu richten hätten, legte das Gericht die streitgegenständliche Norm evolutiv aus. Die Schlussfolgerung, dass die Begriffe „Wohlergehen", „Entwicklung" und „Bedingungen der modernen Welt" unbestimmt und dem Willen der Parteien nach für eine evolutive Auslegung offen seien, bestätigte seine Auffassung[397].

In der Aussage, „an international instrument has to be interpreted and applied within the framework of the entire legal system prevailing at the time of the in-

---

394 Vgl. *South West Africa* (Ethiopia v. South Africa; Liberia v. South Africa), Second Phase, Judgement of 18.07.1966, ICJ Reports 1966, 325, 441 f.: „ (T)his is not the same problem as proving the establishment of a rule of customary international law (and) my conclusion does not rest upon the thesis that resolutions of the General Assembly have a general legislative character and by themselves create new rules of law. But the accumulation of expressions of condemnation of apartheid (…), especially as recorded in the resolutions of the General Assembly of the United Nations, are proof of the pertinent contemporary international community standard. (…) Accordingly, it must be concluded that (…) the practice of apartheid is in violation of the Mandatory's obligations as stated in Article 2 of the Mandate and Article 22 of the Covenant of the League of Nations (…)".

395 *Ebd.*, 325, 439.

396 Vgl. Art. 10 UN-Charta.

397 So auch *Brötel*, Jura 1988, 343, 346 und *Verdross/Simma*, § 782.

terpretation"[398], klingt jedoch eine Verallgemeinerung an, die mit den Auslegungsregeln nicht mehr zu vereinbaren wäre. Denn die Anpassung an zeitgemäße Verhältnisse ohne Rücksicht auf die Regelungsrichtung des jeweiligen Vertrages würde die Auslegung sowohl vom historischen als auch vom aktuellen Willen seiner Parteien lösen[399]. Jeden Vertrag generell für alle nachvertraglichen Entwicklungen zu öffnen würde ferner die Gefahr bergen, die getroffene Vereinbarung zu ergänzen oder sogar zu berichtigen[400].

Im Urteil zum Gabcikovo-Nagymaros-Projekt wendete der IGH schließlich zum ersten Mal die Auslegungsregeln umfassend an. Auch wenn er in dieser Entscheidung für die evolutive Auslegung keine klare Grenze formulierte und das außervertragliche Umfeld nicht berücksichtigte, nahm er nicht nur auf den dynamischen Charakter der streitgegenständlichen Normen Bezug, sondern schloss auch von ihrer Regelungsrichtung auf die Intentionen der Vertragsparteien. Dabei wies das Gericht dem Vertragsziel und dem Gutglaubensgrundsatz eine besondere Bedeutung zu.

2)   Europäischer Gerichtshof für Menschenrechte

Nach dem Ende des Zweiten Weltkrieges rückten die Rechte des Individuums in den Mittelpunkt des europäischen Interesses. Dieses Interesse mündete 1950 in der Verabschiedung der EMRK[401] und neun Jahre später in der Errichtung eines gerichtlichen Spruchkörpers, des EGMR[402].

Die EMRK ist die erste internationale Vereinbarung, die die Wahrung der Menschenrechte rechtsverbindlich beschließt[403]. In ihr verpflichten sich die Mitgliedstaaten des Europarats[404], ihr innerstaatliches Recht an einen gemeinsamen

---

398   *Legal Consequences for States of the Continued Presence of South Africa in Namibia (South West Africa) notwithstanding Security Council Resolution 276* (1970), Advisory Opinion of 21.06.1971, ICJ Reports 1971, 16, 31.

399   Vgl. die Ausführungen in Teil 2 B. III. 3).

400   Vgl. die Ausführungen in Teil 2 B. IV. 5).

401   Europäische Menschenrechtskonvention (eigentlich: Europäische Konvention zum Schutz der Menschenrechte und Grundfreiheiten), in: BGBl. II 1952, S. 685, 953, internationale Quelle: UNTS Bd. 213, S. 221; die EMRK wurde am 04.11.1950 in Rom unterzeichnet; sie trat jedoch erst am 03.09.1953 nach Hinterlegung von 10 Ratifikationsurkunden in Kraft (vgl. Art. 59 II EMRK).

402   Vgl. Art. 19 EMRK; der EGMR wurde am 21.01.1959 errichtet.

403   Die Allgemeine Erklärung der Menschenrechte vom 10.12.1948 hat als Resolution der Generalversammlung unmittelbar keine rechtlich verbindliche Kraft (vgl. Art. 10 UN-Charta).

404   Der Europarat wurde als erste europäische Organisation im Jahr 1949 gegründet; er hat 47 Mitglieder, womit ihm bis auf Weißrussland alle europäischen Staaten angehören

Standard auszurichten[405]. Einschränkungen der individuellen Freiheit, die zur Zeit ihrer Vereinbarung üblich und kaum angefochten waren, sind heute nicht selten unangemessen, etwa in den Bereichen der Familie, Moral und der Strafverfolgung[406]. Darüber hinaus bildeten sich im Verlauf der Zeit neue Werte heraus. Menschenrechten ist somit eine eigene Dynamik immanent.

Dieser Entwicklung trugen die Parteien der EMRK teilweise Rechnung, indem sie die Konvention durch vierzehn Protokolle ergänzten bzw. änderten[407]. Nicht jedes der zusätzlich vereinbarten bzw. geänderten Gewährleistungen gilt jedoch zwischen allen Konventionsparteien. Überdies ist das Verständnis von Menschenrechten in einem besonderen Maße abhängig von kulturellen und regionalen Besonderheiten. Daher sind manche Staaten der EMRK vorbehaltlich einiger Berechtigungen beigetreten[408]. In Europa bestehen dadurch unterschiedliche materielle Standards zum Schutz der Menschenrechte. Nichtsdestotrotz finden die Freiheitsrechte in der Rechtsprechung des EGMR weitgehend einen einheitlichen Standard. Indem der Gerichtshof zeitgemäße Werte berücksichtigt, entwickelt er ihren Inhalt seit 1959 laufend fort.

Im Folgenden werden diese Entscheidungen thematisch zusammengefasst und in chronologischer Reihenfolge beispielhaft untersucht. Der Rechtsprechungsanalyse vorausgehen soll dabei jeweils eine Kurzdarstellung des Sachverhaltes und der Entscheidungsgründe[409].

(Stand: Februar 2012); dass die Parteien der EMRK gleichzeitig Mitglieder des Europarats sind, ist in Art. 3 der Satzung des Europarats positiviert.

405 *Verdross/Simma*, § 782.

406 *Seidl-Hohenveldern*, S. 508; *Bernhardt*, GYIL 1999, 11, 17.

407 Zusätzliche materielle Grundrechtsgewährleistungen enthalten die Protokolle Nr. 1 (1953; Recht auf Eigentum, Bildung und freie und geheime Wahlen), Nr. 4 (1963; bestimmte Rechte für Ausländer), Nr. 6, 13 (1983, 2002; Verbot der Todesstrafe), Nr. 7 (1984; verfahrensrechtliche Vorschriften und Gleichberechtigung der Ehegatten), Nr. 12 (2000; Diskriminierungsverbot); vgl. Cremer, in: *Grote/Marauhn*, Kap. 4, Rn. 55, der „die Praxis der Konventionsstaaten, neue Individualrechtsgarantien völkervertraglich durch spezielle Zusatzprotokolle ausdrücklich zu begründen", hervorhebt.

408 Die Möglichkeit dazu eröffnen ausdrücklich Art. 57 EMRK i. V. m. Art. 19 lit. b) WVRK.

409 Die folgende Analyse der Entscheidungen des EGMR beschränkt sich auf Fälle, die sich mit der evolutiven Auslegung der EMRK auseinandersetzen; auch wenn der Golder-Fall (*Case of Golder v. The United Kingdom,* Judgement of 21.02.1975, Series A, No. 18 = EuGRZ 1975, S. 91–102) „die Problematik eines induktiven, extrapolierenden Erschließens neuer Schutzgehalte verdeutlichen (lässt)" (Cremer, in: *Grote/Marauhn*, Kap. 4, Rn. 48), wird dieses Urteil im Folgenden nicht analysiert; diese Entscheidung beschäftigt sich nicht mit der interpretativen Fortbildung eines Vertrages, sondern mit dem so genannten Implied-powers-Prizip, d. h. dem Grundsatz, dass die Bedeutung in einer Norm schlüssig enthalten sein kann (vgl. *Bernhardt*, GYIL 1999, 11, 18: „The

a)   *Sachverhalt und Entscheidungsgründe*

aa)   Erste Ansätze

Erste Ansätze für eine evolutive Auslegung der EMRK finden sich schon in der frühen Rechtsprechung des Gerichtshofs.

1968 wendeten sich in dem Belgischen Sprachenfall[410] französischsprachige Bürger, die im flämischen Teil Belgiens bzw. in einer zweisprachigen Region wohnten, gegen die Sprachenregelung im Unterrichtswesen. Der EGMR erkannte in dieser Entscheidung an, dass das nationale Bildungswesen „nach Zeit und Ort wechseln" könne und es „der sozialen und technischen Entwicklung unserer Zeit" unterliege[411].

Keine zehn Jahre später stellte der Gerichtshof in zwei weiteren Entscheidungen, die den Bereich der Moral betrafen[412], fest, dass sich das Verständnis

---

Golder case neither describes the Convention as a ‚living instrument' nor does it invoke any evolutive interpretation. Rather, it deduces the broader interpretation from the object and purpose of the Convention"); obwohl sich dieser Grundsatz und die evolutive Auslegung eines Vertrages entsprechen können [vgl. die Ausführungen in Teil 2 B. IV. 5)], da beiden die Anerkennung einer Eigendynamik des objektiven Vertragswerkes zugrunde liegt (vgl. *Dahm/Delbrück/Wolfrum*, § 1531.3.), unterscheiden sie sich in der Regel dahingehend, dass das Implied-powers-Prinzip nicht notwendig gewandelte Werte in einen Vertrag integriert, sondern den Inhalt im Zeitpunkt des Vertragsschlusses feststellt; demgemäß stellte der EGMR in der Golder-Entscheidung fest, dass Art. 6 EMRK bereits seit 1950 implizit ein Recht auf Zugang zum Gericht (in Zivilsachen) gewährt (vgl. *Case of Golder v. The United Kingdom,* Judgement of 21.02.1975, Series A, No. 18, § 36 = EuGRZ 1975, 91, 97); dafür spricht auch, dass die Entwürfe zur EMRK ein Recht auf einen gerichtlichen Zugang diskutierten (vgl. die abweichende Meinung des Richters Zekia, Series A, No. 18, S. 26); auch Cremer räumt dementsprechend ein, „dass (schon vor dem Golder-Urteil) die Konventionsstaaten Zivilrechtsschutz garantierten" (in: *Grote/Marauhn*, Kap. 4, Rn. 57).

410   *Case „relating to certain aspects of the laws on the use of language in education in Belgium" v. Belgium,* Judgement of 23.07.1968, Series A, No. 6 = EuGRZ 1975, S. 298–307.

411   *Ebd.,* 298, 300: „The right to education guaranteed by the first sentence of Article 2 of the Protocol (P1-2) by its very nature calls for regulation by the State, regulation which may vary in time and place according to the needs and resources of the community and of individuals. (...) The Court considers that the general aim set for themselves by the Contracting Parties through the medium of the European Convention on Human Rights, was to provide effective protection of fundamental human rights, and this, without doubt not only because of the historical context in which the Convention was concluded, but also of the social and technical developments in our age which offer to States considerable possibilities for regulating the exercise of these rights".

412   *Case of Kjeldsen, Busk Madsen and Pedersen v. Denmark,* Judgement of 07.12.1976, Series A, No. 23, § 50 = EuGRZ 1976, 478 ff. = NJW 1977, 487 ff. (in diesem Fall beschwerten

der Menschenrechte mit der Zeit ändern könne. Er hob hervor, die EMRK forde-
re, dass ein „moderner Staat"[413] ihre Rechte und Freiheiten gewähre. Ferner bestätigte er, dass diese Aufgabe „zulässigerweise je nach (...) Zeit unterschiedlich
sein"[414] könne, da die „Vorstellungen (...) (wechseln würden), besonders in unserer Epoche, die durch eine schnelle und tief greifende Weiterentwicklung der
Auffassungen auf diesem Gebiet gekennzeichnet ist"[415].

Diese Rechtsprechung bestätigte der Gerichtshof noch im gleichen Jahr im
Engel-Urteil[416]. In der Entscheidung setzte er sich mit nationalen Disziplinar-
maßnahmen auseinander und unterstrich, „(d)er Gerichtshof verkenne nicht,
dass sich die Gesetzgebung zahlreicher Vertragsstaaten zu wandeln scheint (...)
und zwar hin zu größerer Gleichheit im Disziplinarrecht"[417].

bb)   Körperliche Züchtigung Jugendlicher

Die evolutive Auslegung der EMRK war erstmals 1978 in der Rechtssache
Tyrer[418] Gegenstand eines Verfahrens.

---

sich dänische Eltern über den obligatorischen Sexualkundeunterricht in den Schulen)
sowie *Case of Handyside v. The United Kingdom*, Judgement of 07.12.1976, Series A,
No. 24, § 48, vgl. auch § 52 = EuGRZ 1977, 38 ff. (Gegenstand des Falles war ein Verstoß gegen das Recht auf Meinungsäußerungsfreiheit aus Art. 10 EMRK durch die
Beschlagnahme eines Schulbuches mit sexuell aufklärenden Inhalt und die Verur-
teilung wegen seiner Veröffentlichung).

413   *Case of Kjeldsen, Busk Madsen and Pedersen v. Denmark*, Judgement of 07.12.1976,
Series A, No. 23, § 50 = EuGRZ 1976, 478, 484 = NJW 1977, 487, 487: „In view of the
power of the modern State (...)".

414   *Ebd.*, No. 23, § 53 = EuGRZ 1976, 478, 485 = NJW 1977, 487, 488: „This mainly in-
volves questions of expediency (...) whose solution may legitimately vary according
to (...) the era".

415   *Case of Handyside v. The United Kingdom*, Judgement of 07.12.1976, Series A, No.
24, § 48, vgl. auch § 52 = EuGRZ 1977, 38, 41, 44: „In particular, it is not possible to
find in the domestic law of the various Contracting States a uniform European concep-
tion of morals. The view taken by their respective laws of the requirements of morals
varies from time to time and from place to place, especially in our era which is charac-
terised by a rapid and far-reaching evolution of opinions on the subject".

416   *Case of Engel and others v. The Netherlands*, Judgement of 08.06.1976, Series A, No.
22 = EuGRZ 1976, S. 221–242.

417   *Ebd.*, No. 22, § 72 = EuGRZ 1976, 221, 229: „The Court is not unaware that the respective legislation of a number of Contracting States seems to be evolving, albeit in
various degrees, towards greater equality in the disciplinary sphere between officers,
non-commissioned officers and ordinary servicemen".

418   *Case of Tyrer v. The United Kingdom*, Judgement of 25.04.1978, Series A, No. 26 = EuGRZ
1979, S. 162–168.

In diesem Fall ging es darum, ob ein nationales Gericht die körperliche Züchtigung Jugendlicher anordnen könne. Physische Strafen waren zur Zeit der Verabschiedung der EMRK in den 1950er-Jahren zulässig. Auch war diese Form der Bestrafung auf der Ende der 70er-Jahre von England und Irland zwar abhängigen, aber eigenständigen Isle of Man gesetzlich noch vorgesehen und in der Bevölkerung anerkannt[419]. Der Gerichtshof entschied dennoch, dass körperliche Züchtigung als „erniedrigende Strafe" gem. Art. 3 EMRK[420] verboten sei[421].

Das Gericht begründete seine Entscheidung mit dem gewandelten Werteverständnis in Europa seit Anfang der 1950er-Jahre. Seiner Auffassung nach werde der Mensch dadurch zum Objekt staatlichen Handelns herabgewürdigt. Dabei spiele die Institutionalisierung und Anonymisierung eine erhebliche Rolle, weil sie den Vorgang öffentlich mache. Aus diesen Gründen werde die Züchtigung von der Mehrheit der Mitglieder des EGMR als unzeitgemäß qualifiziert. Diese Einschätzung beeinflusse als gemeinsames europäisches Erbe den Inhalt der EMRK[422].

Der EGMR bewertete dadurch die Zulässigkeit der körperlichen Züchtigung Jugendlicher neu[423]. Im Ergebnis verpflichtete der Gerichthof die Isle of Man, ihr innerstaatliches Recht zu ändern. Seiner Ansicht nach rechtfertige dies der Charakter der EMRK als „ein lebendes Instrument, welches im Licht der heutigen Bedingungen ausgelegt werden müsse"[424].

---

419   In einer in dem Jahr 1977 privat organisierten Petition auf der Isle of Man sprachen sich 31.000 der 44.000 Wahlberechtigten für die Beibehaltung der Prügelstrafe aus (*Riedel*, EuGRZ 1979, 162, 163).

420   Art. 3 EMRK lautet: „Niemand darf der Folter oder unmenschlicher oder erniedrigender Strafe oder Behandlung unterworfen werden".

421   *Case of Tyrer v. The United Kingdom*, Judgement of 25.04.1978, Series A, No. 26, §§ 30–35 = EuGRZ 1979, 162, 164 f.

422   *Ebd.*, No. 26, §§ 31–35 = EuGRZ 1979, 162, 164 f.; *Weidmann*, S. 74.

423   Vgl. Cremer, in: *Grote/Marauhn*, Kap. 4, Rn. 82: „(A)lte Phänomene – wie die körperliche Züchtigung von Jugendlichen (...) – neu zu bewerten".

424   *Case of Tyrer v. The United Kingdom*, Judgement of 25.04.1978, Series A, No. 26, § 31: „(T)he Convention is a living instrument which (...) must be interpreted in the light of present-day conditions (...). In the case now before it the Court cannot but be influenced by the developments and commonly accepted standards in the penal policy of the member States of the Council of Europe in this field" = EuGRZ 1979, 162, 165.

cc)   Familie

Ein Jahr später bestätigte der EGMR im Fall Marckx[425] diese Rechtsprechung erneut. Gegenstand des Urteils war ein belgisches Gesetz, nach dem die Verwandtschaft zwischen einer Mutter und ihrem unehelichen Kind zuerst rechtlich anerkannt werden musste, d. h. nicht schon durch die Geburt bestand. In Frage stand insbesondere[426], ob diese Benachteiligung nichtehelicher Kinder das in Art. 8 EMRK[427] geregelte Recht auf Achtung des Familienlebens verletze[428]. Die Klage richtete sich somit nicht gegen einen Eingriff Belgiens in die Ausübung des Rechtes, sondern dagegen, dass der Staat das Privat- und Familienleben nicht genügend durch Gesetze schütze.

Der Gerichtshof bejahte eine Verletzung der Norm und verpflichtete Belgien damit, sein innerstaatliches Recht zu ändern. Dabei stellte der EGMR heraus, dass die rechtliche Unterscheidung zwischen unehelichen und ehelichen Kindern zum Zeitpunkt der Verabschiedung der Konvention in vielen europäischen Staaten zulässig und üblich gewesen sei. Folgend erklärte er, dass sich „das innerstaatliche Recht der weitaus meisten Staaten des Europarats fortentwickelt hat"[429]. Zu einer Familie i. S. d. Art. 8 EMRK gehöre über die traditionelle Verbindung von Eheleuten und ihren Kindern hinaus daher, nach zeitgemäßem Verständnis, auch die Beziehung zwischen einer unverheirateten Mutter und ihrem

---

425   *Case of Marckx v. Belgium,* Judgement of 13.06.1979, Series A, No. 31 = EuGRZ 1979, S. 454–464.

426   Daneben wurde ein Verstoß gegen Art. 14 EMRK (Verbot der Benachteiligung) und Art. 1 des 1. Protokolls zur EMRK (Schutz des Eigentums) gerügt.

427   Art. 8 EMRK lautet: „(1) Jedermann hat Anspruch auf Achtung seines Privat- und Familienlebens, seiner Wohnung und seines Briefverkehrs. (2) Der Eingriff einer öffentlichen Behörde in die Ausübung dieses Rechts ist nur statthaft, insoweit dieser Eingriff gesetzlich vorgesehen ist und eine Maßnahme darstellt, die in einer demokratischen Gesellschaft für die nationale Sicherheit, die öffentliche Ruhe und Ordnung, das wirtschaftliche Wohl des Landes, die Verteidigung der Ordnung und zur Verhinderung von strafbaren Handlungen, zum Schutz der Gesundheit und der Moral oder zum Schutz der Rechte und Freiheiten anderer notwendig ist".

428   *Case of Marckx v. Belgium,* Judgement of 13.06.1979, Series A, No. 31, § 28 = EuGRZ 1979, 454, 455.

429   *Ebd.,* No. 31, § 41, vgl. auch § 58 = EuGRZ 1979, 454, 457, 460: „It is true that, at the time when the Convention of 4 November 1950 was drafted, it was regarded as permissible and normal in many European countries to draw a distinction in this area between the ‚illegitimate' and the ‚legitimate' family. However, the Court recalls that this Convention must be interpreted in the light of present-day conditions (...). In the instant case, the Court cannot but be struck by the fact that the domestic law of the great majority of the member States of the Council of Europe has evolved and is continuing to evolve".

Nachkommen[430]. Der EGMR legte die Konvention somit im Lichte der zeitgenössischen Verhältnisse evolutiv aus, wobei er sich auf sein vorjähriges Urteil in der Rechtssache Tyrer berief[431].

Besondere Beachtung verdient die Feststellung des Gerichts, dass die Menschenrechte „in Wechselwirkung mit den einschlägigen internationalen Verträgen" stünden. Im Ergebnis zog es damit andere Verträge bei der Auslegung heran[432]. Daraus folgerte der Gerichtshof, dass der völkerrechtliche Grundsatz „mater semper certa est" auch im Rahmen des Europarats anerkannt sei[433]. Dass nicht alle Mitglieder des Europarats den internationalen Übereinkünften, die er bei seiner Auslegung herangezogen habe, beigetreten seien – insbesondere fehlte die Ratifikation des beklagten Staats Belgien –, erklärte der Gerichtshof für unerheblich. Auch sei nicht entscheidend gewesen, dass die einschlägigen internationalen Verträge der EMRK zeitlich nachfolgten. Denn nach Auffassung des Gerichts beweise allein ihre Existenz die „Übereinstimmung von Werten in den einzelnen modernen Gesellschaften"[434].

---

430 *Bernhardt*, GYIL 1999, 11, 20: „Sometimes old problems need new answers or at least new considerations, and modern developments sometimes require the application of human rights guarantees to the new developments. Examples for the first category ‚new answers for old problems' are the situation of unmarried mothers and their ‚illegitimate' children"; Cremer, in: *Grote/Marauhn*, Kap. 4, Rn. 42: „(Unter den Begriff der Familie) wird nämlich über die ‚klassische' Gemeinschaft verheirateter Eltern und deren ehelichen Kinder hinaus (...) das Verhältnis einer Frau zu ihrem nichtehelichen Kind gefasst".

431 *Case of Marckx v. Belgium*, Judgement of 13.06.1979, Series A, No. 31, § 41, vgl. auch § 58 = EuGRZ 1979, 454, 457, 460.

432 Der EGMR verwies auf das Brüsseler Übereinkommen über die Feststellung der mütterlichen Abstammung nichtehelicher Kinder vom 12.09.1962 und das Europäische Übereinkommen über die Rechtsstellung der außerhalb der Ehe geborenen Kinder vom 15.10.1975.

433 *Case of Marckx v. Belgium*, Judgement of 13.06.1979, Series A, No. 31, § 41, vgl. auch § 58 = EuGRZ 1979, 454, 457, 460: „In the instant case, the Court cannot but be struck by the fact that the domestic law of the great majority of the member States of the Council of Europe has evolved and is continuing to evolve, in company with the relevant international instruments, towards full juridical recognition of the maxim „mater semper certa est'".

434 *Ebd.*, No. 31, § 41 = EuGRZ 1979, 454, 457: „However, this state of affairs cannot be relied on in opposition to the evolution noted above. Both the relevant Conventions are in force and there is no reason to attribute the currently small number of Contracting States to a refusal to admit equality between ‚illegitimate' and ‚legitimate' children on the point under consideration. In fact, the existence of these two treaties denotes that there is a clear measure of common ground in this area amongst modern societies".

Dass zu einer Familie i. S. d. Konvention nicht mehr nur die Kinder Verheirateter, sondern auch uneheliche Nachkömmlinge gehören, fand Bestätigung in der Rechtssache Johnstons[435]. In diesem Fall unterstellte der EGMR die uneheliche Lebensgemeinschaft zwischen Mann, Frau und Kind dem Schutz des Art. 8 EMRK[436]. Besondere Beachtung schenkte der Gerichtshof dabei der Europäischen Konvention über die Rechtsstellung nichtehelicher Kinder vom 15.10.1975, deren Präambel die Bemühungen „einer großen Anzahl von Mitgliedstaaten des Europarats" positiviere, eine Gleichstellung von ehelichen und unehelichen Kindern zu erreichen[437].

Kurze Zeit später bildete der EGMR die europäischen Menschenrechte ein weiteres Mal interpretativ fort, indem er in den Fällen Keegan[438] und Kroon[439] das Verhältnis eines Vaters zu seinem unehelichen Kind dem Schutz der EMRK unterstellte. Er wendete damit Art. 8 EMRK erstmals auf Beziehungen innerhalb eines rein faktisch bestehenden Familienbandes an[440].

Trotz dieser weitgehenden Rechtsprechung in familienrechtlichen Fällen vertrat der EGMR die Auffassung, dass die Konvention kein Recht auf Scheidung enthalte[441]. Dafür nannte er die folgenden zwei Gründe:

Zum einen widerspreche ein Recht auf Scheidung der gewöhnlichen Bedeutung der in Art. 12 EMRK enthaltenen Worte „Recht, eine Ehe einzugehen"[442]. Zum anderen stehe dem – auch wenn die Konvention im Grundsatz „im Licht

---

435 *Case of Johnston and others v. Ireland*, Judgement of 18.12.1986, Series A, No. 112 = EuGRZ 1987, S. 313–321.

436 *Ebd.*, No. 112, §§ 56, 74, 75, 76 = EuGRZ 1987, 313, 317, 318.

437 *Ebd.*, No. 112, § 74 = EuGRZ 1987, 313, 319.

438 *Case of Keegan v. Ireland*, Judgement of 26.05.1994, Series A, No. 290 = EuGRZ 1995, S. 113–121; in diesem Fall ging es um ein irisches Gesetz, das die heimliche Freigabe zur Adoption eines unehelichen Kindes ohne Kenntnis oder Zustimmung des leiblichen Vaters ermöglichte.

439 *Case of Kroon and others v. The Netherlands*, Judgement of 27.10.1994, Series A, No. 297-C = FamRZ 2003, S. 813–815; Gegenstand des Falles war ein niederländisches Gesetz, das die Anerkennung eines Kindes durch seinen biologischen Vater erschwerte, solange die Mutter mit einem anderen Mann verheiratet war.

440 *Case of Keegan v. Ireland*, Judgement of 26.05.1994, Series A, No. 290, §§ 44 f., 49–53, 55 = EuGRZ 1995, 113, 119 f.; *Case of Kroon and others v. The Netherlands*, Judgement of 27.10.1994, Series A, No. 297-C, § 30 = FamRZ 2003, 813, 814.

441 *Case of Johnston and others v. Ireland*, Judgement of 18.12.1986, Series A, No. 112, §§ 54, 58 = EuGRZ 1987, 313, 316 f.

442 *Ebd.*, No. 112, § 52 = EuGRZ 1987, 313, 316; Art. 12 EMRK lautet: „Mit Erreichung des Heiratsalters haben Männer und Frauen das Recht, eine Ehe einzugehen und eine Familie nach den nationalen Gesetzen, die die Ausübung dieses Rechts regeln, zu gründen".

der heutigen Zustände" auszulegen sei[443] – auch der Sinn des Art. 12 EMRK entgegen, „so wie er durch die Materialien zur Entstehungsgeschichte zum Ausdruck kommt"[444].

Daran ändere auch der starke Anstieg von Scheidungen in Europa nichts, der seit dem Abschluss der EMRK festzustellen sei. Aus der Konvention – so das Gericht – könne kein Recht abgeleitet werden, „welches nicht von vornherein darin mit enthalten war". Das am 22.11.1984 vereinbarte Protokoll Nr. 7 zur EMRK zeige, dass ein Recht auf Scheidung dem Willen der Mitgliedstaaten widerspreche. Denn das Protokoll lasse darauf schließen, dass sich die Mitglieder des Europarates darauf geradezu nicht einigen wollten[445]. Eine solche Berechtigung könne nach Auffassung des Gerichts auch nicht aus Art. 8 EMRK folgen, da die Wertungen des Art. 12 EMRK im Rahmen der systematischen Auslegung zu berücksichtigen seien[446].

Jedoch stellt der EGMR im Fall Airey[447] einschränkend klar, dass die Konvention Eheleuten zumindest das Recht auf getrennte Lebensführung einräume. Ferner folgerte der Gerichtshof aus Art. 6 I EMRK[448], dass für Scheidungsfälle

---

443 *Case of Johnston and others v. Ireland*, Judgement of 18.12.1986, Series A, No. 112, § 53 = EuGRZ 1987, 313, 316: „It is true that the Convention and its Protocols must be interpreted in the light of present-day conditions".

444 *Ebd.*, No. 112, § 52 = EuGRZ 1987, 313, 316: „(T)he foregoing interpretation of Article 12 is consistent with its object and purpose as revealed by the travaux préparatoires".

445 *Ebd.*, No. 112, § 53 = EuGRZ 1987, 313, 316: „(T)he Court cannot, by means of an evolutive interpretation, derive from these instruments a right that was not included therein at the outset. (…) It should also be mentioned that the right to divorce is not included in Protocol No. 7 to the Convention, which was opened to signature on 22 November 1984. The opportunity was not taken to deal with this question in Article 5 of the Protocol, which guarantees certain additional rights to spouses, notably in the event of dissolution of marriage. Indeed, paragraph 39 of the explanatory report to the Protocol states that the words ,in the event of its dissolution' found in Article 5 ,do not imply any obligation on a State to provide for dissolution of marriage or to provide any special forms of dissolution'".

446 *Ebd.*, No. 112, § 57 = EuGRZ 1987, 313, 317: „(T)he Convention must be read as a whole and the Court does not consider that a right to divorce, which it has found to be excluded from Article 12, can, with consistency, be derived from Article 8".

447 *Case of Airey v. Ireland*, Judgement of 09.10.1979, Series A, No. 32 = EuGRZ 1979, S. 626–632.

448 Art. 6 I EMRK lautet: „Jedermann hat Anspruch darauf, dass seine Sache in billiger Weise öffentlich und innerhalb einer angemessenen Frist gehört wird, und zwar von einem unabhängigen und unparteiischen, auf Gesetz beruhenden Gericht, das über zivilrechtliche Ansprüche und Verpflichtungen oder über die Stichhaltigkeit der gegen ihn erhobenen strafrechtlichen Anklage zu entscheiden hat. Das Urteil muss öffentlich verkündet werden, jedoch kann die Presse und die Öffentlichkeit während der gesam-

ein Recht auf Prozesskostenhilfe bestünde[449]. Dieses begründete er gerade mit dem zeitgemäßen Verständnis der Konvention[450].

Im Unterschied zu den vorherigen verwies er in dieser Entscheidung nicht mehr vorrangig auf das innerstaatliche Recht der Mitglieder des Europarats, sondern erklärte: „Wenn die Konvention auch im Wesentlichen bürgerliche und politische Rechte aufführt, haben viele von ihnen doch Elemente und Auswirkungen sozialer und wirtschaftlicher Natur". Da die Konvention „im Lichte der heutigen Verhältnisse ausgelegt werden" müsse „und sie (…) darauf angelegt (sei), den einzelnen tatsächlich und praktisch wirksam zu schützen", sei die Entwicklung sozialer und wirtschaftlicher Folgeansprüche von den Parteien billigend in Kauf genommen worden[451].

dd)   Homosexualität

In den 80er- und 90er-Jahren folgten mehrere Entscheidungen, in denen sich der EGMR mit der Fortentwicklung der Konvention in den Bereichen Sexualität und Moral auseinandersetzte.

Den Auftakt dazu machte 1980 der Fall Dudgeons[452], der sich mit der Rechtmäßigkeit nordirischer Gesetze aus dem 19. Jahrhundert beschäftigte. Die-

---

ten Verhandlung oder eines Teiles derselben im Interesse der Sittlichkeit, der öffentlichen Ordnung oder der nationalen Sicherheit in einem demokratischen Staat ausgeschlossen werden, oder wenn die Interessen von Jugendlichen oder der Schutz des Privatlebens der Prozessparteien es verlangen oder, und zwar unter besonderen Umständen, wenn die öffentliche Verhandlung die Interessen der Gerechtigkeit beeinträchtigen würde, in diesem Falle jedoch nur in dem nach Auffassung des Gerichts erforderlichen Umfang".

449   Daneben bezog sich das Gericht auch auf das Recht auf ein Privat- und Familienleben nach Art. 8 EMRK (*Case of Airey v. Ireland*, Judgement of 09.10.1979, Series A, No. 32, §§ 32, 33 = EuGRZ 1979, 626, 629).

450   *Case of Airey v. Ireland*, Judgement of 09.10.1979, Series A, No. 32, §§ 26–28 = EuGRZ 1979, 626, 628 f.

451   *Ebd.*, No. 32, § 26 = EuGRZ 1979, 626, 628 f.: „(T)he Convention must be interpreted in the light of present-day conditions and it is designed to safeguard the individual in a real and practical way as regards those areas with which it deals. Whilst the Convention sets forth what are essentially civil and political rights, many of them have implications of a social or economic nature. The Court therefore considers (…) that the mere fact that an interpretation of the Convention may extend into the sphere of social and economic rights should not be a decisive factor against such an interpretation; there is no water-tight division separating that sphere from the field covered by the Convention".

452   *Case of Dudgeon v. The United Kingdom*, Judgement of 22.10.1981, Series A, No. 45 = EuGRZ 1983, S. 488–495.

se Strafgesetze untersagten gleichgeschlechtliche Beziehungen[453]. Obwohl die Strafbarkeit homosexueller Handlungen zu dieser Zeit größtenteils von der irischen Bevölkerung befürwortet worden sei[454], sah der EGMR darin eine Verletzung von Art. 8 EMRK[455]. Er begründete dies damit, dass seit dem Erlass der Gesetze die Toleranz gegenüber gleichgeschlechtlichen Beziehungen in Europa gestiegen sei. Seiner Ansicht nach würden die Reformen in den meisten europäischen Staaten beweisen, dass die strafrechtliche Verfolgung und Bestrafung homosexuellen Verhaltens kein „dringendes soziales Bedürfnis" mehr darstelle und damit auch nicht zum „Schutz der Moral" i. S. d. EMRK „notwendig" sei[456].

Der EGMR befasste sich dabei auch eingehend mit der ablehnenden Einstellung der nordirischen Gesellschaft zur Homosexualität. Er stellte zunächst fest, dass ihre Einstellung der allgemeinen europäischen Haltung widerspreche[457]. Weiter stellte er klar, dass die Moralvorstellungen Nordirlands für die Auslegung des Art. 8 EMRK zwar rechtserheblich seien[458]. Jedoch sah er seine Aufgabe nicht darin, „ein Werturteil über die Sittlichkeit homosexueller Beziehungen zwischen erwachsenen Männern zu fällen"[459]. Entscheidend sei aus seiner Sicht, dass in Nordirland das Verbot tatsächlich nur zurückhaltend durchgesetzt werde. Daraus folgerte das Gericht, dass der umfassende Schutz der Rechte Homosexueller innerhalb Europas auch den zeitgenössischen nordirischen Moralvorstellungen entspreche[460].

ee)   Transsexualität

Das Bedürfnis, vorrangig dem zwischen den Mitgliedern des Europarates herrschenden Grundkonsens zu folgen, zeigte der EGMR auch in den 1990er-Jahren

---

453   Vgl. *ebd.*, No. 45, §§ 14, 15 = EuGRZ 1983, 488, 488.

454   Vgl. *ebd.*, No. 45, § 25 = EuGRZ 1983, 488, 489.

455   *Ebd.*, No. 45, § 63 = EuGRZ 1983, 488, 493.

456   *Ebd.*, No. 45, § 60 = EuGRZ 1983, 488, 492: „As compared with the era when that legislation was enacted, there is now a better understanding, and in consequence an increased tolerance, of homosexual behaviour to the extent that in the great majority of the member States of the Council of Europe it is no longer considered to be necessary or appropriate to treat homosexual practices of the kind now in question as in themselves a matter to which the sanctions of the criminal law should be applied; the Court cannot overlook the marked changes which have occurred in this regard in the domestic law of the member States".

457   *Ebd.*, No. 45, §§ 56 f. = EuGRZ 1983, 488, 491 f.

458   *Ebd.*, No. 45, §§ 46, 56 f. = EuGRZ 1983, 488, 490–492.

459   *Ebd.*, No. 45, § 54 = EuGRZ 1983, 488, 491: „The Court is not concerned with making any value-judgment as to the morality of homosexual relations between adult males".

460   *Ebd.*, No. 45, § 60 = EuGRZ 1983, 488, 492.

in mehreren Entscheidungen zu den Rechten Transsexueller, die ihr Geschlecht durch eine Operation umgewandelt hatten.

In den Fällen Rees[461], Cossey[462], B.[463], X., Y. und Z.[464], Sheffield und Horsham[465], I.[466] und Christine Goodwin[467] stand zur Verhandlung, ob postoperative Transsexuelle dem Schutz des Art. 8 EMRK und/oder Art. 12 EMRK unterfielen. Gegenstand der Klagen waren nationale Gesetze, die Transsexuellen keine Elternrechte zusprachen[468] sowie keine Eintragung des neuen Geschlechts in das Geburtenregister vorsahen. Die fehlende Eintragung führte zu Schwierigkeiten im privaten und beruflichen Bereich. Insbesondere waren Ehen zwischen Transsexuellen rechtlich ungültig[469].

In diesen Entscheidungen stellte der EGMR fest, dass die Konvention kein Recht Transsexueller auf den Schutz ihres Privatlebens enthalte[470]. Das Gericht betonte dabei zwar, dass die zeitgenössischen gesellschaftlichen Verhältnisse bei der Auslegung der EMRK Berücksichtigung fänden[471]. Allerdings hätten sich seit dem Abschluss der EMRK in den 1950er-Jahren keine neuen medizinischen Erkenntnisse auf dem Gebiet der Transsexualität ergeben. Auch seien Geschlechtsumwandlungen bisher gesellschaftlich nicht anerkannt. Obwohl das Gericht explizit hervorhob, dass rechtliche Reformen im Auge behalten werden

461 *Case of Rees v. The United Kingdom*, Judgement of 17.10.1986, Series A, No. 106 (im Folgenden *Rees*-Fall).

462 *Case of Cossey v. The United Kingdom*, Judgement of 27.09.1990, Series A, No. 184 = ÖJZ 1991, S. 173–177 (im Folgenden *Cossey*-Fall).

463 *Case of B. v. France*, Judgement of 25.03.1992, Series A, No. 232 = ÖJZ 1992, S. 625–631 (im Folgenden *B.*-Fall).

464 *Case of X., Y. and Z. v. The United Kingdom*, Judgement of 22.04.1997, Reports of Judgements and Decisions 1997-II = ÖZJ 1998, S. 271–274 (im Folgenden *X., Y. and Z.*-Fall).

465 *Case of Sheffield and Horsham v. The United Kingdom*, Judgement of 30.07.1998, Reports of Judgements and Decisions 1998-V = ÖJZ 1999, S. 571–577 (im Folgenden *Sheffield and Horsham*-Fall).

466 *Case of I. v. The United Kingdom*, Judgement of 11.07.2002, Application no. 25680/94 (im Folgenden *I*-Fall).

467 *Case of Christine Goodwin v. The United Kingdom*, Judgement of 11.07.2002, Reports of Judgements and Decisions 2002-VI = ÖJZ 2003, S. 766–772 = NJW-RR 2004, S. 289–295 (im Folgenden *Christine Goodwin*-Fall).

468 So im Fall *X., Y. and Z.*

469 So in den Fällen *Rees, Cossey, B., Sheffield and Horsham, I.* und *Christine Goodwin*.

470 *Rees*-Fall, §§ 38–47; *Cossey*-Fall, §§ 36–42 = ÖJZ 1991, 173, 174 f.; *X., Y. and Z.*-Fall, §§ 41–52 = ÖJZ 1998, 271, 272 f.; *Sheffield and Horsham*-Fall, §§ 51–61 = ÖJZ 1999, 571, 573 f.; *Bernhardt*, GYIL 1999, 11, 20.

471 *Rees*-Fall, §§ 37, 47; *Cossey*-Fall, § 35 = ÖJZ 1991, 173, 174.

sollten[472], da „die Rechtsordnung in einem Übergangsstadium zu sein scheint"[473], stellte es im Ergebnis fest, dass die Rechtslage der Mitgliedstaaten des Europarats in diesem Bereich in den 1990er-Jahren noch zu unterschiedlich sei[474].

Aus denselben Gründen verweigerte der EGMR Transsexuellen auch ein Recht zur Heirat[475]. Daneben sah das Gericht den Schutzbereich des Art. 12 EMRK nicht eröffnet, da sich das traditionelle Verständnis einer Ehe zwischen Mann und Frau nicht wesentlich verändert habe. Nach diesem Verständnis sei die Ehe nur zwischen Personen möglich, die ein gemeinsames Kind bekommen könnten. Diese Auslegung begründete das Gericht mit dem Wortlaut der Norm, nach dem die Ehe als Grundlage der Familie diene[476]. Die Ehe stehe damit nur Personen offen, die von Geburt an ein unterschiedliches Geschlecht hätten[477].

Diese Rechtsprechung änderte sich schließlich 2002 mit den Fällen I. und Christine Goodwin. In seinen Entscheidungen stellte der EGMR fest, dass das Recht Transsexueller auf eine persönliche Entwicklung im 21. Jahrhundert nicht mehr abgelehnt werden könne[478]. Das Gericht hob nun hervor, dass es seit dem Abschluss der Konvention sowohl „massive gesellschaftliche Veränderungen in der Institution der Ehe" als auch „dramatische (...) Entwicklungen in Medizin und Wissenschaft im Bereich der Transsexualität" gegeben habe. Außerdem sei eine Familiengründung nicht mehr wesentliche Voraussetzung für das Recht auf

---

472 *Rees*-Fall, § 47; *Cossey*-Fall, § 42 = ÖJZ 1991, 173, 175; *Sheffield and Horsham*-Fall, § 60 = ÖJZ 1999, 571, 574.

473 *X., Y. and Z.*-Fall, § 44 = ÖJZ 1998, 271, 272: „(T)he law appears to be in a transitional stage".

474 *Rees*-Fall, § 37; *Cossey*-Fall, § 40 = ÖJZ 1991, 173, 174 f.; *B.*-Fall, § 48 = ÖJZ 1992, 625, 626; *X., Y. and Z.*-Fall, §§ 44, 51 f. = ÖZJ 1998, 271, 272 f.; *Sheffield and Horsham*-Fall, §§ 57, 60 = ÖJZ 1999, 571, 573 f.

475 *Cossey*-Fall, § 46 = ÖJZ 1991, 173, 175: „Although some Contracting States would now regard as valid a marriage between a person in Miss Cossey's situation and a man, the developments which have occurred to date (...) cannot be said to evidence any general abandonment of the traditional concept of marriage. In these circumstances, the Court does not consider that it is open to it to take a new approach to the interpretation of Article 12 (Art. 12) on the point at issue. It finds, furthermore, that attachment to the traditional concept of marriage provides sufficient reason for the continued adoption of biological criteria for determining a person's sex for the purposes of marriage, this being a matter encompassed within the power of the Contracting States to regulate by national law the exercise of the right to marry".

476 *Rees*-Fall, § 49; *Cossey*-Fall, § 46 = ÖJZ 1991, 173, 174 f.; *Sheffield and Horsham*-Fall, § 68 = ÖJZ 1999, 571, 574.

477 *Rees*-Fall, § 49; *Cossey*-Fall, § 46 = ÖJZ 1991, 173, 174 f.; *Sheffield and Horsham*-Fall, § 68 = ÖJZ 1999, 571, 574.

478 *I*-Fall, §§ 55, 70, 72 f.; *Christine Goodwin*-Fall, §§ 75, 81, 90 = ÖJZ 2003, 766, 767–769.

Ehe[479]. Ferner sei es nach Auffassung des Gerichts von zentraler Bedeutung, die Konvention so auszulegen, dass ihre Rechte praktisch und wirksam und nicht theoretisch und illusorisch seien. Dazu gehöre auch die evolutive Auslegung der Konvention. Das Fehlen eines europäischen Konsenses stehe der interpretativen Fortbildung der EMRK daher nicht mehr entgegen[480]. Vielmehr reiche schon der Trend in der internationalen Rechtsgemeinschaft aus, Transsexuelle gesellschaftlich zu akzeptieren und rechtlich anzuerkennen[481]. Ein solcher Trend sei nicht nur innerhalb, sondern auch außerhalb der Mitgliedstaaten des Europarats erkennbar[482]. Dies belege Art. 9 der „jüngst angenommenen" EU-Grundrechtscharta, die „zweifellos absichtlich vom Wortlaut des Art. 12 EMRK" abweiche[483]. Der Gerichtshof verpflichtete damit die Mitgliedstaaten, ihr innerstaatliches Recht in diesem Bereich zeitgemäßen Entwicklungen anzupassen[484].

ff)   Abschiebung Straffälliger

Den Bereich der Abschiebung von Straftätern betreffend, zeigte sich der EGMR der evolutiven Auslegung gegenüber von Anfang an aufgeschlossen. Das Verbot der unmenschlichen Behandlung nach Art. 3 EMRK stand dabei im Mittelpunkt.

Im ersten Fall, dem bekannten Soering-Urteil[485], hatte der Gerichtshof 1989 zu entscheiden, ob eine Auslieferung zulässig sei, wenn dem Straftäter im Heimatstaat die Todesstrafe drohe.

Er stellte vorab fest, dass die Norm nicht die Todesstrafe verbiete. Dies folgerte er aus ihrem systematischen Zusammenhang mit Art. 2 EMRK, der in Ab-

---

479   *I.*-Fall, § 78; *Christine Goodwin*-Fall, § 98 = ÖJZ 2003, 766, 770.

480   *I.*-Fall, § 54; *Christine Goodwin*-Fall, § 74 = ÖJZ 2003, 766, 767.

481   *I.*-Fall, § 65; *Christine Goodwin*-Fall, § 85 = ÖJZ 2003, 766, 768.

482   *I.*-Fall, §§ 55, 70, 72 f.; *Christine Goodwin*-Fall, §§ 75, 81, 90 = ÖJZ 2003, 766, 767–769.

483   *I.*-Fall, § 80: „There have been major social changes in the institution of marriage since the adoption of the Convention as well as dramatic changes brought about by developments in medicine and science in the field of transsexuality. (…) Article 9 of the recently adopted Charter of Fundamental Rights of the European Union departs, no doubt deliberately, from the wording of Article 12 of the Convention in removing the reference to men and women"; ebenso im *Christine Goodwin*-Fall, § 100 = ÖJZ 2003, 766, 770; Art. 9 der EU-Grundrechtscharta lautet: „Das Recht, eine Ehe einzugehen, und das Recht, eine Familie zu gründen, werden nach den einzelstaatlichen Gesetzen gewährleistet, welche die Ausübung dieser Rechte regeln".

484   Vgl. *I.*-Fall, §§ 51–73, 77–84; vgl. *Christine Goodwin*-Fall, §§ 71–93, 97–104 = ÖJZ 2003, 766, 767–770.

485   *Case of Soering v. The United Kingdom*, Judgement of 07.07.1989, Series A, No. 161 = EuGRZ 1989, S. 314–328 = NJW 1990, S. 2183–2189.

satz 1 Satz 2 ausdrücklich „die Tötung zur Vollstreckung eines Urteils" erlaube. Der Wortlaut der EMRK stehe demnach dem Verbot der Todesstrafe entgegen[486]. Auch eine Auslegung des Art. 3 EMRK im Zusammenhang mit dem sechsten Zusatzprotokoll zur EMRK, welches die Abschaffung der Todesstrafe vorsehe, bestätige seine Wertung: Dem Protokoll seien seit 1983 erst eine geringe Anzahl europäischer Staaten beigetreten[487]. Von einem gemeinsamen Konsens könne daher nicht die Rede sein.

Nach Auffassung des Gerichtshofs stellten jedoch die Haftbedingungen in Todeszellen und insbesondere die Ungewissheit über die Hinrichtung eine unmenschliche Behandlung dar[488]. Für diese Wertung – so das Gericht – erwiesen sich „die Entwicklungen und die (...) Standards der Strafrechtspflege in den Mitgliedstaaten" als entscheidend. Die Bedingungen in Todeszellen seien danach „nicht mehr mit dem Niveau nationaler Gerechtigkeitsvorstellungen zu vereinbaren"[489]. Dies gelte speziell für die Haft von Jugendlichen; die Todesstrafe für Minderjährige sei nämlich mittlerweile in einigen internationalen Übereinkünften, denen eine große Anzahl der Konventionsstaaten angehörten, ausgeschlossen[490]. Auch wenn Art. 3 EMRK „nicht ein generelles Verbot der Todesstrafe entnom-

---

486 *Ebd.*, No. 161, § 103 = EuGRZ 1989, 314, 321 = NJW 1990, 2183, 2186.

487 *Ebd.*: „Subsequent practice in national penal policy, in the form of a generalised abolition of capital punishment, could be taken as establishing the agreement of the Contracting States to abrogate the exception provided for under Article 2 § 1 (Art. 2-1) and hence to remove a textual limit on the scope for evolutive interpretation of Article 3 (Art. 3). However, Protocol No. 6 (P6), as a subsequent written agreement, shows that the intention of the Contracting Parties as recently as 1983 was to adopt the normal method of amendment of the text in order to introduce a new obligation to abolish capital punishment in time of peace and, what is more, to do so by an optional instrument allowing each State to choose the moment when to undertake such an engagement. In these conditions, notwithstanding the special character of the Convention (...), Article 3 (Art. 3) cannot be interpreted as generally prohibiting the death penalty".

488 *Ebd.*, No. 161, §§ 106–111 = EuGRZ 1989, 314, 322 f. = NJW 1990, 2183, 2187 f.

489 *Ebd.*, No. 161, § 102 = EuGRZ 1989, 314, 321 = NJW 1990, 2183, 2186: „(T)he Court cannot but be influenced by the developments and commonly accepted standards in the penal policy of the member States of the Council of Europe in this field. De facto the death penalty no longer exists in time of peace in the Contracting States to the Convention. In the few Contracting States which retain the death penalty in law for some peacetime offences, death sentences, if ever imposed, are nowadays not carried out. (...) virtual consensus in Western European legal systems that the death penalty is, under current circumstances, no longer consistent with regional standards of justice".

490 *Ebd.*, No. 161, § 108 = EuGRZ 1989, 314, 322 = NJW 1990, 2183, 2187; Der EGMR bezog sich auf Art. 6 des Internationalen Pakts für bürgerliche und politische Rechte von 1966 und Art. 6 der Amerikanischen Menschenrechtskonvention von 1969.

men werden" könne[491], sei darum zumindest „(d)ie heutige (ablehnende) Einstellung der Vertragsstaaten zur Todesstrafe" für die Auslegung der Norm von Bedeutung[492]. Demzufolge sei die Auslieferung unzulässig, wenn im Heimatstaat eine unmenschliche Behandlung wie etwa die Todesstrafe drohe[493].

Andere internationale Übereinkünfte, die inzwischen sogar detaillierte Verpflichtungen zur Nichtauslieferung enthielten, erwähnte das Gericht zwar[494]. Die Rechte der Konvention folgerte es jedoch letztlich allein unter Hinweis auf Art. 3 EMRK, ihre Präambel und den besonderen Charakter der Konvention als einen Vertrag zur kollektiven Durchsetzung der Menschenrechte und Grundfreiheiten[495]. Danach sei die Konvention so auszulegen, dass die Menschenwürde, als ein grundlegender Wert der demokratischen Gesellschaften des Europarats, umfassend Schutz finde[496]. Der Gerichtshof legte die Konvention also auch in diesem Bereich evolutiv aus.

Besondere Beachtung verdienen zwei weitere Punkte in dieser Entscheidung: Zum einen ist hervorzuheben, dass der Gerichtshof Mitglieder für eine Verletzung der Konvention verantwortlich sah, die tatsächlich erst ein Drittstaat beging – nämlich der Staat, in den der Häftling ausgeliefert wurde[497] –, obwohl die Mitgliedstaaten bei der Verabschiedung der Konvention an ein Verbot von mittelbaren Eingriffen gerade nicht gedacht hatten[498].

---

491 *Case of Soering v. The United Kingdom*, Judgement of 07.07.1989, Series A, No. 161, § 103 = EuGRZ 1989, 314, 321 = NJW 1990, 2183, 2185: „Article 3 evidently cannot have been intended by the drafters of the Convention to include a general prohibition of the death penalty".

492 *Ebd.* No. 161, § 104 = EuGRZ 1989, 314, 321 = NJW 1990, 2183, 2185: „Present-day attitudes in the Contracting States to capital punishment are relevant for the assessment whether the acceptable threshold of suffering or degradation has been exceeded".

493 Vgl. *ebd.,* No. 161, § 88 = EuGRZ 1989, 314, 318 = NJW 1990, 2183 2184.

494 Der EGMR verwies auf Art. 33 der UN-Flüchtlingskonvention von 1951, Art. 11 des Europäischen Auslieferungsabkommens von 1957 und insbesondere Art. 3 der UN-Folterkonvention von 1984.

495 Vgl. *Case of Soering v. The United Kingdom*, Judgement of 07.07.1989, Series A, No. 161, § 86–88 = EuGRZ 1989, 314, 318 f. = NJW 1990, 2183, 2184.

496 Vgl. *ebd.,* No. 161, § 87 = EuGRZ 1989, 314, 318 = NJW 1990, 2183, 2184.

497 *Ebd.,* No. 161, §§ 88, 91 = EuGRZ 1989, 314, 319 = NJW 1990, 2183, 2184 f.

498 Dass die Parteien ursprünglich nicht an den Schutz des Art. 3 EMRK vor Auslieferungsfolgen dachten, erschließt sich aus dem Hinweis des Gerichts auf „(d)ie weltweit vereinfachte Mobilität und die internationale Dimension der Verbrechen" (vgl. *Case of Soering v. The United Kingdom*, Judgement of 07.07.1989, Series A, No. 161, §§ 89, 91 = EuGRZ 1989, 314, 319 = NJW 1990, 2183, 2184 f.). Darüber hinaus stellte das Gericht ausdrücklich fest, dass „das Recht auf Nichtauslieferung unmittelbar von der Konvention nicht geschützt" sei (*ebd.,* No. 161, §§ 85, 88 = EuGRZ 1989, 314, 318 f. = NJW 1990,

Zum anderen hat der EGMR auch das Verfahrensrecht evolutiv auslegte[499]. Denn er stellte erstmalig fest, dass für die Befugnis, Klage zu erheben, bereits die Möglichkeit einer Rechtsverletzung ausreiche und gab damit den Grundsatz auf, nur tatsächlich existierende Verletzungen zu untersagen[500]. Der Gerichtshof bestätigte seine Auffassung in der Folgezeit in mehreren Entscheidungen[501], indem er Ende der 1990er-Jahre das Abschiebungsverbot sogar noch in erheblichem Maße erweiterte.

Die Fälle Ahmed[502] und H.L.R.[503] warfen die Frage auf, ob Art. 3 EMRK einer Abschiebung entgegenstehe, wenn den Straftätern nach ihrer Rückkehr zwar keine Gefahr von staatlicher Seite, aber die Verfolgung durch nichtstaatliche Verbände bzw. Private drohe. Im ersten Fall befürchtete der Straftäter Ahmed eine Bestrafung durch die in Somalia regierenden Clans. Im zweiten Fall berief sich der Rauschgiftkurier H.L.R. auf den Schutz der Konvention, weil er mit Racheakten seiner ehemaligen Komplizen rechnete. In beiden Fällen wären die heimatstaatlichen Behörden unfähig gewesen, die Straftäter angemessen zu schützen.

2183, 2184); vgl. auch Cremer, in: *Grote/Marauhn*, Kap. 4, Rn. 62, 84 sowie *Hailbronner*, DÖV 1999, 617, 617: „Man kann annehmen, dass zur Zeit der Verabschiedung der Konvention niemand daran gedacht hatte, hieraus eine Pflicht abzuleiten, Personen Schutz zu gewähren, die einer nach Art. 3 EMRK verbotenen Behandlung durch Drittstaaten ausgesetzt sein könnten".

499 Vgl. Cremer, in: *Grote/Marauhn*, Kap. 4, Fußnote 213.

500 Vgl. *Case of Soering v. The United Kingdom*, Judgement of 07.07.1989, Series A, No. 161, § 90 = EuGRZ 1989, 314, 319 = NJW 1990, 2183, 2184 f.: „It is not normally for the Convention institutions to pronounce on the existence or otherwise of potential violations of the Convention. However, where an applicant claims that a decision to extradite him would, if implemented, be contrary to Article 3 by reason of its foreseeable consequences in the requesting country, a departure from this principle is necessary, in view of the serious and irreparable nature of the alleged suffering risked, in order to ensure the effectiveness of the safeguard provided by that Article".

501 Vgl. *Case of Cruz Varas and others v. Sweden*, Judgement of 20.03.1991, Series A, No. 201 = NJW 1991, S. 3079–3083, *Case of Vilvarajah and others v. The United Kingdom*, Judgement of 30.10.1991, Series A, No. 215 = NVwZ 1992, S. 869–871, *Case of Chahal v. The United Kingdom*, Judgement of 15.11.1996, Reports of Judgements and Decisions 1996-V = NVwZ 1997, S. 1093–1100, in denen der EGMR die Auslandsfolgen einer Ausweisung und Abschiebung denen einer Auslieferung gleichsetzte und damit nach Art. 3 EMRK bewertete.

502 *Case of Ahmed v. Austria*, Judgement of 17.12.1996, Reports of Judgements and Decisions 1996-IV = NVwZ 1997, S. 1100 f.

503 *Case of H.L.R. v. France*, Judgement of 29.04.1997, Reports of Judgements and Decisions 1997-III = NVwZ 1998, S. 163 f. = ÖJZ 1998, S. 309–311.

Obwohl der EGMR einen Verstoß gegen die Konvention verneinte, da im Einzelfall tragfähige Beweise fehlen würden[504], andeutete er an, Art. 3 EMRK könne generell auch vor der Verfolgung privater Personen im Heimatland schützen. Dass spätere internationale Abkommen wie etwa die UN-Folterkonvention von 1984[505] und die Genfer Flüchtlingskonvention von 1951[506] sich ausdrücklich auf staatliche oder staatlich zurechenbare Handlungen beschränken[507], berücksichtigte der Gerichtshof dabei nicht.

Nur kurze Zeit später nahm das Gericht ein weiteres Mal die Fortbildung der Konvention in diesem Bereich vor. Im Fall D. rief ein an Aids unheilbar erkrankter Drogenkurier, dem bei der Verbringung in sein Heimatland eine unzureichende medizinische und seelische Betreuung drohen würde, den EGMR an[508]. Obgleich die im Heimatstaat herrschenden Bedingungen nicht die Schwelle einer unmenschlichen Behandlung nach Art. 3 EMRK erreichen würden, setze seine Abschiebung, so das Gericht, zumindest das Risiko einer unmenschlichen Behandlung frei[509]. Die Konvention umfasse auch Fälle, in denen ihre Verletzung auf Umständen beruhe, die weder unmittelbar noch mittelbar von den Behörden des Heimatlandes zu verantworten seien[510].

Die gleiche Auffassung vertrat der EGMR im Fall Bensaids[511], in dem er den Schutz von Art. 3 EMRK auf einen an Schizophrenie psychisch schwer erkrankten Straftäter erstreckte[512], jedoch einen Verstoß gegen die EMRK wegen fehlender Beweise im Einzelfall verneinte[513].

b)   Bewertung der Rechtsprechung

Der EGMR erkannte bereits zu Anfang seiner Tätigkeit an, dass sich der Wille der Mitgliedstaaten der EMRK mit der Zeit verändere. So stellte er schon früh fest, dass Freiheitsrechte grundsätzlich für eine neue Bewertung offen stünden.

---

504 *Ebd.*, §§ 41–44 = NVwZ 1998, 163, 164.
505 Übereinkommen gegen Folter und andere grausame, unmenschliche oder erniedrigende Behandlung oder Strafe vom 10.12.1984.
506 Abkommen über die Rechtsstellung der Flüchtlinge vom 28.07.1951.
507 So das Argument Frankreichs in *Case of H.L.R. v. France*, Judgement of 29.04.1997, Reports of Judgements and Decisions 1997-III, § 32 = NVwZ 1998, 163, 163.
508 *Case of D. v. The United Kingdom*, Judgement of 02.05.1997, Reports of Judgements and Decisions 1997-III = NVwZ 1998, S. 161 f.
509 *Ebd.*, § 53 = NVwZ 1998,161, 162.
510 *Ebd.*, § 49 = NVwZ 1998,161, 162.
511 *Case of Bensaid v. The United Kingdom*, Judgement of 06.02.2001, Reports of Judgements and Decisions 2001-I = NVwZ 2002, S. 453–455.
512 *Ebd.*, §§ 34, 37 = NVwZ 2002, 453, 453.
513 *Ebd.*, §§ 38–41 = NVwZ 2002, 453, 453.

Die Anpassung der Konvention koppelte er an die rechtlichen und sozialen Entwicklungen innerhalb der Mitgliedstaaten. Allerdings erklärte er nicht, inwiefern Änderungen der einzelnen nationalen Rechtsordnungen auf die EMRK Einfluss nehmen. Nahe liegt, dass sich das Gericht am Anfang seiner Tätigkeit nur in der Rolle sah, die gemeinsamen Entwicklungen des innerstaatlichen Rechts aller Mitglieder nachzuvollziehen.

Diese Auffassung änderte sich grundlegend 1978 mit dem Fall Tyrer. In dieser Entscheidung stellte der Gerichtshof das erste Mal den Charakter der EMRK als „ein lebendes Instrument"[514] fest. Indem er der Konvention das Werteverständnis zugrunde legte, das sich innerhalb Europas seit den 1950er-Jahren überwiegend entwickelt hatte, deutete er um ersten Mal in Richtung einer interpretativen Fortbildung. Er beschränkte sich dabei nicht allein darauf, die gemeinsamen Entwicklungen des Rechts aller Mitglieder nachzuvollziehen, sondern bekannte sich ausdrücklich zur evolutiven Auslegung der EMRK[515].

Obwohl seit dieser Entscheidung viele abweichende Voten eine größere Beachtung des subjektiven Willens der Konventionsstaaten angemahnt haben[516], findet die evolutive Auslegung der EMRK bis heute in der Rechtsprechung des EGMR Bestätigung. Der Gerichtshof dehnt dabei nicht nur den Schutzbereich der Freiheitsrechte evolutiv aus, sondern schmälert auch immer mehr die Mög-

---

514   Vgl. *Case of Tyrer v. The United Kingdom*, Judgement of 25.04.1978, Series A, No. 26, § 31 = EuGRZ 1979, 162, 165.

515   Ebenso Cremer, in: *Grote/Marauhn*, Kap. 4, Rn. 61.

516   So schon die persönliche Meinung des Richters *Sir Gerald Fitzmaurice* im *Case of Tyrer v. The United Kingdom*, Judgement of 25.04.1978, Series A, No. 26, § 14 = EuGRZ 1979, 166, 168; siehe auch die abweichende Meinung des Richters *O'Donoghue* zum *Case of Airey v. Ireland*, Judgement of 09.10.1979, Series A, No. 32, S. 20 = EuGRZ 1979, 630, 631: „The Court has always been careful to abstain from recommending or suggesting the blue-print of any constitutional or legislative changes in the law of member States. (...) I am not aware that it has ever been contended that divorce legislation is either required or prohibited by any Article of the Convention"; vgl. die abweichende Meinung des Richters *Sir Gerald Fitzmaurice* zum *Case of Marckx v. Belgium*, Judgement of 13.06.1979, Series A, No. 31, § 29 = EuGRZ 1979, 454, 463: „States must be allowed to change their attitudes in their own good time, in their own way and by reasonable means"; vgl. die abweichenden Meinungen der Richter *Zekia* und *Walsh* zum *Case of Dudgeon v. The United Kingdom*, Judgement of 22.10.1981, Series A, No. 45 = EuGRZ 1983, 488, 494 f., nach denen es alleinige Aufgabe des jeweiligen Staates sei, die ihm notwendig erscheinenden Gesetze zum Schutz der Moral zu erlassen; vgl. die abweichende Meinung des Richters *Walsh* zum *Case of Dudgeon v. The United Kingdom*, Judgement of 22.10.1981, Series A, No. 45 = EuGRZ 1983, 488, 495.

lichkeiten, die Grundfreiheiten einzuschränken[517]. Dabei beurteilt er die EMRK als einen auf Dauer angelegten Vertrag zum Schutz der Menschenrechte, dem kein historisches Werteempfinden zugrunde zu legen sei. Dies sei erforderlich, um zu gewährleisten, dass die Rechte der Konvention praktisch und effektiv wirksam bleiben[518]. Nach Auffassung des EGMR trete daher der subjektive Wille der Konventionsstaaten zurück zugunsten des objektiven Zwecks der EMRK[519].

Demgemäß fand die Auslegung des Begriffs „Familie" i. S. d. Art. 8 EMRK bereits ab Ende der 1970er-Jahre stufenweise eine zeitgemäße Bewertung: Der Gerichtshof bildete das traditionelle Verständnis der Familie bestehend aus Mann, Frau und Kind fort, indem er die Beziehung einer Mutter zu ihrem unehelichen Kind[520], eine nichteheliche Lebensgemeinschaft mit Nachwuchs[521] und ein rein faktisch bestehendes Familienband dem Schutz der Konvention unterstellte[522].

Gleiches gilt für die Bewertung einer Behandlung als unmenschlich oder erniedrigend: Einen Verstoß gegen Art. 3 EMRK sah der Gerichtshof in der körperlichen Züchtigung Jugendlicher[523] und in allen aufenthaltsbeendenden Maß-

---

517   Cremer, in: *Grote/Marauhn*, Kap. 4, Rn. 114; vgl. *Bernhardt*, GYIL 1999, 11, 19 f.: „It can be assumed that, at the time when the Convention was adopted, such legislation (prohibiting and punishing homosexual relations) would have been considered compatible with the Convention. (…) Examples for the first category ‚new answers for old problems' are (…) the position of homosexuals"; vgl. auch Cremer, in: *Grote/Marauhn*, Kap. 4, Rn. 80.

518   So in *Case of Marckx v. Belgium*, Judgement of 13.06.1979, Series A, No. 31, §§ 41, 58 = EuGRZ 1979, 454, 457, 460, *Case of Johnston and others v. Ireland*, Judgement of 18.12.1986, Series A, No. 112, § 53 = EuGRZ 1987, 313, 316, *Case of Airey v. Ireland*, Judgement of 09.10.1979, Series A, No. 32, § 26 = EuGRZ 1979, 626, 628 f., *Case of Dudgeon v. The United Kingdom*, Judgement of 22.10.1981, Series A, No. 45, § 60 = EuGRZ 1983, 488, 492, *Rees*-Fall, §§ 37, 47, *Cossey*-Fall, § 35 = ÖJZ 1991, 173, 174, *I.*-Fall, § 54 und *Christine Goodwin*-Fall, § 74 = ÖJZ 2003, 766, 767.

519   Vgl. *Weidmann*, S. 78, Fußnote 81; vgl. *Verdross/Simma*, § 782; vgl. *Brötel*, Jura 1988, 343, 347, 349.

520   Vgl. *Case of Marckx v. Belgium*, Judgement of 13.06.1979, Series A, No. 31 = EuGRZ 1979, S. 454–464.

521   Vgl. *Case of Johnston and others v. Ireland*, Judgement of 18.12.1986, Series A, No. 112 = EuGRZ 1987, S. 313–321.

522   Vgl. *Case of Keegan v. Ireland*, Judgement of 26.05.1994, Series A, No. 290 = EuGRZ 1995, S. 113–121; vgl. *Case of Kroon and others v. The Netherlands*, Judgement of 27.10.1994, Series A, No. 297-C = FamRZ 2003, S. 813–815.

523   Vgl. *Case of Tyrer v. The United Kingdom*, Judgement of 25.04.1978, Series A, No. 26 = EuGRZ 1979, S. 162–168.

nahmen gegenüber Straftätern, soweit im Heimatstaat die Todesstrafe[524], eine Verfolgung durch Private[525] oder eine unzureichende medizinische Versorgung[526] drohe.

Dagegen fanden die Rechte Transsexueller erst ab Beginn des 21. Jahrhunderts einen umfassenden Schutz, obwohl der Gerichtshof die evolutive Fortbildung der EMRK im Bereich der Transsexualität bereits seit der Rees-Entscheidung in den 1980er-Jahren anerkannt hatte[527].

In allen Fällen nahm der EGMR für die Anpassung der Konvention auffallend häufig auf die nationalen Rechtsordnungen seiner Mitglieder Bezug[528]. Er

---

524 Vgl. *Case of Soering v. The United Kingdom*, Judgement of 07.07.1989, Series A, No. 161 = EuGRZ 1989, S. 314–328 = NJW 1990, S. 2183–2189.

525 Vgl. *Case of Ahmed v. Austria*, Judgement of 17.12.1996, Reports of Judgements and Decisions 1996-IV = NVwZ 1997, S. 1100 f.; vgl. *Case of H.L.R. v. France*, Judgement of 29.04.1997, Reports of Judgements and Decisions 1997-III = NVwZ 1998, S. 163 f. = ÖJZ 1998, S. 309–311.

526 Vgl. *Case of D. v. The United Kingdom*, Judgement of 02.05.1997, Reports of Judgements and Decisions 1997-III = NVwZ 1998, S. 161 f.; vgl. *Case of Bensaid v. The United Kingdom*, Judgement of 06.02.2001, Reports of Judgements and Decisions 2001-I = NVwZ 2002, S. 453–455.

527 Vgl. die Entscheidungen zu den Rechten Transsexueller bis Ende der 1990er Jahre, in denen der EGMR operativ Umgewandelte als nicht allgemein akzeptiert wertete (Rees-Fall, Cossey-Fall, B.-Fall, X., Y., Z.-Fall).

528 So in *Case of Tyrer v. The United Kingdom*, Judgement of 25.04.1978, Series A, No. 26, §§ 31–35 = EuGRZ 1979, 162, 164 f., *Case of Marckx v. Belgium*, Judgement of 13.06. 1979, Series A, No. 31, §§ 41, 58 = EuGRZ 1979, 454, 457, 460, *Case of Johnston and others v. Ireland*, Judgement of 18.12.1986, Series A, No. 112, § 74 = EuGRZ 1987, 313, 319, *Case of Dudgeon v. The United Kingdom*, Judgement of 22.10.1981, Series A, No. 45, § 60 = EuGRZ 1983, 488, 491 f., Rees-Fall, §§ 37, 49, Cossey-Fall, §§ 40, 46 = ÖJZ 1991, 173, 174 f., B.-Fall, § 48 = ÖJZ 1992, 625, 626, X., Y. and Z.-Fall, §§ 44, 51 f. = ÖJZ 1998, 271, 272 f., Sheffield and Horsham-Fall, §§ 57, 60, 68 = ÖJZ 1999, 571, 573 f., I.-Fall, §§ 55, 70, 72 f., Christine Goodwin-Fall, §§ 75, 81, 90 = ÖJZ 2003, 766, 767–769 und *Case of Soering v. The United Kingdom*, Judgement of 07.07.1989, Series A, No. 161, § 102 = EuGRZ 1989, 314, 321 = NJW 1990, 2183, 2186; vgl. auch *Bernhardt*, GYIL 1999, 11, 21: „The considerations valid for human rights conventions are to a certain extent exceptional. It is not so much the international or inter-State practice than the developments inside the participating States and in their societies that are decisive. The internal law and the opinions in the society (…) might have changed, and these changes are decisive indicators for the adequacy of an evolutive interpretation of the relevant human rights convention. If resolutions and agreements on the international level exhibit similar developments, these factors may support the trends found inside States and societies, but such additional means of evidence are not absolutely necessary".

wies dem innerstaatlichen Recht damit eine wesentliche Bedeutung zu[529]. Demzufolge scheute sich das Gericht etwa in dem Fall Dudgeons, die Moralvorstellungen über homosexuelles Verhalten unabhängig von der Überzeugung in Nordirland selbständig fortzubilden. Auch wenn sich in seiner Spruchpraxis nur selten ein Hinweis auf das internationale Umfeld der EMRK findet, diente ihm auch dieses bei der Auslegung als Erkenntnisquelle[530]. Daher bestimmt das Verhalten von Staaten, sei es auf nationaler oder internationaler Ebene, sei es das Handeln der Vertragsparteien oder Dritter, die Reichweite der Konvention wesentlich mit. Denn es hilft, das Einvernehmen der Mitglieder über die interpretative Anpassung eines Rechts als tragende Basis festzustellen[531].

Darüber hinaus orientierte sich der Gerichtshof auch an den Normen der EMRK selbst: Er entschied sich immer dann gegen eine Fortbildung, wenn eine Norm diese ausdrücklich verbat. So stellte er unter Hinweis auf den Wortlaut des Art. 2 EMRK fest, dass die Todesstrafe keine unmenschliche oder erniedrigende Bestrafung i. S. d. Art. 3 EMRK darstelle[532].

Daneben beurteilte der Gerichtshof die Zusatzprotokolle zur EMRK als nachvertragliche Einigung der Staaten, die die evolutive Fortbildung der Konvention begrenze. So stand in dem Fall Johnston das Protokoll Nr. 7 aus dem Jahr 1984 einer evolutiven Auslegung des Art. 12 EMRK hin zu einem Recht auf Scheidung entgegen[533]; in dem Fall Soering verhinderte das Protokoll Nr. 6 aus dem Jahr 1983 die Fortbildung des Art. 3 EMRK hin zu einem generellen Verbot der Todesstrafe[534]. Dadurch wertete der EGMR die Protokolle letztlich als eine „Völkerrechtsquelle" i. S. d. Art. 31 III c) WVRK.

---

529   So auch *Frowein/Peukert*, Einführung, Rn. 8.
530   Das konventionsrechtliche Umfeld fand Berücksichtigung in den Fällen *Case of Marckx v. Belgium*, Judgement of 13.06.1979, Series A, No. 31, §§ 41, 58 = EuGRZ 1979, 454, 457, 460, *Case of Johnston and others v. Ireland*, Judgement of 18.12.1986, Series A, No. 112, § 74 = EuGRZ 1987, 313, 319, *I.*-Fall, §§ 55, 70, 72 f., *Christine Goodwin*-Fall, §§ 75, 81, 90 = ÖJZ 2003, 766, 767–769 und *Case of Soering v. The United Kingdom*, Judgement of 07.07.1989, Series A, No. 161, § 108 = EuGRZ 1989, 314, 322 = NJW 1990, 2183, 2187. Dagegen schenkte der EGMR außervertraglichen Erklärungen keine Beachtung in dem Fall *Case of H.L.R. v. France*, Judgement of 29.04.1997, Reports of Judgements and Decisions 1997-III, § 40 = NVwZ 1998, 163, 164.
531   Ebenso *Frowein*, JuS 1986, 845, 847 und Cremer, in: *Grote/Marauhn*, Kap. 4, Rn. 115.
532   Vgl. *Case of Soering v. The United Kingdom*, Judgement of 07.07.1989, Series A, No. 161, § 103 = EuGRZ 1989, 314, 321 = NJW 1990, 2183, 2186.
533   Vgl. *Case of Johnston and others v. Ireland*, Judgement of 18.12.1986, Series A, No. 112, § 53 = EuGRZ 1987, 313, 316.
534   Vgl. *Case of Soering v. The United Kingdom*, Judgement of 07.07.1989, Series A, No. 161, § 103 = EuGRZ 1989, 314, 321 = NJW 1990, 2183, 2186.

Obendrein passte der Gerichtshof die Konvention eigenständig an gewandelte Umstände und Überzeugungen an[535]: So griff er im Fall Airey weder auf das innerstaatliche Recht der Mitglieder noch auf außervertragliches Recht zurück. Ferner schenkte er in den Abschiebungsfällen der internationalen Praxis zum Teil keine Beachtung.

Im Ergebnis lässt sich feststellen, dass der EGMR das Ziel, die Rechte der Menschen zu schützen, sehr umfassend begreift. Indem er Art. 6 EMRK hin zu einem Recht auf Prozesskostenhilfe[536] und damit zu einem „Krieg gegen die Armut"[537] und das Abschiebungsverbot aus Art. 3 EMRK zu einem „Asyl- oder Aufenthaltsrecht Fremder"[538] interpretativ fortbildet, geht er bis an die Grenze

---

535   Vgl. *Bernhardt*, GYIL 1999, 11, 22; vgl. auch *Weidmann*, S. 78, der die evolutive Auslegung der EMRK „weitgehend dem Grundsatz der autonomen Auslegung" gleichsetzt.

536   Dass die Konvention einen Anspruch auf Prozesskostenhilfe nicht ausdrücklich vorsieht, ist unstreitig. Der EGMR sieht aber das Recht auf Zugang zum Gericht, das Art. 6 I EMRK normiert, durch das Fehlen einer solchen Hilfe beeinträchtigt.

537   Vgl. die abweichende Meinung des Richters *Thor Vilhjàlmsson* zum *Case of Airey v. Ireland*, Judgement of 09.10.1979, Series A, No. 32, = EuGRZ 1979, 626, 631: „Bearing this in mind I have, without much hesitation but admittedly with regret, come to the conclusion that the applicant does not have a case under Article 6 para. 1 of the Convention. I find in this provision no obligation for the Contracting States to grant free legal aid in civil cases, which is what is really at issue here. An individual's ability or inability to claim his or her rights under the Convention may stem from several reasons, one of them being his or her financial position. It is, of course, deplorable that this should be so. (...) The ideas underlying the Convention, as well as its wording, make it clear that it is concerned with problems other than the one facing us in this case. The war on poverty cannot be won through broad interpretation of the Convention for the Protection of Human Rights and Fundamental Freedoms. Where the Convention sees financial ability to avail oneself of a right guaranteed therein as so important that it must be considered an integral part of the right, this is so stated. This is borne out by Article 6 para. 3. When this is not the case, the Convention has nothing to say on how, when and if the financial means should be made available. Any other interpretation of the Convention, at least at this particular stage of the development of human rights, would open up problems whose range and complexity cannot be foreseen but which would doubtless prove to be beyond the power of the Convention and the institutions set up by it".

538   *Buß*, DÖV 1998, 323, 328; *Hailbronner*, DÖV 1999, 617, 617; Herdegen spricht von einer „Generalklausel für die Gewährung eines allgemeinen Flüchtlingsschutzes" (*Herdegen*, § 15, Rn. 33); dass die EMRK kein Aufenthaltsrecht Fremder gewährt, erkennt auch der EGMR an (vgl. *Case of Soering v. The United Kingdom*, Judgement of 07.07.1989, Series A, No. 161, § 85 = EuGRZ 1989, 314, 318; vgl. *Case of D. v. The United Kingdom*, Judgement of 02.05.1997, Reports of Judgements and Decisions 1997-III, § 46 = NVwZ 1998, 161, 162; vgl. *Case of Bensaid v. The United Kingdom*,

der Vertragsänderung[539]. Es ist zu erwarten, dass die Praxis des Gerichtshofes in Zukunft sogar noch weiter geht[540]. Bei der Auslegung ist jedoch zu berücksichtigen, dass sich die Mitgliedstaaten über die in der Konvention ausdrücklich oder implizit vereinbarten Pflichten hinaus eben nicht binden wollten[541] – in Art. 1 EMRK haben sie sich ausdrücklich darauf geeinigt, nur die in der Konvention „bestimmten" Rechte zu wahren. Ferner ist zu beachten, dass die EMRK weder ein allgemeines Auffangfreiheitsrecht noch einen allgemeinen Gleichheitssatz enthält und damit geradezu keine Generalklausel für die Gewährung jeglichen Freiheitsrechts enthält[542].

II. Sicherheitsrat der Vereinten Nationen

Im Rahmen der Vereinten Nationen übernimmt der Sicherheitsrat wesentliche Tätigkeiten. Gemäß Art. 24 UN-Charta kommt ihm die Hauptverantwortung für die Wahrung des Weltfriedens und der internationalen Sicherheit zu. Die UN-Mitglieder übertragen ihm dafür weit reichende Kompetenzen: Insbesondere[543] stellt er gem. Art. 39 UN-Charta fest, „ob eine Bedrohung oder ein Bruch des Friedens oder eine Angriffshandlung vorliegt (und) beschließt, welche Maßnahmen (...) zu treffen sind, um den Weltfrieden und die internationale Sicher-

---

Judgement of 06.02.2001, Reports of Judgements and Decisions 2001-I, § 32 = NVwZ 2002, 453, 453).

539 Vgl. *Herdegen*, § 15, Rn. 33: „Diese Rechtsprechung gerät an die Grenzen dynamischer Auslegung und offener Rechtsfortbildung"; vgl. *Brötel*, Jura 1988, 343, 347: „Die Organe der EMRK gehen manchmal hart an den Rand dessen heran, was man noch als Vertragsauslegung im Rechtssinn bezeichnen kann"; vgl. *Hailbronner*, DÖV 1999, 617, 619, 621, der von einer „Funktionsveränderung von Art. 3 EMRK" spricht; vgl. auch Cremer, in: *Grote/Marauhn*, Kap. 4, Rn. 83 f., der die „Frage nach den Grenzen des Zurechnungszusammenhangs von konventionsstaatlichem Handeln und individualrechtswidriger Folge" aufwirft.

540 Vgl. die Ausführungen von *Hailbronner*, DÖV 1999, 617, 623, der eine Fortbildung des Art. 3 EMRK hin zu einem Verbot der Zurückweisung oder Abschiebung von Flüchtlingen an der Grenze in Aussicht stellt.

541 Ebenso Cremer, in: *Grote/Marauhn*, Kap. 4, Rn. 55 f.

542 Art. 14 EMRK verbietet nur Diskriminierungen im Anwendungsbereich der Freiheitsrechte, die von der Konvention gewährt werden.

543 Zur Sicherung des Weltfriedens sieht die UN-Charta auch die friedliche Beilegung durch rechtsunverbindliche Empfehlungen des Sicherheitsrats vor (vgl. Kapitel VI); dazu gehören beispielsweise die so genannten Peace keeping-Maßnahmen, die auch als Blauhelm-Einsätze bekannt sind [vgl. dazu das Rechtsgutachten des IGH vom 20.07.1962 zu *Certain expenses of the United Nations* (Article 17, paragraph 2, of the Charter), ICJ Reports 1962, 151 ff.].

heit zu wahren oder wiederherzustellen". Diese Beschlüsse sind, obwohl nur 15 der mittlerweile 193 UN-Staaten[544] Mitglieder des Sicherheitsrats sind[545], gem. Art. 25 UN-Charta allgemein verbindlich[546].

Die Friedenssicherung i. S. d. Art. 39 UN-Charta umfasste ursprünglich nur das Verbot militärischer, staatlicher Gewalt[547]. An die Anwendbarkeit der Charta auf Akte Privater[548] wie Terroranschläge oder rein interne Konflikte wie Bürgerkriege dachten die Gründungsmitglieder der Vereinten Nationen nicht[549]. In diesem Zusammenhang hat seit den 1990er-Jahren die evolutive Auslegung der UN-Charta an Bedeutung gewonnen. Im Folgenden werden einige Beschlüsse des Sicherheitsrats beispielhaft aufgezeigt[550] und analysiert[551]. Die Reihenfolge richtet sich nach ihrer chronologischen Abfolge. Einer Bewertung der Beschlüsse geht eine Kurzdarstellung der Entscheidungen voraus.

1) Kurzdarstellung der Entscheidungen

Im Mittelpunkt der folgenden exemplarischen Entscheidungen standen Zwangsmaßnahmen des Sicherheitsrats zum Schutz von elementaren Menschenrechten

---

544 Stand: 2011.

545 Dazu zählen die fünf permanenten Mitglieder China, Frankreich, Russland, Großbritannien und die Vereinigten Staaten von Amerika sowie zehn wechselnde Mitglieder, derzeit Aserbaidschan, Deutschland, Guatemala, Indien, Kolumbien, Marokko, Pakistan, Portugal, Südafrika und Togo (Stand: 2012).

546 Vgl. die Ausführungen in Teil 1 B. II.

547 So genannter negativer Friedensbegriff; Blumenwitz, in: *Wolfrum*, Rn. 2; *Stein/von Buttlar*, Rn. 842, der von „der traditionellen Orientierung der UN-Charta an der zwischenstaatlichen Gewaltausübung" spricht.

548 Auf die Zurechenbarkeit privater Handlungen zu einem Staat wird im Folgenden nicht eingegangen.

549 Vgl. die Untersuchung der vorbereitenden Arbeiten zur UN-Charta von *Gading*, S. 167–175.

550 Die Darstellung konzentriert sich auf die für die Untersuchung relevanten Aspekte der Entscheidungen.

551 Auf die Fortbildung durch den Sicherheitsrat, die mittlerweile fester Bestandteil der UN-Charta ist, wie etwa die Praxis, Enthaltungen bei der Beschlussfassung als „Zustimmung" i. S. d. Art. 27 III UN-Charta zu werten, wird im Folgenden nicht eingegangen (vgl. die Ausführungen in Fußnote 99).

gegen den Irak[552], das ehemalige Jugoslawien[553], insbesondere Bosnien-Herzegowina[554], gegen Somalia[555], Ruanda[556] und Haiti[557].

1991 sah der Sicherheitsrat eine Bedrohung des Friedens i. S. d. Art. 39 UN-Charta in schweren Menschenrechtsverletzungen im Irak und im ehemaligen Jugoslawien. In der Resolution zu den Menschenrechtsverletzungen im Irak führte er dazu aus: „(…) the repression of the Iraqi civilian population (…) which led to a massive flow of refugees towards and across international frontiers and to cross-border incursions which threaten international peace and security in the region"[558]. Zur Situation in Jugoslawien konstatierte er, nahezu gleichlautend: „(…) the fighting in Yugoslavia, which is causing a heavy loss of human life and material damage, and (…) the consequences for the countries of the region, in particular in the border areas of neighbouring countries (…) the continuation of this situation constitutes a threat to international peace and security"[559]. In beiden Resolutionen stellte der Sicherheitsrat also insbesondere auf den Umstand ab, dass die Fluchtbewegungen in der Bevölkerung an den Grenzen zu gewaltsamen Auseinandersetzungen geführt hätten, so dass es vereinzelt zu Übergriffen auf das Territorium der Nachbarstaaten gekommen sei[560]. Entscheidend für die Bewertung eines innerstaatlichen Konflikts als Bedrohung des Friedens i. S. d. UN-Charta war somit, dass die Verletzungen von Menschenrechten grenzüberschreitende Auswirkungen hatten.

In den Resolutionen zum UN-Militäreinsatz in Somalia, Bosnien-Herzegowina und Ruanda verzichtete der Sicherheitsrat darauf, auf einen grenzüberschreitenden Bezug der internen Konflikte abzustellen und hob allein das Aus-

---

552 Bspw. Resolution 688 (1991) vom 05.04.1991 zum Schutz der kurdischen und schiitischen Bevölkerung im Irak (im Folgenden *Irak*-Resolution).

553 Bspw. Resolution 713 (1991) vom 25.09.1991 zum Schutz von Serben und Kroaten in Jugoslawien (im Folgenden *Jugoslawien*-Resolution).

554 Bspw. Resolution 824 (1993) vom 06.05.1993, Resolution 836 (1993) vom 04.06.1993 und Resolution 844 (1993) vom 18.06.1993 zur Einrichtung von Sicherheitszonen in Bosnien-Herzegowina (im Folgenden *Bosnien-Herzegowina*-Resolutionen).

555 Bspw. Resolution 794 (1992) vom 03.12.1992 zur humanitären Intervention alliierter UNOSOM-II-Streitkräfte in Somalia (im Folgenden *Somalia*-Resolution).

556 Bspw. Resolution 929 (1994) vom 22.06.1994 zur humanitären Intervention in Ruanda (im Folgenden *Ruanda*-Resolution).

557 Bspw. Resolution 940 (1994) vom 31.07.1994 zu Haiti (im Folgenden *Haiti*-Resolution).

558 *Irak*-Resolution.

559 *Jugoslawien*-Resolution.

560 Vgl. auch *Stein/von Buttlar*, Rn. 85, *Dahm/Delbrück/Wolfrum*, § 153 IV. 2. und *Gading*, S. 101, 111.

maß der innerstaatlichen humanitären Katastrophe hervor[561]. Auch wenn der cherheitsrat den Ausnahmecharakter der Situationen in Somalia und Ruanda betonte[562], entwickelte er dadurch den Begriff der „Friedensbedrohung" i. S. d. UN-Charta fort: Er fasste unter diesen Begriff nicht mehr nur zwischenstaatliche Konflikte, sondern auch innerstaatliche, humanitäre Notlagen.

Noch weiter geht der Sicherheitsrat in der Haiti-Resolution, indem er hier 1994 die UN-Mitglieder zu militärischen Maßnahmen ermächtigte, um eine demokratische Regierung wiedereinzusetzen, die ein Putsch aus dem Amt vertrieben hatte[563]. Dabei hob er jedoch abermals „the unique character of the present situation in Haiti and its deteriorating, complex and extraordinary nature" hervor. Somit bewertete er undemokratische Zustände innerhalb eines Staates als internationale Friedensbedrohung.

Ein weiteres Beispiel der evolutiven Weiterentwicklung der UN-Charta findet sich in mehreren Resolutionen, in denen der Sicherheitsrat die Terroranschläge vom 11.09.2001 als Angriffshandlung bewertet[564]. Damit fasste er erstmals Akte Privater als Friedensbedrohung auf. Er qualifizierte dabei entweder allgemein „any act of international terrorism"[565] als solche Bedrohung oder begründete das internationale Ausmaß terroristischer Akte mit der Gefährdung von „innocent lives and the dignity and security of human beings everywhere, (...) the social and economic development of all States and (...) global stability and prosperity" bzw. „lives and well-being of individuals worldwide as well as the peace and security of all States"[566]. In allen Fällen stellte er fest, „the suppression

---

561   Die *Somalia*-Resolution lautet: „The Security Council, (...) (d)etermining that the magnitude of the human tragedy caused by the conflict in Somalia, further exacerbated by the obstacles being created to the distribution of humanitarian assistance, constitutes a threat to international peace and security"; vgl. bzgl. der *Bosnien-Herzegowina*-Resolutionen und der *Ruanda*-Resolution *Gading*, S. 114–116, 118, 122; vgl. auch *Stein/von Buttlar*, Rn. 85.

562   Vgl. die *Somalia*- und *Ruanda*-Resolution.

563   Der Wortlaut der *Haiti*-Resolution lautet: „The Security Council, (...) (g)ravely concerned by the significant further deterioration of the humanitarian situation in Haiti, in particular the continuing escalation by the illegal de facto regime of systematic violations of civil liberties, the desperate plight of Haitian refugees and the recent expulsion of the staff of the International Civilian Mission (MICIVIH) (and) (d)etermining that the situation in Haiti continues to constitute a threat to peace and security in the region (...)".

564   Bspw. Resolution 1368 (2001) vom 12.09.2001; Resolution 1373 (2001) vom 28.09.2001; Resolution 1377 (2001) vom 12.11.2001; vgl. auch Resolution 1378 (2001) vom 14.11.2001, die ein bewaffnetes Eingreifen wegen der Unterstützung der Taliban in Afghanistan festlegt; vgl. *Stein/von Buttlar*, Rn. 85.

565   So bspw. in Resolution 1377 (2001) vom 12.11.2001.

566   So bspw. in Resolution 1269 (1999) vom 19.10.1999.

of acts of international terrorism (…) is an essential contribution to the maintenance of international peace and security"[567].

Der Sicherheitsrat bewertete folglich schwere innere Konflikte, massive Menschenrechtsverletzungen und Terroranschläge als internationale Angelegenheiten.

2)　Bewertung der Beschlüsse

Der Wortlaut von Art. 39 UN-Charta ist seit nunmehr über 60 Jahren unverändert geblieben[568]. Sein Inhalt hat sich jedoch durch evolutive Auslegung der Zeit angepasst. Somit erweist sich der Sicherheitsrat als fähig, Antworten auf neue Probleme wie den Terrorismus zu finden.

Die evolutive Auslegung der Charta lässt sich mit den Maßstäben der WVRK vereinbaren: Zum einen ist die allgemeine Formulierung „Bedrohung oder (…) Bruch des Friedens" für eine evolutive Auslegung offen. Zum anderen haben die Staaten bereits auf der UN-Gründungskonferenz in San Francisco eine dauerhafte Sicherung des Weltfriedens beabsichtigt[569]. Die Charta muss sich also als Gründungsvertrag einer internationalen Organisation und damit als Regelungsvertrag geradezu neuen Bedürfnissen anpassen sowie den geänderten Ansprüchen an den Weltfrieden folgen[570]. Darüber hinaus steht die Weiterentwicklung der Charta hin zur Sicherung von inneren Konflikten im Einklang mit dem Interesse der UN-Staaten, individuelle Freiheitsrechte zu stärken. Dieses Bedürfnis wächst seit der Verabschiedung der Allgemeinen Erklärung der Menschrechte im Jahr 1948 in der internationalen Gemeinschaft stetig an – was auch der Abschluss zahlreicher Menschenrechtsübereinkommen zeigt[571]. Die Beachtung dieser außervertraglichen Entwicklungen bei der Auslegung wirkt der Gefahr entgegen, dass das UN-Recht seine Universalität verliert. Darüber hinaus findet die Bedeutsamkeit der Menschenrechte auch in der UN-Charta selbst Anklang: Sie stellen nach Art. 1 Nr. 3, 13 I b), Art. 55 c) und nach der Präambel der UN-Charta ein wesentliches Mittel zur Friedenssicherung dar.

Nicht eindeutig geklärt ist jedoch, ob nach der Konzeption der Charta auch Handlungen Privater, wie Terroristen, als Bedrohung des Weltfriedens gewertet werden können. Denn in ihr ist der Kampf gegen den Terrorismus als Ziel der Vereinten Nationen nicht ausdrücklich genannt. Wünschenswert wäre es daher,

---

567　Ausdrücklich bspw. Resolution 1269 (1999) vom 19.10.1999.
568　Vgl. Ress, in: *Simma*, Interpretation, Rn. 3; vgl. Knapp, in: *Volger*, 35, 36.
569　Ress, in: *Simma*, Interpretation, Rn. 21; Knapp, in: *Volger*, 35, 35 f.
570　Vgl. Blumenwitz, in: *Wolfrum*, Rn. 5.
571　Vgl. die Übersicht zum Stand des internationalen Menschenrechtsschutzes in: Vereinte Nationen 3/1994, S. 118–124; aufgrund des Vorrangs der UN-Charta (Art. 103 UN-Charta) ist der Sicherheitsrat an außervertragliches Recht nicht rechtlich gebunden.

dass der Sicherheitsrat die internationalen Auswirkungen von Terroranschlägen näher erläutert, anstatt allgemein jeden terroristischen Akt als Friedensbedrohung i. S. d. Art. 39 UN-Charta zu qualifizieren[572]. Allerdings haben die Mitglieder in der Schlusserklärung des UN-Gipfeltreffens zum 60-jährigen Bestehen der Vereinten Nationen im September 2005 bereits den Terrorismus in all seinen Formen verurteilt. Ferner wurden im Rahmen der Vereinten Nationen zahlreiche internationale Abkommen gegen den Terrorismus ausgearbeitet, die die Mehrheit der Staaten weltweit ratifiziert hat. In dieser Entwicklung zeigt sich geradezu, dass der Kampf gegen den Terrorismus als neue gesellschaftliche Erscheinungsform auch rechtlich Anerkennung findet.

III. Zwischenergebnis

Die Praxis internationaler Organe zur evolutiven Auslegung völkerrechtlicher Verträge ist vielfältig.

Während der StIGH zu Beginn seiner Tätigkeit die Auslegung weitestgehend auf den Zeitpunkt des Vertragsabschlusses begrenzte und der Dynamik des Rechtsverständnisses wenig Beachtung schenkte[573], erkennt der IGH heute die evolutive Auslegung von Normen uneingeschränkt an[574]. In der Rechtsprechung des IGH fehlt jedoch eine klare Aussage über die Reichweite der evolutiven Auslegung, d. h. die Berücksichtigungsfähigkeit von späteren außervertraglichen Erklärungen.

Der EGMR bewertete die EMRK dagegen schon früh als ein lebendes Instrument, das sich zeitgemäßen Wertvorstellungen anpasst. Neben den Entwicklungen des innerstaatlichen Rechts dienten ihm die spätere internationale Praxis und die Protokolle zur EMRK als Hinweis dafür, ob sich der Wille der Mitgliedstaaten fortgebildet hat. Der Gerichtshof ging bislang sogar bis an die Grenze der evolutiven Auslegung, indem er einen Anspruch auf Prozesskostenhilfe als sozial-wirtschaftliches Recht wie im Fall Airey oder ein allgemeines Asylrecht wie in den Abschiebungsfällen in die EMRK einführte.

Der UN-Sicherheitsrat qualifiziert innerstaatliche Konflikte wie humanitäre Notlagen oder einen Zusammenbruch der staatlichen Ordnung heute als Frie-

---

572 So etwa in Resolution 1377 (2001) vom 12.11.2001; vgl. *Stein/von Buttlar*, Rn. 840, der die „Erosion des Friedenssicherungssystems der UN-Charta durch die Rückkehr zu einer Doktrin des ‚gerechten Krieges‛" befürchtet.

573 Lediglich die Konvention über die Nachtarbeit von Frauen fand 1932 eine dynamische Fortentwicklung. In dem Marokko-Fall und dem Südwestafrika-Fall aus den Jahren 1952 und 1966 wählte der IGH eine statische Auslegung.

574 So im Namibia-Gutachten und dem Urteil über das Gabcikovo-Nagymaros-Projekt aus den Jahren 1971 und 1997.

densbedrohung i. S. d. Art. 39 UN-Charta. Die Sicherung des Weltfriedens findet dadurch eine neue Bewertung, die im Einklang mit internationalen Menschenrechtsverträgen steht. Um der Gefahr einer Ideologisierung des Friedensbegriffs entgegenzuwirken, sind jedoch weitergehende Bemühungen wünschenswert, eine „Bedrohung" durch private Akte wie Terroranschläge in einen internationalen Zusammenhang zu bringen.

D. Zusammenfassung

Die evolutive Auslegung ermöglicht internationalen Organen, völkerrechtliche Verträge an den Wandel der sie umgebenden Lebenswelt anzupassen. Dies gelingt, indem sie auf das völkerrechtliche Umfeld rechtsvergleichend Bezug nehmen.

Auf der einen Seite verhilft diese Praxis zu einer einfachen und schnellen Rechtsfortbildung, die die Homogenität im Völkerrecht erhält. Auf der anderen Seite schmälert sie die Sicherheit und Kontinuität des Völkervertragsrechts. Da eine übermäßige interpretative Fortbildung die Souveränität der Staaten einschränken könnte besteht zumindest die Möglichkeit, dass die internationale Rechtsgemeinschaft letztlich bei der gemeinsamen Durchsetzung des Völkervertragsrechts Zurückhaltung üben könnte. In diesem äußersten Fall wäre eine Kooperation der Staaten nicht mehr gewährleistet.

Um dieser Gefahr entgegenzuwirken, ist es dringend erforderlich, dass internationale Organe die Grenzen der evolutiven Auslegung einhalten: Art. 31 WVRK erlaubt die zeitgemäße Bewertung von Normen nur soweit die Anpassung im Vertrag selbst zum Ausdruck kommt.

Voraussetzung dafür ist zunächst ein allgemein formulierter Wortlaut. Überdies zeigt der Sinn, ob sich ein Vertrag für eine Anpassung „öffnet": Der Telos fungiert sozusagen als „Motor" für die evolutive Entwicklung. Die Präambel und die Existenz unabhängiger Streitbeilegungsorgane weisen zudem besonders auf die Regelungsrichtung des Vertrages hin und verleihen ihm damit eine Eigendynamik. In diesem Fall nehmen die Parteien mit der Zustimmung zur Vereinbarung den zukünftigen Entwicklungsprozess in ihre Entscheidung auf und billigen ihn. Somit wird die Evolution zum Element des Vertrages.

Dies bedeutet jedoch nicht, dass internationale Organe Verträge uneingeschränkt anpassen dürfen. Vielmehr setzt Art. 31 WVRK der evolutiven Auslegung Grenzen:

Voraussetzung bleibt, dass die Anpassung sich mit dem in den Zielen und Zwecken zum Ausdruck kommenden Willen der Parteien und dem Text des Vertrages vereinbaren lässt. Sie kann sich aus jeder Regelung, aus dem Gesamtzusammenhang oder auch nur aus der Präambel ergeben. Sowohl Allgemein-

114

formulierungen als auch inhaltlich konkrete Normen sind für eine evolutive Auslegung offen. Soweit der Vertrag eine Anpassung vorsieht, kann sie auch eine völlig neue Regelung schaffen. Unzulässig ist jedoch, eine Anpassung vorzunehmen, die die Einigung überhaupt nicht vorsieht, oder andere Bestimmungen zu umgehen. Das völkervertragliche Umfeld hilft – unabhängig von der Anzahl der beteiligten Staaten, ihrem Status als Vertragspartei oder ihrer Rechtsverbindlichkeit – ergänzend als Erkenntnisquelle bei der Beurteilung, ob sich ein Rechtsverständnis weiterentwickelt hat oder derzeit entwickelt. Zudem leiten Erklärungen aller Parteien aufgrund ihres vertragsändernden Charakters die Anpassung eigenständig als authentische Auslegung nach Art. 31 III WVRK. Insofern weist Art. 31 WVRK der dynamischen Entwicklung des Völkervertragsrechts wesentlich den Weg.

Internationale Organe wenden die Auslegungsregeln der WVRK allerdings unterschiedlich an. Während sich der IGH und sein Vorgänger, der StIGH, vorrangig damit beschäftigt haben, ob Verträge statisch oder evolutiv auszulegen sind, greift der EGMR von Anfang an umfassend auf das völkervertragliche Umfeld der EMRK zurück[575]. In der Rechtsprechung des EGMR zeigt sich, dass die evolutive Auslegung sehr weit führen kann. Die Beschlüsse des UN-Sicherheitsrats stimmen letztlich mit den gewohnheitsrechtlich geltenden Auslegungsregeln genau überein, auch wenn Art. 31 WVRK in den Entscheidungen dieses politischen Organs naturgemäß keine Erwähnung findet.

---

575 So auch *Bernhardt*, GYIL 1999, 11, 12, 16: „Not the existence, but the extent of the evolutive or dynamic element in any treaty interpretation is the real problem".

Teil 3: Interpretative Fortbildung des GATT 1994

Im Mittelpunkt des dritten Teils steht die evolutive Auslegung des GATT 1994[576]. Der erste Abschnitt widmet sich den Grundlagen des Welthandelssystems [A.]. Es werden die Organe der WTO vorgestellt [I.] und auf die Auslegung des GATT 1994, insbesondere in der WTO-Streitbeilegung, eingegangen [II.]. Die Ausführungen schließen mit einer Zusammenfassung [III.].

Der zweite Abschnitt beschäftigt sich mit der Wechselbeziehung zwischen Welthandel und Umweltschutz [B.]. Als thematischer Hintergrund wird zuerst das Spannungsverhältnis zwischen dem wirtschaftlichen Nutzen von Umweltgütern und dem Schutz der natürlichen Lebensgrundlage geschildert [I.]. Danach wird dargestellt, wie sich das internationale Handelsrecht und das Umweltvölkerrecht historisch entwickelt haben [II.]. Die Ergebnisse werden zuletzt resümiert [III.].

Im dritten Abschnitt wird dann die Streitbeilegungspraxis aufgezeigt und analysiert, in der die evolutive Auslegung in Frage stand. Ziel der Analyse ist die Beurteilung, ob und inwiefern das Welthandelsrecht mit dem Umweltvölkerrecht in Einklang zu bringen ist[577] [C.].

Im Zentrum des vierten Abschnitts steht schließlich die Diskussion, ob eine Anpassung des GATT 1994 das WTO-Recht verändert. Ziel der Untersuchung ist es festzustellen, ob und in welchem Umfang Handelsschranken zum Schutz der Umwelt zulässig sind. Dafür werden die Ergebnisse des zweiten Teils herangezogen [D.]. Anhand der Regeln der WVRK findet erst einmal Erörterung, ob das GATT 1994 überhaupt für eine evolutive Auslegung zugänglich ist [I.]. Darauf folgend wird ausgeführt, inwieweit Handelshemmnisse zum Schutz der

---

576 Im Folgenden beschränkt sich die Untersuchung auf die evolutive Auslegung des GATT 1947/1994; die interpretativen Fortbildung anderer WTO-Übereinkommen im Lichte des Umweltvölkerrechts, insbesondere des SPS [*Agreement on the Application of Sanitary and Phytosanitory Measures*, ABl. EG Nr. L 336, S. 11] und des TRIPS [*Agreement on Trade-Related Aspects of Intellectual Property Rights*, 15.04.1994/ 01.01.1995, in: ILM 33 (1994), S. 1125, 1197–1225, deutsche Quelle: BGBl. II 1994, S. 1730–1748; Anhang 1 C WTO-Übereinkommen], bleibt außer Betracht.

577 Daneben wird die Anpassung des Welthandelsrechts an soziale und kulturelle Rechte, wie sie bspw. in dem Internationalen Pakt über wirtschaftliche, soziale und kulturelle Rechte (in: BGBl. II 1973, S. 1570) aus dem Jahr 1966 niedergelegt sind, an Menschenrechte, insbesondere die Gewährleistungen der EMRK, und geistige Eigentumsrechte, wie sie die WIPO schützt, diskutiert. Darauf wird im Folgenden nicht eingegangen.

Umwelt zulässig sind [II.]. Die Ergebnisse werden zuletzt zusammengetragen [III.]. Auch der dritte Teil schließt mit einer Zusammenfassung [E.].

A. Grundlagen des Welthandelssystems

Das Recht des internationalen Handels wird durch die WTO geregelt[578]. Diese internationale Organisation ist mit Rechtspersönlichkeit ausgestattet[579] und dient als Rahmen für den Welthandel. Sie verwaltet, überwacht und führt die unter ihrem Dach vereinbarten handelsrechtlichen Verträge durch, zu denen neben dem TRIPS und dem GATS[580] insbesondere[581] das GATT 1994 gehört. Die derzeit 155 Mitglieder[582] wickeln zusammengenommen circa 95 Prozent des gesamten Welthandels ab[583]. Daneben dient die WTO als Verhandlungsforum für die politische Fortentwicklung ihrer primärrechtlichen Grundlagen[584].

I. Organe der WTO

Die Erfüllung der Aufgaben der WTO ist nach Art. IV, VI WTO im Wesentlichen[585] der Ministerkonferenz, dem Allgemeinen Rat, dem Generaldirektor und dem Sekretariat übertragen.

---

578 Vgl. Art. I WTO [*Agreement establishing the World Trade Organization*; 15.04.1994/01.01.1995, in: ILM 33 (1994), S. 1125, 1144–1153, deutsche Quelle: BGBl. II 1994, S. 1625–1630].

579 Vgl. Art. VIII WTO.

580 *Agreement on Trade-Related Aspects of Intellectual Property Rights*, 15.04.1994/ 01.01.1995, in: ILM 33 (1994), S. 1125, 1197–1225, deutsche Quelle: BGBl. II 1994, S. 1730–1748 (Anhang 1 C WTO) und *General Agreement on Trade in Services*, 15.04.1994/01.01.1995, in: ILM 33 (1994), S. 1125, 1167–1196, deutsche Quelle: BGBl. II 1994, S. 1643–1677 (Anhang 1 B WTO).

581 Vgl. Anhang 1–4 WTO.

582 Stand: 2012.

583 www.wto.org/english/res_e/doload_e/inbr_e.pdf, S. 7 (Stand: 2009).

584 Vgl. Art. II, III WTO.

585 Nach Art. IV:5 WTO stehen unter der Leitung des Allgemeinen Rats als weitere drei sektorielle Organe je ein Rat für das GATT, GATS und TRIPS und nach Art. IV:7 WTO je ein Ausschuss für Handel und Entwicklung, für Zahlungsbilanzbeschränkungen sowie für Haushalt, Finanzen und Verwaltung und eine Reihe von Arbeitsgruppen. Ferner haben die Ministerkonferenz und der Allgemeine Rat von der in Art. IV:7 Satz 1, 2. Halbsatz WTO vorgesehenen Befugnis Gebrauch gemacht und einen Ausschuss zu regionalen Handelsabkommen sowie für Handel und Umwelt eingerichtet [vgl. zum Letzten die folgenden Ausführungen in Teil 3 B. II. 3) d)].

Zentrale Organe sind die Ministerkonferenz und der Allgemeine Rat, die mit Vertretern aller WTO-Mitglieder besetzt sind. Die Ministerkonferenz tagt im Unterschied zum Allgemeinen Rat, der in der Praxis einmal monatlich zusammenkommt[586], nach Art. IV:1 WTO nur alle zwei Jahre. Sie trifft die grundlegenden Entscheidungen für die politische Fortentwicklung der WTO[587] und handelt insbesondere in Form von Beschlüssen[588].

Der Generaldirektor führt die Beschlüsse der WTO-Hauptorgane aus. Daneben zeichnet er nach Art. VI:1,2,4 WTO für die Leitung des Sekretariats verantwortlich. Das Sekretariat wiederum ist für die Verwaltung der WTO zuständig.

II. Auslegung des GATT 1994

Wie bei allen völkerrechtlichen Verträgen[589] obliegt die Auslegung des GATT 1994 den Parteien, also den Mitgliedern der WTO[590]. Diese können es authentisch oder einseitig auslegen. Die Auslegung ist darüber hinaus auf Organe übertragen.

1) Authentische und einseitige Auslegung durch die Mitgliedstaaten

Die authentische, d.h. gemeinsame Auslegung des GATT 1994 bindet alle Mitglieder der WTO[591]. Einer einseitigen Auslegung fehlt dagegen in jedem Fall eine rechtliche Verbindlichkeit. Denn die Vertragsstaaten können sich beim Beitritt nicht, wie in vielen Fällen[592], Rechte wirksam vorbehalten, da das GATT 1994 einen entsprechenden Vorbehalt nicht regelt[593]. Ferner besteht im Rahmen der WTO der so genannte „Single-package-Ansatz" nach Art. II:2 i. V. m. Art. XVI 5 WTO, der auch als „single undertaking approach" bezeichnet wird. Demzufolge sind alle multilateralen Handelsübereinkommen, die in den Anlagen 1, 2 und 3 zum WTO-Übereinkommen genannt sind, für jedes Mitglied der WTO verbindlich. Mitglieder können also nicht nur einzelnen Handelsab-

---

586   Tietje, in: *Prieß/Berrisch*, Teil A. III., Rn. 22; *Pitschas/Neumann/Herrmann*, S. 22.

587   *Pitschas/Neumann/Herrmann*, S. 22.

588   Vgl. Art. IV:1 i. V. m. Art. IX:1 WTO.

589   Vgl. die Ausführungen in Teil 1 B. I.

590   Vgl. Art. XI:1 WTO.

591   Weiß, in: *Weiß/Herrmann/Ohler*, Rn. 334.

592   Vgl. die Ausführungen in Teil 1. B. I. 2).

593   Vgl. *Cameron/Gray*, ICLQ 2001 (Vol. 50), 248, 248; die Abgrenzung eines Vorbehalts von einer einseitigen Auslegung ist daher für die vorliegende Untersuchung ohne Bedeutung; auf sie wird im Folgenden nicht eingegangen.

kommen beitreten, sondern verpflichten sich mit dem Beitritt zur WTO gleichzeitig zur Einhaltung aller unter ihrem Dach vereinbarten Handelsabkommen[594].

2) Übertragung der Auslegung auf Organe

In der Rechtsordnung der WTO ist die Auslegung auf Organe übertragen.

a) Ministerkonferenz und Allgemeiner Rat

Nach Art. IX:2 WTO sind die Ministerkonferenz und der Allgemeine Rat zur autoritativen, d. h. allgemein verbindlichen Auslegung ermächtigt. Bislang hat keines dieser Organe von seiner autoritativen Auslegungskompetenz Gebrauch gemacht[595].

Gemäß Art. IX:2 Satz 2 WTO hat das Verfahren mit einer Empfehlung des GATT-Rats zu beginnen. Nach Art. IX:2 Satz 3 WTO ist für mindestens eine Dreiviertelmehrheit erforderlich. Dadurch wird sichergestellt, dass die Auslegung die Rechtsauffassung der meisten Handelspartner widerspiegelt. Angestrebt wird allerdings ein Beschluss[596], dem alle WTO-Mitglieder zustimmen. Ein Konsens liegt erst dann vor, wenn kein anwesendes Mitglied formal widerspricht[597]. Gegen eine Entscheidung gibt es kein Rechtsmittel[598].

Art. IX:2 Satz 4 WTO beschränkt die autoritative Auslegung auf den Wortlaut und stellt damit sicher, dass sie keiner Vertragsänderung gleichkommt. Denn Art. X:3 WTO regelt ausdrücklich, dass jedes Mitglied einer von der Mehrheit gewünschten Vertragsänderung die Annahme verweigern kann[599]. Die autoritative Auslegung ist demnach im WTO-Recht strikt von der Änderung zu trennen.

b) Streitbeilegungsorgane

Zur WTO-Rechtsordnung gehört ein umfassendes Streitbeilegungssystem. Ständiges Schiedsgerichtsorgan ist der Allgemeine Rat, der so genannte DSB[600]. Dieser hat vorrangig die Aufgabe, Staaten zu beraten und einen Streit zu schlichten. Gelingt dies nicht, setzt der DSB entweder „ad hoc" ein so genanntes Panel ein, d. h. eine Gruppe Sachverständiger[601], oder er nimmt eine Handels-

---

594 Vgl. zu den Folgen für die Auslegung die Ausführungen in Teil 3 D. II. 2) a).
595 Weiß, in: *Weiß/Herrmann/Ohler*, Rn. 201; Stand: 2008.
596 Vgl. Art. IX:1 WTO; Weiß, in: *Weiß/Herrmann/Ohler*, Rn. 195, 200 sowie Rn. 201, Fußnote 48.
597 Vgl. Fußnote 1 zu Art. IX WTO; so genanntes Konsensus-Verfahren.
598 Vgl. *Neumann*, S. 326, Fußnote 48.
599 Eine Änderung bindet nach Art. X:3 WTO unter bestimmten Voraussetzungen nur die zustimmenden Parteien; die Norm eröffnet damit die Möglichkeit einer Modifikation des GATT.
600 Dispute Settlement Body; Schiedsgerichtsorgan der WTO.
601 Weiß, in: *Weiß/Herrmann/Ohler*, Rn. 337.

streitigkeit nicht an. Für die Ablehnung eines Streits ist jedoch ein „negativer Konsens"[602] nötig, d.h. ausnahmslos alle WTO-Staaten müssen die Annahme ablehnen. Lehnen nicht alle Staaten die Streitigkeit ab und scheitern die Konsultationen des DSB, ist ein Panel also zwingend einzusetzen[603]. Daher ist die WTO-Streitbeilegung „quasi-obligatorisch"[604] zuständig.

Nach Art. 12.8 DSU[605] muss das Panel eine Entscheidung innerhalb von sechs Monaten treffen. Der Rechtsmittelinstanz, dem Appellate Body, einem ständigen Gremium aus sieben Mitgliedern[606], bleiben nach Art. 17 DSU sodann lediglich zwei Monate, um die Entscheidung der Erstinstanz zu überprüfen.

Die Streitbeilegungsorgane sollen gem. Art. 3.2 Satz 2 DSU die gewohnheitsrechtlichen Auslegungsregeln anwenden[607], welche in Art. 31, 32 WVRK niedergelegt sind[608]. Gemäß Art. 19.2 DSU dürfen sie die Rechte und Pflichten der WTO-Mitglieder weder ergänzen noch schmälern. Zudem ist die Auslegung nach Art. 1.1, 7.1, 7.2, 11 und 17.6 DSU grundsätzlich auf die in Anhang 1 zum DSU genannten Verträge beschränkt. Dies sind weitestgehend[609] die Abkommen, die unter dem Dach der WTO vereinbart wurden. Eine Ausnahme besteht nach Art. 7.1 DSU, soweit die Streitparteien ausdrücklich und einvernehmlich weitere Regeln benennen. Ferner sind andere Verträge, auf die das WTO-Recht explizit verweist, im Streitbeilegungsverfahren anwendbar[610]. Darüber hinausgehende Rechtsquellen sind ausgeschlossen[611].

---

602 Dieses Prinzip wird auch „umgekehrter Konsens" genannt (vgl. *Reinisch*, RIW 2002, 449, 449).

603 Vgl. Art. 4 DSU; *Hohmann*, EuZW 2000, 421, 421.

604 Vgl. *Reinisch*, RIW 2002, 449, 449; vgl. *Pitschas/Neumann/Herrmann*, S. 22.

605 *Dispute Settlement Understanding*, 15.04.1994/01.01.1995, in: ILM 33 (1994), S. 1125, 1226–1247, deutsche Quelle: BGBl. II 1994, S. 1749–1764; Anhang 2 des WTO-Übereinkommens.

606 Shahin, in: *Shaffer/Meléndez-Ortiz*, S. 277.

607 Während die amtliche deutsche Übersetzung des Art. 3.2 DSU ungenau von den „herkömmlichen Regeln der Auslegung des Völkerrechts" spricht, heißt es im authentischen englischen Originaltext „in accordance with customary rules of interpretation of public international law"; ein direkter Verweis auf die WVRK fehlt in Art. 3.2 DSU, da nicht alle WTO-Mitglieder ihre Parteien sind.

608 Vgl. die Ausführungen in Teil 2 B. I.

609 Ausgenommen ist das Abkommen über den Mechanismus zur Überprüfung der Handelspolitik, ABl. EG Nr. L 336, S. 11 ff.; Anlage 3 zum WTO-Übereinkommen.

610 Weiß, in: *Weiß/Herrmann/Ohler*, Rn. 341, der beispielhaft das TRIPS nennt, welches in Art. 1.3 TRIPS auf größere internationale Schutzrechtskonventionen verweist; ebenso Göttsche, in: *Hilf/Oeter*, § 7, Rn. 30 und Tietje, in: *Prieß/Berrisch*, Teil C. I. 2., Rn. 40.

611 Weiß, in: *Weiß/Herrmann/Ohler*, Rn. 340; Kluttig, in: *Tietje/Kraft*, 5, 29; vgl. *Reinisch*, RIW 2002, 449, 454; dies schließt freilich nicht aus, das völkerrechtliche Umfeld der

Der DSB muss eine Entscheidung der Streitbeilegungsorgane gemäß Art. 16.4 und 17.14 DSU formell annehmen, damit sie verbindlich wird. Für eine Ablehnung ist wiederum ein „negativer Konsens" nötig. Der Widerspruch eines oder sogar der Mehrheit der Mitglieder ist infolgedessen unschädlich[612].

Des Weiteren gelten die Entscheidungen, wie grundsätzlich im Völkerrecht[613], nach dem Grundsatz „each case on its own merits" nur „inter partes", d. h. sie binden formell nur die Streitparteien[614]. Faktisch sind sie jedoch schon vor bzw. auch ohne Annahme im DSB und über die Streitparteien hinaus verbindlich[615]: Nur so ist die Vorhersehbarkeit und Sicherheit der Handelsbeziehungen sichergestellt, die Art. 3.2 Satz 1 DSU ausdrücklich hervorhebt[616]. Die Entscheidungen der Streitbeilegungsorgane nehmen somit – unabhängig davon, ob sie angenommen werden oder nicht und welche Staaten an dem Streit beteiligt sind[617] – faktisch auch auf zukünftige Fälle Einfluss[618]. Dies gilt, obwohl eine dem Art. 38 I d) IGH-Statut vergleichbare Norm im WTO-Recht fehlt[619].

Um Entscheidungen durchzusetzen, kann der DSB auf Antrag eines WTO-Mitglieds letztlich Sanktionen genehmigen. Als Sanktion kommen etwa die Er-

WTO als Recht*erkenntnis*quelle zu nutzen [vgl. die folgenden Ausführungen in Teil 3 D. II. 3) b)]; vielmehr ist zwischen der Jurisdiktionsgewalt, d. h. dem vor den Panel und dem Appellate Body durchsetzbarem Recht, und der Regelung des anwendbaren Rechts zu unterscheiden (Weiß, in: *Weiß/Herrmann/Ohler*, Rn. 340).

612 Vgl. Shahin, in: *Shaffer/Meléndez-Ortiz*, S. 277.

613 Vgl. die Ausführungen in Teil 1 B. II.

614 *Triebold*, S. 235; *Stoll/Schorkopf*, Rn. 482; vgl. Göttsche, in: *Hilf/Oeter*, § 7, Rn. 18.

615 *Cameron/Gray*, ICLQ 2001 (Vol. 50), 248, 250, 252; Göttsche, in: *Hilf/Oeter*, § 7, Rn. 21; Ohlhoff, in: *Prieß/Berrisch*, Teil C I. 2. Rn. 34, 35; vgl. Schmidt/Kahl, in: *Rengeling II*, § 89, Rn. 14.

616 Vgl. Weiß, in: *Weiß/Herrmann/Ohler*, Rn. 335.

617 *Triebold*, S. 235: „Die WTO-Rekursinstanz hat ausdrücklich bestätigt, dass selbst Panel-Berichte, die von den Vertragsparteien nicht angenommen worden sind, im Entscheidungsfindungsprozess beigezogen werden können, sofern ein Panel die dortigen Erwägungen als nützlich und relevant betrachtete"; ebenso *Stoll/Schorkopf*, Rn. 484: „Nicht angenommene Panel-Berichte können jedoch als hilfreiche Leitlinie (useful guidance) dienen"; einschränkend Weiß, in: *Weiß/Herrmann/Ohler*, Rn. 335: „Auch auf nicht angenommene Panel-Berichte ist einzugehen. (...) sie dürfen aber – anders als angenommene Berichte – nicht tragend sein".

618 *Diem*, S. 24; Schmidt/Kahl, in: *Rengeling II*, § 89, Rn. 14; vgl. Weiß, in: *Weiß/Herrmann/Ohler*, Rn. 334 f.; vgl. *Triebold*, S. 235, der sich auf „(d)ie Annahme der Panel-Berichte durch die Vertragsparteien im Konsensverfahren unter dem GATT 1947 sowie die heute geltende Überprüfung durch die Rekursinstanz im WTO-Streitschlichtungsverfahren" stützt.

619 Vgl. Ohlhoff, in: *Prieß/Berrisch*, Teil C I. 2., Rn. 22; vgl. *Pauwelyn*, S. 52.

hebung von Strafzöllen oder die Aussetzung von Handelszugeständnissen in Betracht[620].

III. Zusammenfassung

In der WTO können die Mitglieder das GATT 1994 gemeinsam rechtsverbindlich auslegen. Einer einseitigen Auslegung fehlt in jedem Fall eine rechtliche Verbindlichkeit. Als politische Organe sind die Ministerkonferenz und der Allgemeine Rat zur autoritativen, d. h. allgemein verbindlichen Auslegung befugt. Gegen ihre Entscheidungen können die Mitglieder nicht rechtlich vorgehen. Bislang haben die Ministerkonferenz und der Allgemeine Rat allerdings noch nicht von dieser Kompetenz Gebrauch gemacht.

Der Allgemeine Rat hat eine weitere Zuständigkeit: Er ist für alle Handelsstreitigkeiten als DSB „quasi-obligatorisch" zuständig. Zudem kennt das Streitbeilegungssystem neben dem erstinstanzlichen Panel eine zweite Instanz, den Appellate Body. Diese Organe legen nur die welthandelsrechtlichen Verträge aus. Weitere Rechtsquellen sind also in aller Regel ausgeschlossen. Die Auslegung bindet zumindest faktisch alle Mitglieder der WTO. Für ihre formale Verbindlichkeit ist erforderlich, dass der DSB eine Entscheidung annimmt. Er kann diese jedoch nur einvernehmlich ablehnen: Ein formaler Widerspruch eines oder sogar der Mehrheit der Mitglieder ist daher unschädlich. Außerdem kann der DSB zur Durchsetzung der Entscheidungen empfindliche Wirtschaftsstrafen genehmigen.

B. Welthandel und Umweltschutz

I. Spannungsverhältnis

Welthandel und Umweltschutz stehen auf den ersten Blick in keiner Beziehung zueinander:

Staaten öffnen ihre Märkte für den Austausch von Waren allein aus ökonomischen Gründen[621]. Denn der Welthandel fördert das wirtschaftliche Wachstum und damit den globalen Wohlstand der Staaten. Der Schutz der Umwelt bezweckt dagegen, die natürliche Lebensgrundlage des Menschen zu bewahren und deren Zerstörung zu verhindern.

---

620 Vgl. Art. 2.1 DSU i. V. m. Art. 22 DSU; Shahin, in: *Shaffer/Meléndez-Ortiz*, S. 279.
621 Helm, in: *Simonis*, 219, 219; vgl. *Sander*, S. 19; vgl. *Weizsäcker*, in: FAZ vom 15. November 1997, S. 15.

Viele Naturgüter stellen jedoch wirtschaftlich betrachtet geradezu ein bedeutendes Handelsgut dar: Zum einen fließen aus dem Handel mit Tieren und Pflanzen oder auch deren Erzeugnissen sowie Bodenschätzen unmittelbar ökonomische Vorteile, da sie verkauft werden. Zum anderen dient die Umwelt mittelbar dem Handel, indem sie die Grundlage der wirtschaftlichen Tätigkeit darstellt. So beanspruchen die Produktion und Konsumtion von Gütern zunehmend die Schadstoffaufnahmekapazität des Ökosystems Erde[622]. Überdies verursachen längere Transportwege einen erhöhten Energieverbrauch[623].

Umweltgüter stellen nach der traditionellen Freihandelstheorie Adam Smiths und David Ricardos folglich einen komparativen Kostenvorteil von Staaten dar. Vor allem minimiert ein geringes Niveau im Umweltschutz den Preis für die inländische Herstellung von Waren. Dadurch siedeln sich Wirtschaftszweige vermehrt im eigenen Land an[624]. Dies ist einer der Gründe dafür, dass die „Ausnutzung" der Umwelt zu Wettbewerbsvorteilen auf dem internationalen Markt führt[625]. Hohe innerstaatliche Umweltschutzstandards führen dagegen in aller Regel zu volkswirtschaftlichen Nachteilen[626].

Der wirtschaftliche Nutzen von Umweltgütern und der Schutz der Umwelt stehen demnach in einem engen Verhältnis zueinander.

II. Entwicklung im Völkerrecht

Das Spannungsverhältnis zwischen internationalem Handel und Umweltschutz findet sich sowohl im Welthandelsrecht als auch im Umweltvölkerrecht wieder. Im Folgenden werden zunächst die handelsrechtlichen (1.) und daraufhin die umweltvölkerrechtlichen (2.) Regelungen aufgezeigt, die in diesem Zusammenhang relevant sind.

---

622 Schmidt/Kahl, in: *Rengeling II*, § 89, Rn. 1; Helm, in: *Simonis*, 219, 219; *Voss,* in: Die Zeit vom 3. November 1995, Nr. 45, S. 33; vgl. *Sander*, S. 23.
623 *Triebold*, S. 41, Fußnote 166; vgl. *Sander*, S. 23.
624 *Sander*, S. 19.
625 Die damit verbundenen Probleme des fairen Wettbewerbs sind nicht Gegenstand dieser Arbeit.
626 *Gramlich* hebt hervor, dass „die (staatliche) Steuerung wirtschaftlicher Betätigung und des (grenzüberschreitenden) Handelsverkehrs zwar nicht (...) das einzige oder primäre Instrument, wohl aber (...) ein kaum verzichtbares Mittel" zum Schutz der Umwelt ist (*Gramlich*, AVR 1995, 131, 140 f.); insbesondere der Einsatz finanzieller Mittel ermöglicht nicht, die Zerstörung der natürlichen Lebensgrundlage präventiv zu vermeiden, sondern nur bereits entstandene Umweltschäden nachträglich zu beheben.

1) GATT 1947

Der multilaterale Welthandel begann nach dem Ende des Zweiten Weltkrieges mit dem GATT 1947 – ein Vertrag, der erstmalig die nationalen Märkte für den grenzüberschreitenden Austausch von Waren öffnete[627].
Seine Gründer intendierten eigentlich, eine internationale Handelsorganisation, die ITO, zu erschaffen. Diese sollte zusammen mit dem IMF und IBRD, die drei Jahre zuvor auf der Konferenz von Bretton Woods als finanzielle Institutionen erschaffen wurden, eine der drei Säulen des neuen, internationalen Wirtschaftssystems bilden. Ziel war es, mit diesem System als Sonderorganisation der UN die politischen Institutionen der Friedenssicherung wirtschaftlich zu ergänzen[628]. Die ITO scheiterte jedoch an der fehlenden Zustimmung des US-Kongresses. Hingegen konnte das GATT 1947 vereinbart werden und die Organisation zumindest zum Teil ersetzen, da die Staaten hierfür das alleinige Verhandlungsmandat hatten[629]. So wurde der Vertrag am 30.10.1947 unterzeichnet und trat am 01.01.1948 auf Grundlage des „Protokoll(s) über die vorläufige Anwendung des allgemeinen Abkommens" in Kraft.

a) Grundprinzipien

Die Parteien einigten sich auf das GATT 1947 mit dem Ziel, den zwischenstaatlichen Handel mit Waren zu liberalisieren. Dahinter stand die Vorstellung, dass die Öffnung der Märkte zur Steigerung der Wohlfahrt führe[630]. So forderte auch seine Präambel, die „Handels- und Wirtschaftsbeziehungen auf die Erhöhung des Lebensstandards, auf die Verwirklichung der Vollbeschäftigung, auf ein hohes und ständig steigendes Niveau des Realeinkommens und der wirksamen Nachfrage, (...) auf die Steigerung der Produktion und des Austausches von Waren (...) durch den Abschluss von Vereinbarungen (...) auf der Grundlage der Gegenseitigkeit und zum gemeinsamen Nutzen" zu richten.
Dieses Ziel sollte vorrangig durch die schrittweise Reduzierung von Zöllen bei der Einfuhr verwirklicht werden[631]. Daneben sollten gem. Art. XI:1 GATT 1947 mengenmäßige Beschränkungen und sonstige so genannte nicht-tarifäre

---

627 Vgl. *Benedek*, S. 1: „Während in der Zeit zuvor eine Vielzahl bilateraler Regime den Handelsverkehr erschwerte, gelang es mit dem Abschluss des GATT, erstmals eine einheitliche multilaterale Rechtsordnung für den internationalen Handel als den Kernbereich der internationalen Wirtschaft zu errichten".

628 *Benedek*, S. 28.

629 Berrisch, in: *Prieß/Berrisch*, Teil B I. 1., Rn. 1; *Triebold*, S. 7 f.

630 Helm, in: *Simonis*, 219, 230; *Tietje*, EuR 2000, 285, 286; *Hohmann*, RIW 2000, 88, 88; vgl. Göttsche, in: *Hilf/Oeter*, Rn. 37; vgl. *Hummer/Weiss*, S. XXXI.

631 Vgl. Art. II:7, XXVIII GATT 1947 i. V. m. den Zollzugeständnislisten.

Handelshemmnisse beseitigt werden. Als nicht-tarifäres Handelshemmnis wurden alle nationalen Regelungen bei der Ein- und Ausfuhr eingestuft, die eine handelsverzerrende oder -vermindernde Wirkung haben. Handelsrestriktionen wurden also im Gegensatz zu Zolltarifen verboten, weil sie wegen ihrer Intransparenz dem Schutz der heimischen Wirtschaft besonders zugänglich sind[632].

Das GATT 1947 basiert hauptsächlich auf den folgenden drei Grundprinzipien: Erstens gilt generell das Verbot protektionistischer Maßnahmen. Weiter ist es verboten, gleichartige Waren rechtlich oder faktisch zu diskriminieren[633]. Bei der rechtlichen Diskriminierung knüpft die Schlechterstellung an die Produktherkunft an. Die faktische Diskriminierung greift auf andere Kriterien zurück, die das eingeführte Produkt benachteiligen. Der Grundsatz ist in Art. III GATT 1947 enthalten[634] und findet auch in der Präambel Ausdruck.

Dieses Prinzip wird insbesondere[635] durch das Meistbegünstigungsgebot gem. Art. I:1 GATT 1947 und den Gedanken der Inländergleichbehandlung gem. Art. III:2,4 GATT 1947 umgesetzt. Erstes garantiert, alle gleichartigen ausländischen Produkte bei Grenzübertritt im Verhältnis zueinander unverzüglich und bedingungslos äquivalent zu behandeln[636]. Zweites stellt sicher, dass ausländische und gleichartige inländische Waren nach Grenzübertritt auch gleichwertig behandelt werden[637]. Beide Regelungen erlauben somit nur, sich voneinander un-

---

632 Göttsche, in: *Hilf/Oeter*, Rn. 38; vgl. Weiß, in: *Weiß/Herrmann/Ohler*, Rn. 373, 463.

633 Weiß, in: *Weiß/Herrmann/Ohler*, Rn. 380 sowie Herrmann, in: *Weiß/Herrmann/Ohler*, Rn. 517.

634 Art. III GATT 1947 verfolgt darüber hinaus den Zweck, die Zollzugeständnisse abzusichern; Zollbindungen werden dann nicht unterlaufen, wenn die WTO-Staaten importierte Waren nicht mit internen Abgaben belegen dürfen (Berrisch, in: *Prieß/Berrisch*, Teil B I. 1., Rn. 26; Göttsche, in: *Hilf/Oeter*, Rn. 40).

635 Das Meistbegünstigungsprinzip ist in weiteren Normen verankert, etwa in Art. III:7, IV (b), V:2, 5, 6, IX:1, XIII, XIV, XV, XVII (a), XVIII:20, XX GATT 1947 (vgl. Weiß, in: *Weiß/Herrmann/Ohler*, Rn. 386 f.).

636 Art. I:1 GATT 1947 lautet: „Bei Zöllen und Belastungen aller Art, die anläßlich oder im Zusammenhang mit der Einfuhr oder Ausfuhr (…) auferlegt werden, (…) werden alle Vorteile (…), die eine *Vertragspartei* für eine Ware gewährt, welche aus einem anderen Land stammt oder für dieses bestimmt ist, unverzüglich und bedingungslos für alle gleichartigen Waren gewährt, die aus den Gebieten der anderen *Vertragsparteien* stammen oder für diese bestimmt sind" (Hervorhebung im Original); die Regelung wird in den meisten Fällen durch das Beschränkungsverbot des Art. XI GATT 1947 verdrängt.

637 Art. III:2 GATT 1947 lautet: „Waren, die aus dem Gebiet einer *Vertragspartei* in das Gebiet einer anderen *Vertragspartei* eingeführt werden, dürfen weder direkt noch indirekt höheren inneren Abgaben oder sonstigen Belastungen unterworfen werden als gleichartige

terscheidende Waren unterschiedlich zu behandeln[638]. Durch diese Gebote soll ebenfalls vermieden werden, dass die inländische Wirtschaft durch die Diskriminierung ausländischer Waren geschützt wird[639].

Drittens ist das Handelsrecht von den Grundsätzen zur Gegenseitigkeit und Kooperation geprägt, was schon in der GATT-Präambel anklingt[640]. Der Grundsatz der Gegenseitigkeit verlangt, dass Handelsvorteile im Gleichgewicht bleiben, d.h. den Zugeständnissen eines Landes gleichwertige Gegenleistungen eines anderen Landes gegenüberstehen. Ausdruck findet dies in verschiedenen Regelungen des GATT 1947[641], besonders aber in der schrittweisen Herabsetzung des Zollniveaus[642]. Der Kooperationsgedanke folgt aus dem Bemühen, unilaterales bzw. bilaterales Handeln zu verhindern[643]. Wieder einmal zeigt sich auch darin der Wille zu verhindern, dass der Handel heimlich zum Schutz der inländischen Wirtschaft missbraucht wird[644].

b)   *GATT-Präambel und umweltrelevante Ausnahmebestimmungen*

Neben den bereits aufgeführten Zielen[645] verweist die Präambel des GATT 1947 „auf die volle Erschließung der Hilfsquellen der Welt"[646]. Diese Regelung be-

---

inländische Waren"; Art. III:4 Satz 1 GATT 1947 lautet: „Waren, die aus dem Gebiet einer *Vertragspartei* in das Gebiet einer anderen *Vertragspartei* eingeführt werden, dürfen hinsichtlich aller Gesetze, Verordnungen und sonstigen Vorschriften (…) im Inland keine weniger günstige Behandlung erfahren als gleichartige Waren inländischen Ursprungs" (Hervorhebungen im Original); *Triebold*, S. 27; vgl. zur Abgrenzung zwischen Art. III und Art. XI GATT 1947 die Ausführungen von Weiß, in: *Weiß/Herrmann/Ohler*, Rn. 471.

638   Vgl. Weiß, in: *Weiß/Herrmann/Ohler*, Rn. 393.

639   Vgl. insbesondere Art. III:1 GATT 1947: „Die Vertragsparteien erkennen an, dass die inneren Abgaben und sonstigen Belastungen (…) auf eingeführte oder inländische Waren nicht derart angewendet werden sollen, *dass die inländische Erzeugung geschützt wird*" (Hervorhebung durch Verfasser).

640   Vgl. die Ausführungen in Teil 3 D. II. 3) c) bb) (2) (c).

641   Vgl. etwa Art. XV, XIX:3 (a), XX (h), XXI (c), XXXIII GATT 1947.

642   Göttsche, in: *Hilf/Oeter*, Rn. 41 f.; *Triebold*, S. 32; Gramlich, AVR 1995, 131, 154.

643   Göttsche, in: *Hilf/Oeter*, Rn. 48.

644   *Biermann*, AVR 2000, 455, 457.

645   Vgl. die Ausführungen in Teil 3 B. II. 1) a).

646   Der zweite Erwägungsgrund der Präambel des GATT 1947 lautet: „(…) in der Erkenntnis, dass ihre Handels- und Wirtschaftsbeziehungen auf die Erhöhung des Lebensstandards, auf die Verwirklichung der Vollbeschäftigung, auf ein hohes und ständig steigendes Niveau des Realeinkommens und der wirksamen Nachfrage, *auf die volle Erschließung der Hilfsquellen der Welt*, auf die Steigerung der Produktion und des Austausches von Waren gerichtet sein sollen" (Hervorhebung durch Verfasser).

zweckt allerdings nicht, die Umwelt zu schützen, sondern verweist allein darauf, dass alle Rohstoffe ungehindert zugänglich sein sollen[647]. Ihr Ziel ist demnach, Naturressourcen für den Handel zu nutzen.

Das GATT 1947 enthält jedoch einige Bestimmungen, die ausnahmsweise erlauben, den Handel aus ökologischen Gründen zu beschränken. Von Bedeutung sind vor allem die Regelungen in Art. XX GATT 1947[648], der abschließend ausnahmsweise zulässige Handelsschranken aufzählt[649]. In dieser Vorschrift wird insbesondere[650] in den Unterpunkten (b) und (g) auf die Umwelt Bezug genommen[651]. Danach sind Maßnahmen zum Schutze des Lebens und der Gesundheit von Menschen, Tieren und Pflanzen sowie zur Erhaltung erschöpflicher Naturschätze unter bestimmten Voraussetzungen erlaubt. Erforderlich ist zum einen, dass die Grundprinzipien des Handelsrechts eingehalten werden und zum anderen, dass solche Maßnahmen im Zusammenhang mit einer Beschränkung der inländischen Produktion oder des inländischen Verbrauches stehen. Die Norm ermöglicht somit, ein Hemmnis unter den folgenden drei Voraussetzungen zu rechtfertigen[652]:

---

647 *Senti*, Die Friedenswarte 73 (1998), 63, 66.

648 Dass der Text des Art. XX GATT schon 1947 vereinbart wurde, stellen *Hailbronner/ Bierwagen,* JA 1988, 318, 318 f., und *Epiney*, DVBl. 2000, 77, 77, ausdrücklich fest; die Tatbestandsausnahme in Art. XI:2 GATT 1947 bezog sich in der Regel nicht auf umweltpolitisch motivierte Handelsschranken (vgl. *Epiney*, DVBl. 2000, 77, 79, Fußnote 11; vgl. auch Schmidt/Kahl, in: *Rengeling II*, § 89, Rn. 97).

649 *Stoll/Schorkopf*, Rn. 173; Kluttig, in: *Tietje/Kraft*, 5, 16; *Epiney*, DVBl. 2000, 77, 81.

650 Daneben ist die Rechtfertigung von Handelsschranken zum Schutz der Umwelt nach den Unterpunkten (a) und (d) möglich; da Umweltschutzmaßnahmen nach diesen Unterpunkten in der Streitbeilegungspraxis noch nicht in Frage standen (vgl. Herrmann, in: *Weiß/Herrmann/Ohler*, Rn. 524; vgl. Weiß, in: *Weiß/Herrmann/Ohler*, Rn. 780 f.; vgl. Berrisch, in: *Prieß/Berrisch*, Teil B I. 1., Rn. 236; vgl. *Triebold*, S. 235 f.), wird darauf nicht weiter eingegangen.

651 Art. XX GATT 1947 lautet: „Unter dem Vorbehalt, dass die folgenden Maßnahmen nicht so angewendet werden, dass sie zu einer willkürlichen und ungerechtfertigten Diskriminierung zwischen Ländern, in denen gleiche Verhältnisse bestehen, oder zu einer verschleierten Beschränkung des internationalen Handels führen, darf keine Bestimmung dieses Abkommens so ausgelegt werden, dass sie eine Vertragspartei daran hindert, folgende Maßnahmen zu beschliessen oder durchzuführen: (b) Maßnahmen zum Schutze des Lebens und der Gesundheit von Menschen, Tieren und Pflanzen; (g) Maßnahmen zur Erhaltung erschöpflicher Naturschätze, sofern solche Maßnahmen im Zusammenhang mit Beschränkungen der inländischen Produktion oder des inländischen Verbrauches angewendet werden".

652 *Stoll/Schorkopf*, Rn. 171.

Der Handel darf zum einen nur zum Schutz der Umweltgüter beschränkt werden, die in Unterpunkt (b) und (g) aufgelistet sind. Da alle dort genannten Umweltgüter gleichweitig nebeneinander stehen, fallen Maßnahmen häufig unter beide Tatbestände[653].

Zum anderen muss eine Handelsschranke zwingend die jeweiligen speziellen Tatbestandsvoraussetzungen erfüllen, nämlich nach Unterpunkt (b) notwendig[654] sein und nach Unterpunkt (g) der Erhaltung dienen sowie im Zusammenhang mit der inländischen Produktion oder dem Verbrauch stehen.

Zuletzt verlangt der Einleitungssatz des Art. XX GATT 1947, der Chapeau, dass ein Hemmnis unter keinen Umständen willkürlich oder[655] ungerechtfertigt zwischen Ländern, in denen gleiche Verhältnisse herrschen, diskriminiert oder den Handel verschleiert beschränkt. Der Chapeau verbietet auch Beschränkungen, durch die Länder gleich behandelt werden, obwohl in ihnen ungleiche Bedingungen vorliegen[656]. Dadurch wird sichergestellt, dass eine Handelsschranke nicht letztlich doch protektionistischen Zwecken dient[657].

c)   Art. XX (b) und (g) GATT 1947

Der Umweltschutz fand 1947 im Welthandelsrecht keine große Berücksichtigung. Denn zur Zeit der Entstehung des GATT waren die nationalen Volkswirtschaften zerrüttet, der weltwirtschaftliche Handel zusammengebrochen und es herrschte allgemein eine hohe Arbeitslosigkeit, die der Zweite Weltkrieg noch intensiviert hatte[658]. Ferner nahmen Umweltprobleme als gesellschaftliches Thema in den 1940er-Jahren nur einen geringen Stellenwert ein[659].

---

653   Herrmann, in: *Weiß/Herrmann/Ohler*, Rn. 527; vgl. *Stoll/Schorkopf*, Rn. 180, 186.

654   Es ist darauf hinzuweisen, dass die amtliche deutsche Übersetzung das Merkmal der Notwendigkeit der Maßnahme nicht wiedergibt; dies ergibt sich jedoch aus dem eindeutigen authentischen englischen Wortlaut „necessary to protect human, animal or plant life or health" und den entsprechenden ebenfalls völkerrechtlich verbindlichen französischen und spanischen Fassungen.

655   In der deutschen Fassung ist das Wort „or" aus der authentischen englischen Fassung falsch mit dem Wort „und" übersetzt worden.

656   *Stoll/Schorkopf*, Rn. 190; Berrisch, in: *Prieß/Berrisch*, Teil B I. 1., Rn. 272.

657   Puth, in: *Hilf/Oeter*, § 30, Rn. 39; Bender, in: *Hilf/Oeter*, § 9, Rn. 75; Berrisch, in: *Prieß/Berrisch*, Teil B I. 1., Rn. 278.

658   Vgl. *Hailbronner/Bierwagen*, JA 1988, 318, 318 f.

659   Vgl. Schmidt/Kahl, in: *Rengeling II*, § 89, Rn. 77: „(D)as GATT (war) in seiner 1947 verabschiedeten und bis 1994 geltenden Fassung ökologieblind"; vgl. *Altemöller*, S. 3: „Zur Zeit der Entstehung des GATT im Jahr 1947 nahmen Umweltprobleme nur einen geringen Stellenwert ein, und man dachte kaum an eine Notwendigkeit zum Schutz der Umwelt"; vgl. *Rechkemmer/Schmidt*, VN 2004, 201, 201: „Zur Zeit der Gründung der

Aus all diesen Gründen verstießen ökologisch motivierte Handelshemmnisse, die vor allem aus den Unterschieden der Rechts- und Wirtschaftsordnungen der Staaten resultierten, grundsätzlich gegen das Beschränkungsverbot des Art. XI GATT 1947[660]. Daneben verletzte ein Staat in der Regel[661] Art. I und III GATT 1947, wenn er den Handel etwa wegen der umweltschädlichen Herstellung eines Produkts verbat[662]. Das Diskriminierungsverbot knüpfte nämlich allein an die Gleichartigkeit von Waren an – Unterschiede im Herstellungsprozess berücksichtigte es dagegen nicht[663].

Art. XX GATT 1947 rechtfertigte einige, jedoch nicht alle dieser Verstöße: So sollte die Regelung in Unterpunkt (g) zwar Naturschätze vor ihrer Ausbeutung schützen[664]. In dem Bewusstsein, dass die Ressourcen der Erde nicht unerschöpflich sind, intendierten die Vertragsgründer allerdings nur, anorganische Naturgüter, also metallische bzw. mineralische Bodenschätze wie etwa Öl, zu

---

Vereinten Nationen im Jahr 1945 war die Umwelt kein Thema"; vgl. *Biermann*, AVR 2000, 455, 475: „Art. XX GATT stammt noch aus einer Zeit, als Umweltpolitik kaum ein staatliches Interesse und ein zwischenstaatlicher Konfliktgegenstand war"; vgl. *Triebold*, S. 39; vgl. Matz-Lück/Wolfrum, in: *Wolfrum/Stoll/Hestermeyer*, S. 558: „The creators of the GATT 1947 did not take account of general environmental considerations other than the life of plants and animals because the issue was not yet of any serious international concern".

660 Weiß, in: *Weiß/Herrmann/Ohler*, Rn. 465; vgl. *Reinisch*, RIW 2002, 449, 452; vgl. Berrisch, in: *Prieß/Berrisch*, Teil B I. 1., Rn. 245: „Handelt es sich bei der Maßnahme um ein Einfuhrverbot, ist (…) Art. XI einschlägig".

661 Etwas anderes gilt, wenn sich die Umweltschädlichkeit des Herstellungsverfahrens in der Beschaffenheit des Produkts selbst niederschlägt; darüber hinaus erfordert ein Verstoß gegen Art. III:4 GATT 1947, dass der einführende Staat eine vergleichbare Ware im Inland herstellt (vgl. *Stoll/Schorkopf*, Rn. 171: „Sofern vergleichbare Waren im Inland nicht hergestellt werden, mangelt es an einem eingrenzenden Vergleichsmaßstab").

662 Vgl. Berrisch, in: *Prieß/Berrisch*, Teil B I. 1., Rn. 245: „Bei PPMs kommen in erster Linie Art. III und I in Betracht, da die Art und Weise der Herstellung bei der Feststellung der Warengleichheit keine Rolle spielt"; vgl. Weiß, in: *Weiß/Herrmann/Ohler*, Rn. 395 sowie eingehend Herrmann, in: *Weiß/Herrmann/Ohler*, Rn. 519; vgl. *Triebold*, S. 43; obwohl die Frage, ob Handelsbeschränkungen zum Schutz gemeinsamer Umweltgüter unter dem GATT zulässig sein können (vgl. die folgenden Ausführungen, insbesondere ab Teil 3 C.), mit der Produkt/Produktions-Problematik eng verknüpft ist (vgl. *Triebold*, S. 293, 297; vgl. Berrisch, in: *Prieß/Berrisch*, Teil B I. 1., Rn. 241; vgl. Herrmann, in: *Weiß/Herrmann/Ohler*, Rn. 537), hat letztes auf die vorliegende Untersuchung keinen Einfluss und ist daher nicht Gegenstand näherer Ausführungen.

663 Vgl. Berrisch, in: *Prieß/Berrisch*, Teil B I. 1., Rn. 245.

664 Vgl. *Gramlich*, AVR 1995, 131, 151.

schützen[665]. Die lebende Natur sahen sie dagegen nicht als „erschöpflich" an. Sie waren sogar der Meinung, dem Aussterben von Tieren und Pflanzen stehe deren Fähigkeit entgegen, sich reproduzieren zu können. Zudem waren sie der Ansicht, dass es jedem Staat selbst obliege, seine Umwelt „auszubeuten" oder zu erhalten[666]. Diese Entscheidung sahen sie als Teil der territorialen Souveränität[667]. Daher stand in den Verhandlungen zum Unterpunkt (g) auch nur der Schutz inländischer Naturschätze zur Diskussion[668]. Ebenso waren die Vertragsgründer beim Unterpunkt (b) allein auf nationale Umweltgüter fokussiert[669]. Ein Staat sollte demnach nur Handelsschranken rechtfertigen, die die Tier- und Pflanzenwelt oder die Landschaft innerhalb seines Gebietes schützen[670]. Da die Vertragsgründer weltweite Umweltprobleme nicht kannten, bedachten sie desgleichen keine grenzüberschreitenden Schutzmaßnahmen[671].

Das GATT 1947 war damit konzeptionell an der traditionellen Freihandelstheorie von Adam Smith und David Ricardo ausgerichtet: Die nationalen Unter-

---

665 Berrisch, in: *Prieß/Berrisch*, Teil B I. 1., Rn. 261; Kluttig, in: *Tietje/Kraft*, 5, 18; Weiß, in: *Weiß/Herrmann/Ohler*, Rn. 782; Matz-Lück/Wolfrum, in: *Wolfrum/Stoll/Hestermeyer*, S. 549.

666 Vgl. Schmidt/Kahl, in: *Rengeling II*, § 89, Rn. 90; vgl. *Triebold*, S. 234: „Als Grundsatz gilt, dass die Mitgliedstaaten, die ihre Umweltinteressen durch den internationalen Handel bedroht sehen, nach wie vor ihre eigene Umweltpolitik festlegen und gestützt darauf Maßnahmen ergreifen dürfen. Weder das GATT noch die anderen WTO-Abkommen stehen der Verfolgung einer zielorientierten Umweltpolitik entgegen".

667 Vgl. *Triebold*, S. 283: „Ausgangspunkt für die Ergreifung von Umweltschutzmaßnahmen ist die territoriale Souveränität und Gebietshoheit der Staaten"; vgl. *Stoll/Schorkopf*, Rn. 738: „Sieht man in Art. XX GATT 1994 ein System von Ausnahmen zur Wahrung der Souveränität der Mitglieder, so liegt es nahe zu folgern, dass ihre Inanspruchnahme nicht zu einer Beeinträchtigung der Souveränität dritter Mitglieder führen darf".

668 Puth, in: *Hilf/Oeter*, § 30, Rn. 35; vgl. *Diem*, S. 69; vgl. *Epiney*, DVBl. 2000, 77, 78, 81.

669 Vgl. *Beyerlin*, Rn. 624: „Dass unter Art. XX b) und g) GATT staatliche Maßnahmen zum Schutz von auf dem eigenen Territorium befindlichen Umweltgütern fallen, steht außer Zweifel".

670 Vgl. *Triebold*, S. 291.

671 Vgl. *Ginzky*, ZUR 1997, 124, 128: „Der Umweltschutz als Begriff fehlt im Art. XX GATT nur deshalb, weil zum Zeitpunkt der Verabschiedung des GATT 1947 diese Problematik noch unbekannt war"; vgl. Kluttig, in: *Tietje/Kraft*, 5, 18: „Das Fehlen eines Verweises auf den Umweltschutz ist letztlich historisch bedingt"; vgl. Berrisch, in: *Prieß/Berrisch*, Teil B I. 1., Rn. 237: „Als das GATT entstand, wurde dem Umweltschutz keine politische Priorität beigemessen. Dies erklärt, warum Art. XX (...) die Umwelt nicht ausdrücklich als Schutzziel erwähnt"; vgl. *Althammer*, ZfU 1995, 419, 422; vgl. *Beyerlin*, Rn. 617; vgl. *Gramlich*, AVR 1995, 131, 131; vgl. *Epiney*, DVBl. 2000, 77, 78; vgl. Helm, in: *Simonis*, 219, 230.

schiede im Umweltschutz sollten als volkswirtschaftlich-komparativer Vorteil den Austausch von Waren fördern, um eine Wohlstandssteigerung zu erreichen[672]. Demzufolge stellte der Umweltschutz in den meisten Fällen keinen legitimen Grund dafür dar, um den Warenhandel einzuschränken[673].

d) Zwischenergebnis

Das GATT 1947 war überwiegend ökonomisch ausgerichtet, d.h. der Umwelt schenkte es keine wesentliche Aufmerksamkeit. Vielmehr sollten Naturgüter wirtschaftlich genutzt werden; die Vertragsgründer sahen in ihnen in Anlehnung an die traditionelle Freihandelstheorie einen volkswirtschaftlich-komparativen Vorteil. So postulierte schon die Präambel des GATT 1947, dass der ungehinderte Zugang zu den Rohstoffen der Welt dem wirtschaftlichen Aufschwung dienen sollte. Diese Konzeption fand sowohl in den Grundprinzipien des Vertrages als auch in den umweltrelevanten Regelungen des Art. XX (b) und (g) GATT 1947 Niederschlag. Die Vertragsgründer gingen davon aus, dass Tiere und Pflanzen wegen ihrer Fähigkeit, sich zu reproduzieren, auch nicht aussterben könnten. Weiterhin dachten sie nicht an einen grenzüberschreitenden Schutz, da globale Umweltprobleme noch unbekannt waren.

2) Umweltabkommen und „soft law"

In den 1960er-Jahren erkannte die internationale Rechtsgemeinschaft erstmals, dass der Bestand der Lebewesen und die Erholung der Natur ihre Grenzen erreicht und die Umweltschäden durch die Zerstörung der Ozonschicht und den damit verbundenen Klimafolgen zum globalen Problem geworden sind[674]. Seitdem ist der Umweltschutz vermehrt[675] Gegenstand des internationalen Interesses[676]. Dieses neue Verständnis führte zur Bildung des umweltrechtlichen „soft

---

672 Vgl. die Ausführungen in Teil 3 B. I.

673 Vgl. *Triebold*, S.293: „Gleiche Waren sollten unabhängig davon, wo sie produziert wurden, frei zirkulieren und von den gleichen Wettbewerbsbedingungen profitieren können"; vgl. Herrmann, in: *Weiß/Herrmann/Ohler*, Rn. 537.

674 *Beyerlin*, Rn. 5; *Triebold*, S. 286.

675 Erste Regelungen zum Umweltschutz reichen bis ins 18. Jahrhundert zurück (vgl. *Beyerlin*, Rn. 9; Vitzthum, in: *Vitzthum*, 5. Abschnitt, Rn. 93; von Heinegg, in: *Ipsen*, 14. Kapitel, Rn. 1).

676 Vitzthum, in: *Vitzthum*, 5. Abschnitt, Rn. 104; von Heinegg, in: *Rengeling I*, § 23, Rn. 1; Puth, in: *Hilf/Oeter*, § 30, Rn. 10; *Gramlich*, AVR 1995, 131, 131, der auf „eine Reihe schwerer, umweltbelastender Ereignisse, etwa die Strandung des Öltankers ,Torrey Canyon' vor der französischen Atlantikküste", verweist, die „letztlich auch einen Anlass für die Stockholmer Umweltkonferenz im Juni 1972 bildete(n)".

law" und mündete im Abschluss einer Vielzahl multilateraler Umweltabkommen, den so genannten MEAs[677].

a) *Schutz von Tieren und gemeinsamen Umweltgütern*

Der Schutz der Tierwelt hat in internationalen Abkommen mehrfach Anerkennung gefunden[678]: So etwa im Washingtoner Artenschutzabkommen[679], in der Bonner Konvention zur Erhaltung wandernder Arten wildlebender Tiere[680], in der Seerechtskonvention der Vereinten Nationen[681], in der Konvention über die biologische Vielfalt[682] und im auf ihrer Grundlage verabschiedeten Protokoll von Cartagena über biologische Sicherheit[683]. Den Verträgen liegt die Erkenntnis zugrunde, dass Lebewesen trotz ihrer Fähigkeit zur Reproduktion und meist wegen menschlicher Aktivitäten vom Aussterben bedroht sind. Ferner wurde der Umweltschutz unabhängig von nationalen Grenzen und Hoheitsgebieten in die Verantwortung der Staatengemeinschaft als Ganzes gestellt. Gegenstand dieser Abkommen sind oftmals gemeinsame Umweltgüter[684], wozu die so genannten „global commons" im engen und weiten Sinn sowie umherziehende Tierarten zählen.

---

677   Auf die gewohnheitsrechtliche Geltung umweltvölkerrechtlicher Pflichten, insbesondere im Bereich der sich global auswirkenden Umweltzerstörung, wird aufgrund der fehlenden Relevanz für die vorliegende Fragestellung im Folgenden nicht eingegangen.

678   Darüber hinaus existieren völkerrechtlich unverbindliche Erklärungen zum Schutz der Tierwelt, etwa in der Agenda 21 aus dem Jahr 1992 [*Agenda 21: Programme of Action for Sustainable Development*, UN Doc. A/CONF.151/26, Vols. I–III, deutscher Text abrufbar unter: http://www.agenda21-treffpunkt.de/archiv/ag21dok/index.htm (Stand: 2012)] und der Resolution über Hilfe für Entwicklungsländer aus dem Jahr 1979 [*Letzter Akt der Konferenz über den Abschluss der Bonner Konvention*, 23.06.1979, in: ILM 19 (1980), S. 11, 15].

679   *Convention on International Trade of Endangered Species of Wild Fauna and Flora*, 03.03.1973/20.06.1976, in: ILM 12 (1973), S. 1085–1104, deutsche Quelle: BGBl. II 1975, S. 777–833.

680   *Convention on the Conservation of Migratory Species of Wild Animals*, 23.06.1979/ 01.11.1983, in: ILM 19 (1980), S. 15–32, deutsche Quelle: BGBl. II 1984, S. 569–591.

681   *United Nations Convention on the Law of the Sea*, 10.12.1982/16.11.1994, in: ILM 21 (1982), S. 1261–1354, deutsche Quelle: BGBl. II 1994, S. 1798–2018.

682   *Convention on Biological Diversity*, 05.06.1992/29.12.1993, in: ILM 31 (1992), S. 822–841, deutsche Quelle: BGBl. II 1993, S. 1742–1772.

683   *Cartagena Protocol on Biosafety to the Convention on Biological Diversity*, 29.01.2000/11.09.2003, in: ILM 39 (2000), S. 1027–1046, deutsche Quelle: BGBl. II 2003, S. 1506–1538.

684   *Triebold*, S. 293: „(D)as Umweltvölkerrecht (befürwortet grundsätzlich) Maßnahmen zum Schutz gemeinsamer Umweltgüter".

„Global commons" im engen Sinn sind die Naturgüter des staatenlosen Lebensraums wie etwa die Ozonschicht, die Hohe See, der Tiefseeboden, das Weltall, die Arktis und Antarktis sowie die dort lebenden Tiere. „Global commons" im weiten Sinn sind dagegen Umweltgüter, die von globaler Bedeutung sind, da sie weltweit derart einzigartig bestehen, dass ihre Zerstörung weitreichende Auswirkungen hätte. Dazu gehören etwa die tropischen Regenwälder als „Lunge der Erde" und die Biodiversität[685]. Beide zuletzt aufgezählten Güter werden beispielsweise durch die Konvention über die Biologische Vielfalt aus dem Jahr 1992 und das Protokoll über Biologische Sicherheit aus dem Jahr 2000 geschützt. Die Bewahrung der Regenwälder findet überdies im Internationalen Tropenholzübereinkommen aus dem Jahr 1994[686] Anerkennung – die Ozonschicht indessen seit 1987 im Montrealer Protokoll[687].

Eine besondere Kategorie bilden umherziehende Tierarten, die auf keinem einzelnen Staatsgebiet leben, wie etwa Zugvögel oder wandernde Meerestiere. Solche Tiergattungen stellen ein gemeinsames Umweltgut dar, da sie keinem Staat zweifellos zugewiesen werden können und ihr Schutz nur länderübergreifend erfolgsversprechend ist[688].

Ein Teil der Umweltschutzabkommen beinhaltet Regelungen, die sich ausdrücklich auf den Handel beziehen, so genannte TREMs. Solche TREMs schränken den Handel allerdings unterschiedlich stark ein: Entweder sie verbieten uneingeschränkt, mit bestimmten Umweltgütern zu handeln, oder sie enthalten ein Verbot mit Erlaubnis- bzw. eine Erlaubnis mit Verbotsvorbehalt. Im letzten Fall ist der Handel also nicht immer unzulässig bzw. gestattet; vielmehr können die Staaten im Einzelfall den Handel genehmigen bzw. unterbinden[689]. Auf die Regelungen des Welthandelsrechts gehen aber alle TREMs nicht ein[690].

---

685   Schmidt/Kahl, in: *Rengeling II*, § 89, Rn. 105; Berrisch, in: *Prieß/Berrisch*, Teil B I. 1., Fußnote 437; *Triebold*, S. 291 f. und Fußnote 1163.

686   *International Tropical Timber Agreement*, 26.01.1994/01.01.1994, in: ILM 33 (1994), S. 1014–1042, deutsche Quelle: ABl. EG 1996 L 208/01.

687   *Protocol on Substances that Deplete the Ozone Layer*, 16.09.1987/01.01.1989, in: ILM 26 (1987), S. 1541–1561, deutsche Quelle: BGBl. II 1988, S. 1014–1028.

688   *Triebold*, S. 292.

689   Circa 20 der internationalen Umweltschutzverträge enthalten TREMs (Petersmann, in: *Wolfrum*, 165, 172; *Hilf*, NVwZ 2000, 481, 482; *Ginzky*, ZUR 1997, 124, 130; Schmidt/ Kahl, in: *Rengeling II*, § 89, Rn. 31, 100; Herrmann, in: *Weiß/Herrmann/Ohler*, § 12, Fußnote 161; trotz dieser handelsbeschränkenden Regelungen verfolgen die Abkommen keine ökonomischen Interessen, sondern den Schutz der Umwelt.

690   *Gramlich*, AVR 1995, 131, 158; *Beyerlin*, Rn. 646, Fußnote 106; Schmidt/Kahl, in: *Rengeling II*, § 89, Rn. 100; vgl. *Cameron/Gray*, ICLQ 2001 (Vol. 50), 248, 266: „There are no MEAs containing provisions explicitly overriding WTO commitments"; ob das auf Grund-

Besonders hervorzuheben ist, dass sich in Abkommen zum Schutz von „global commons" im engen Sinn und zum Schutz von umherziehenden Tierarten beide Arten von TREMs finden. So verbietet das Washingtoner Artenschutzabkommen uneingeschränkt den Handel mit solchen Tieren, die in seiner ersten Anlage auflistet sind[691]. Der Handel mit Tieren aus der zweiten und dritten Anlage ist indessen grundsätzlich erlaubt, es sei denn, das jeweilige Einfuhrland verbietet den Handel[692]. Dagegen existiert kein Abkommen, das den Handel zum Erhalt der „global commons" im weiten Sinn absolut verbietet; das Protokoll über Biologische Sicherheit ermächtigt seine Parteien lediglich, den Handel zum Schutz der Biodiversität zu beschränken, enthält also ein Verbotsvorbehalt[693]. Ein jegliches Handelsverbot enthält das Protokoll nicht. Das internationale Tropenholzübereinkommen stellt sogar ausdrücklich klar, dass es den Handel mit Tropenholz oder mit Erzeugnissen aus Tropenholz nicht generell verbietet[694]. Die „global commons" im weiten Sinn werden also weniger geschützt als die übrigen gemeinsamen Umweltgüter.

b)   Prinzip der nachhaltigen Entwicklung

Einen wichtigen Anstoß für internationale Bemühungen um den Schutz der Umwelt stellte 1972 die Konferenz der Vereinten Nationen in Stockholm dar[695]. Die Ziele der Konferenz werden bis heute bestätigt: Sie wurden sowohl auf der UNCED-Konferenz in der Rio-Erklärung[696] und in der Agenda 21[697], welche in

---

lage der Biodiversitätskonvention unterzeichnete Protokoll von Cartagena zur biologischen Sicherheit in seiner Präambel auf die WTO-Übereinkünfte verweist, ist unklar (vgl. *Cameron/Gray*, ICLQ 2001 (Vol. 50), Fußnote 88; vgl. *Stoll/Schorkopf*, Rn. 727); die Untersuchung geht auf die weiterführende Problematik kollidierender völkerrechtlicher Verträge, die die Literatur teilweise als überholt wertet (so Berrisch, in: *Prieß/Berrisch*, Teil B I. 1., Fußnote 448), im Folgenden nicht ein.

691   Vgl. Art. II Absatz 1 i. V. m. Art. III CITES.

692   Vgl. Art. II Absatz 2, 3 i. V. m. Art. IV, V CITES.

693   Vgl. Art. 7 (1) i. V. m. Art. 8–10 Biosafety-Protokoll.

694   Vgl. Art. 36 des Tropenholz-Übereinkommens, in dem geregelt ist, dass das Übereinkommen „nicht dazu berechtigt, Maßnahmen zur Beschränkung oder zum Verbot des internationalen Handels mit Holz und Holzerzeugnissen anzuwenden, insbesondere soweit solche Maßnahmen die Einfuhr und Verwendung von Holz und Holzerzeugnissen betreffen".

695   *United Nations Conference on the Human Environment*, Stockholm 05.–16.06.1972; *Godzierz*, S. 37; vgl. *Triebold*, S. 286: „Die Stockholmer Konferenz löste in der Folge viele nationale wie internationale Bestrebungen zum Schutze der Umwelt aus".

696   *UN-Declaration on Environment and Development*, Rio de Janeiro 14.06.1992, UN Doc. A/CONF.151/5/Rev.1 (1992), in: ILM 31 (1992), S. 874–880, deutscher Text in: EA 1993, D 28–D 32; vgl. *Triebold*, S. 289, Fußnote 1149: „Die Rio Declaration stellt mit

40 Kapiteln die Umweltpolitik des 21. Jahrhunderts beschreibt[698], als auch 2002 auf dem Weltgipfel in Johannesburg aufgegriffen[699]. Eines dieser Ziele ist die Forderung nach einer nachhaltigen Entwicklung[700].

Den Begriff der „nachhaltigen Entwicklung" hat der Brundtland-Bericht „Unsere gemeinsame Zukunft" der Weltkommission für Umwelt und Entwicklung aus dem Jahr 1987[701] geprägt. Der Bericht versteht darunter eine Entwicklung, die die Bedürfnisse der heutigen Generation befriedigt, ohne künftige Generationen zu beeinträchtigen[702]. Diese Definition findet sich ebenso in Grundsatz 3 der Rio-Erklärung wieder[703]. Nachhaltige Entwicklung ist also zukunftsorientiert und beinhaltet dadurch eine zeitliche Komponente[704].

Weiter fordert das Konzept, dass sich der Handel und der Schutz der Umwelt wechselseitig unterstützen[705]. Dies postulieren Grundsatz 4 der Rio-Erklärung[706] und die Prinzipien 2.3 (b), 2.9 (d) der Agenda 21[707]. Das Nachhaltig-

---

ihren 27 Grundprinzipien gewissermassen die Folgeerklärung zur Erklärung von Stockholm dar".

697 *Agenda 21: Programme of Action for Sustainable Development*, UN Doc. A/CONF.151/26, Vols. I–III, deutscher Text abrufbar unter: http://www.agenda21-treffpunkt.de/archiv/ag21dok/index.htm (Stand: 2012).

698 Schmidt/Kahl, in: *Rengeling II*, § 89, Rn. 20.

699 *World Summit on Sustainable Development*, Johannesburg, South Africa 26.08.–04.09. 2002.

700 Vgl. etwa Art. 27 Rio-Erklärung: „States and people shall cooperate in good faith and in a spirit of partnership in the fulfilment of the principles embodied in this Declaration and in the further development of international law in the field of sustainable development".

701 UN Doc. A/42/427 (1987): *„Our Common Future"*.

702 *Triebold*, S. 41, Fußnote 165, S. 289, Fußnote 1148.

703 Grundsatz 3 der Rio-Erklärung lautet: „The right to development must be fulfilled so as to equitably meet developmental and environmental needs of present and future generations".

704 Marauhn, in: *Lange*, 87, 87.

705 Vgl. *Stoll/Schorkopf*, Rn. 717, 728.

706 Grundsatz 4 der Rio-Erklärung lautet: „In order to achieve sustainable development, environmental protection shall constitute an integral part of the development process and cannot be considered in isolation from it".

707 Prinzip 2.3 (b) der Agenda 21 lautet: „Um die gesetzten Umwelt- und Entwicklungsziele auch tatsächlich verwirklichen zu können, soll die Weltwirtschaft ein günstiges internationales Klima schaffen, indem sie (...) b) dafür sorgt, daß sich Handel und Umwelt wechselseitig unterstützen"; Prinzip 2.9 (d) der Agenda 21 lautet: „In den kommenden Jahren sollen sich die Regierungen unter Berücksichtigung der Ergebnisse der multilateralen Wirtschaftsverhandlungen im Rahmen der Uruguay-Runde bemühen, folgende Zielvorgaben zu erfüllen: (...) d) Förderung und Unterstützung einer Politik – und zwar

keitskonzept will dementsprechend den Handel nicht ausschließen. Vielmehr beinhaltet es neben einer ökologischen auch eine ökonomische Komponente[708]. Eine nachhaltige Entwicklung soll den Handel auf Kosten der Umwelt durch einen Handel, der die natürliche Lebensgrundlage erhält, ersetzen. In all dem zeigt sich, dass in der internationalen Gemeinschaft der Wille zur gemeinsamen Lösung grenzüberschreitender und globaler Umweltprobleme vorhanden ist, was vor allem die Umweltkonferenzen, aber auch Prinzip 2.22 (i) der Agenda 21[709] und speziell[710] der zwölfte Grundsatz[711] der Rio-Erklärung beweisen[712]. Wie das Konzept der nachhaltigen Entwicklung im Einzelnen national zu implementieren und international durchzusetzen ist, lassen diese Erklärungen jedoch offen[713].

---

sowohl national als auch international –, die sicherstellt, daß Wirtschaftswachstum und Umweltschutz einander unterstützen".

708 Marauhn, in: *Lange*, 87, 87, 89; auf die dritte, soziale Teilkomponente des Nachhaltigkeitsgrundsatzes wird im Folgenden aufgrund ihrer fehlenden Relevanz für die Untersuchung nicht eingegangen.

709 Prinzip 2.22 (i) der Agenda 21 lautet: „Die Regierungen sollen GATT, UNCTAD und andere einschlägige internationale und regionale Wirtschaftsorganisationen dazu ermutigen, ihrem jeweiligen Mandat und ihrer jeweiligen Zuständigkeit entsprechend folgende Vorschläge und Grundsätze zu prüfen: (...) die Vermeidung einseitiger Maßnahmen bei der Bewältigung von Umweltproblemen außerhalb des Hoheitsbereichs des Einfuhrlandes. Umweltschutzmaßnahmen, die grenzüberschreitende oder weltweite Umweltprobleme betreffen, sollen möglichst auf der Grundlage eines internationalen Konsenses beschlossen werden (...)".

710 Daneben beinhalten auch die Grundsätze 5 und 7 der Rio-Erklärung Hinweise auf eine enge internationale Zusammenarbeit.

711 Grundsatz 12 der Rio-Erklärung lautet: „Staates should cooperate to promote a supportive and open international economic system that would lead to economic growth and sustainable developmenet in all countries, to better address the problems of environmental degradation. Trade policy measures for environmental purposes should not constitute a means of arbitrary or unjustifiable discrimination or a disguised restriction on international trade. Unilateral actions to deal with environmental challenges outside the jurisdiction of the importing country should be avoided. Environmental measures addressing transboundary or global environmental problems should, as far as possible, be based on an international consesus".

712 Vgl. *Hilf*, NVwZ 2000, 481, 482 f.: „(D)ie Rio-Deklaration aus dem Jahr 1992 (hatte) für den Umweltschutz das Prinzip der internationalen Kooperation weltweit proklamiert".

713 *Altemöller*, S. 5; *Sands*, UNYB 1999, 389, 389; *Herdegen*, § 51, Rn. 5; Schmidt/Kahl, in: *Rengeling II*, § 89, Rn. 1, 7, die das Konzept der nachhaltigen Entwicklung als „vages Leitbild" titulieren.

c) Zwischenergebnis

In den letzten 50 Jahren hat sich in der Staatengemeinschaft die Erkenntnis durchgesetzt, die Umwelt umfassend schützen zu müssen. Dies zeigt sich schon darin, dass die Anzahl von Umweltabkommen erheblich angewachsen ist. Die Verträge erkennen den grenzüberschreitenden Schutz der Tierwelt und gemeinsame Umweltgüter wie den staatenlosen Lebensraum und weltweit einzigartige Naturbereiche an. Einige MEAs verbieten sogar ausdrücklich den Handel mit bestimmten Tierarten und Naturgütern. Indem all diese Abkommen das Welthandelsrecht nicht beachten, weist das Umweltvölkerrecht dem Schutz der Umwelt Vorrang gegenüber ihrem wirtschaftlichen Nutzen zu. Im völkerrechtlichen „soft law" erkennen die Staaten dagegen zumindest rechtsunverbindlich den engen Zusammenhang zwischen Welthandel und Umweltschutz an. Dieses Spannungsverhältnis findet im Konzept der nachhaltigen Entwicklung zumindest einen vagen Lösungsansatz. Konkrete Vorgaben enthält das Konzept jedoch nicht.

3) GATT 1994 und das Marrakesch-Abkommen

a) Verhältnis zum GATT 1947

Das GATT 1947 wurde zusammen mit einer Reihe von Vereinbarungen zu einzelnen Bestimmungen in das GATT 1994 überführt[714] und als Bestandteil in das WTO-Übereinkommen eingefügt. Nach Art. II:4 WTO ist es nicht der Nachfolger des GATT 1947, baut jedoch faktisch auf dieser ersten Fassung auf. Insbesondere wurden ihre Regelungen weitgehend nicht ergänzt[715], so dass die Grundprinzipien des GATT 1994 ebenfalls konzeptionell der traditionellen Freihandelstheorie Adam Smiths und David Ricardos verhaftet bleiben[716]. Damit fördern die nationalen Unterschiede im Umweltschutz weiterhin als volkswirtschaftlicher, komparativer Vorteil den Handel, um eine Wohlstandssteigerung zu erreichen.

b) Nebenabkommen, insbesondere SPS und TBT

Der Welthandel trägt dem Schutz der natürlichen Lebensgrundlage vorsichtig Rechnung, indem der Begriff der Umwelt im Umfeld des GATT 1994 in mehreren Nebenabkommen auftaucht[717]:

---

714 Vgl. Ziffer 1 der Einleitung zum GATT 1994; *Triebold*, S. 23.
715 *Godzierz*, S. 24; eine wesentliche Neuerung ist die Aufhebung des Vorbehalts zugunsten vorbestandenen innerstaatlichen Rechts („grandfather-clause"); *Triebold*, S. 23.
716 Ebd.
717 *Beyerlin*, Rn. 640; *Beyerlin/Marauhn*, S. 430.

So sind nach Art. 6.1 i. V. m. Anhang 2 Nr. 12 des Landwirtschaftsüberein-kommens[718] ausnahmsweise Beihilfezahlungen erlaubt, die im Zusammenhang mit Umweltschutzprogrammen erfolgen. Ferner wird der Schutz der Umwelt in der Präambel des Abkommens genannt[719]. Art. 27.2 TRIPS gestattet, die Paten-tierbarkeit einer Erfindung auszuschließen, um eine ernste Umweltschädigung zu vermeiden[720]. Weiter enthält das GATS in Art. XIV eine ähnliche Regelung wie Art. XX GATT 1994, indem nach Unterpunkt b) Maßnahmen, „die erforder-lich sind, um das Leben oder die Gesundheit von Menschen, Tieren und Pflan-zen zu schützen", unter den Voraussetzungen des Einleitungssatzes erlaubt sind. Die Regelung sieht jedoch den Schutz „erschöpflicher Naturschätze", der in Art. XX(g) GATT geregelt ist, nicht ausdrücklich vor.

Neben diesen Bestimmungen sind das SPS[721] und TBT[722] von besonderer Bedeutung[723], da hierin das Bedürfnis Ausdruck findet, einheitliche Standards im Umweltschutz zu schaffen[724]. So lässt das TBT, das die WTO-Mitglieder verpflichtet, durch nationale technische Vorschriften keine unnötigen Handels-hemmnisse zu schaffen, in Art. 2.2 Satz 3 und Art. 2.4 je eine Ausnahme zuguns-ten des Umweltschutzes zu und erwähnt überdies die Umwelt als wichtiges Gut in seiner Präambel[725]. Das SPS erlaubt, zum Schutz des Lebens oder der Ge-

---

718 *Übereinkommen über die Landwirtschaft*, 15.04.1994, in: ABl. EG (1994) Nr. L 336/22 [Anlage 1 A (4) WTO].

719 Der sechste Erwägungsgrund der Präambel des Landwirtschaftsübereinkommens lau-tet: „(A)ufgrund der Feststellung, dass die Verpflichtungen im Rahmen des Reform-programms unter Berücksichtigung nicht handelsbezogener Anliegen wie Ernährungs-sicherung und Umweltschutz (...)".

720 Darüber hinaus nahm Art. 8.2(c) SCM (*Agreement on Subsidies and Countervailing Measures*, 12.04.1979/01.01.1980, in der Fassung vom 15.04.1994/01.01.1995, UNTS 1869, S. 14, deutsche Quelle: ABl. EG (1994) Nr. L 336, S. 11 ff.) unter bestimmten Voraussetzungen Beihilfen zur Förderung der Anpassung bestehender Anlagen an neue Umweltvorschriften von Gegenmaßnahmen aus; diese Regelung ist Ende 1999 außer Kraft getreten.

721 *Agreement on the Application of Sanitary and Phytosanitary Measures*, 15.04.1994, ABl. EG (1994) Nr. L 336, S. 11 [Anlage 1 A (5) WTO].

722 *Agreement on Technical Barriers to Trade*, 12.04.1979/01.01.1980, in der Fassung vom 15.04.1994/01.01.1995, UNTS 1868, S. 120, deutsche Quelle: ABl. EG (1994) Nr. L 336, S. 11 ff. [Anlage 1 A (6)].

723 So auch *Beyerlin/Marauhn*, S. 431.

724 Vgl. etwa Art. 3 und 4 SPS sowie Erwägungsgrund 4 der SPS-Präambel und Art. 2.4–2.6 TBT.

725 Der sechste Erwägungsgrund der Präambel des TBT lautet: „(I)n Anerkennung dessen, dass kein Land daran gehindert werden sollte, auf als geeignet erachteter Ebene Maßnah-men zu treffen, die notwendig sind, um die Qualität seiner Ausfuhren zu erhalten, das Le-

sundheit von Menschen, Tieren oder Pflanzen vor Gefahren durch Krankheiten, Schädlinge sowie krankheitsübertragende oder -verursachende Organismen[726] eigene Standards zu setzen, solange diese auf wissenschaftlichen Grundsätzen beruhen und keine willkürliche oder ungerechtfertigte Diskriminierung darstellen[727]. Ferner sind die Regelungen des SPS nach seiner Präambel „Durchführungsbestimmungen zu den Artikeln des GATT 1994, insbesondere zu Art. XX Buchstabe b), die die Anwendung gesundheitspolizeilicher und pflanzenschutzrechtlicher Maßnahmen betreffen". Diese Zielbestimmung wird in Art. 2 IV SPS nochmals aufgegriffen. Danach „gelten" Maßnahmen „als im Einklang mit den die Anwendung von gesundheitspolizeilichen Maßnahmen betreffenden Verpflichtungen der Mitglieder aufgrund des GATT 1994, insbesondere mit Art. XX Buchstabe b)". Somit wird die widerlegliche Vermutung aufgestellt, dass SPS-konforme Maßnahmen auch mit dem GATT 1994 im Einklang stehen[728]. Diese Vermutung gilt jedoch nicht umgekehrt, d. h. es wird nicht angenommen, dass eine GATT-konforme Maßnahme auch gleichzeitig dem SPS entspricht[729].

Nach einer Interpretationsnote zum WTO-Übereinkommen gehen diese Nebenabkommen dem GATT 1994 vor[730]. Die Hinweise auf den Umweltschutz sind daher lediglich sektorenspezifisch und stellen somit nur Einzelregelungen dar[731]. Eine gemeinsame Umweltpolitik fehlt der WTO[732].

---

ben oder die Gesundheit von Menschen, Tieren oder Pflanzen sowie die Umwelt zu schützen oder irreführende Praktiken zu verhindern, sofern solche Maßnahmen nicht so angewendet werden, dass sie ein Mittel zur willkürlichen oder ungerechtfertigten Diskriminierung zwischen Ländern, in denen die gleichen Bedingungen herrschen, oder eine verschleierte Beschränkung des internationalen Handels darstellen, und ansonsten mit diesem Übereinkommen übereinstimmen (...)".

726 Siehe dazu im Einzelnen Anhang A Nr. 1 SPS.

727 *Yearwood*, Teil 5.3.2.

728 Kamann, in: *Prieß/Berrisch*, Teil B. I. 3, Rn. 26; *Gruszczynski*, S. 70.

729 Stoll/Strack, in: *Wolfrum/Stoll/Hestermeyer*, S. 501, Fußnote 19.

730 Vgl. Allgemeine Auslegungsregel zu Anhang 1 A: „Beim Vorliegen eines Widerspruchs zwischen Bestimmungen des Allgemeinen Zoll- und Handelsabkommens 1994 und Bestimmungen einer anderen Übereinkunft in Anhang 1 A des Abkommens zur Errichtung der Welthandelsorganisation (...) sind die Bestimmungen der anderen Übereinkunft maßgebend".

731 Schmidt/Kahl, in: *Rengeling II*, § 89, Rn. 80; *Tietje*, EuR 2000, 285, 286; *Hohmann* bezeichnet den Umweltschutz im GATT als „partiell harmonisiert" (*Hohmann*, RIW 2000, 88, 90).

732 *Hohmann*, RIW 2000, 88, 89; vgl. *Ginzky*, ZUR 1997, 124, 130: „(D)ie WTO (besitzt) bislang noch keine Kompetenz zur Festlegung von Umweltschutzstandards"; vgl. *Gramlich*, AVR 1995, 131, 140 und 157 f.: „Das GATT-Recht war und bleibt auch nach Abschluss der Uruguay-Runde vornehmlich mit Zoll- und Handelsfragen befasst; es wurde nicht zu

c)   WTO-Präambel und umweltrelevante Neuerungen

In dem Bewusstsein, dass der Schutz der natürlichen Lebensgrundlage im Umweltvölkerrecht stetig wächst[733], haben sich die Mitglieder in der Präambel des WTO-Übereinkommens verpflichtet, „die optimale Nutzung der Hilfsquellen der Welt im Einklang mit dem Ziel einer nachhaltigen Entwicklung" sowie „den Schutz und die Erhaltung der Umwelt (…) zu erreichen"[734]. Darin findet das Streben nach einem Ausgleich zwischen umweltgerechtem Umgang und wirtschaftlichem Nutzen der natürlichen Lebensgrundlage einen Niederschlag. Nach Art. XVI:3 WTO ist diese Zielbestimmung gegenüber den Regelungen des GATT 1994 und damit auch gegenüber der GATT-Präambel, die die „volle Erschließung der Hilfsquellen der Welt" postuliert[735], vorrangig.

Des Weiteren hat der Schutz der Umwelt, insbesondere das Prinzip der nachhaltigen Entwicklung, im Text des GATT 1994 jedoch kaum Niederschlag gefunden[736]: So wurden weder in der Uruguay-Runde[737] noch in einer der vorherigen sieben[738] bzw. nachfolgenden sechs Handelsrunden[739] die umweltrelevan-

---

einem Allgemeinen Abkommen zum Schutz der (globalen) Umwelt, einem ‚Öko-GATT' umgestaltet" und „(D)ie Aufgabenstellung des GATT (ist) beschränkt (…) und diese Organisation (betreibt) keine eigenständige Umweltpolitik".

733   In der Uruguay-Runde, die zu der Schaffung der WTO führte, kam dem Thema Handel und Umwelt insbesondere aufgrund der weitgehend parallel laufenden Vorbereitungen zur UNCED in Rio de Janeiro eine große Bedeutung zu (*Tietje*, EuR 2000, 285, 286; vgl. *Stoll/Schorkopf*, Rn. 718; vgl. Berrisch, in: *Prieß/Berrisch*, Teil B I. 1., Rn. 238).

734   Vgl. den ersten Erwägungsgrund der Präambel des WTO-Übereinkommens.

735   Vgl. die Ausführungen in Teil 3 B. II. 1) b).

736   Schmidt/Kahl, in: *Rengeling II*, § 89, Rn. 79; *Hilf*, NVwZ 2000, 481, 584; *Weizsäcker,* in: FAZ vom 15. November 1997, S. 15; vgl. *Triebold*, S. 41: „(D)er umweltpolitische Gehalt der Uruguay-Runde (darf) als sehr bescheiden bezeichnet werden".

737   Die VIII. Uruguay-Runde fand von den Jahren 1986 bis 1993 statt; vgl. dazu die Ausführungen von *Gramlich*, AVR 1995, 131, 136 f., der hervorhebt, dass „eine Anregung, Art. XX (lit. b) (…) zu ergänzen, keine Berücksichtigung fand".

738   Unter dem GATT 1947 kamen folgende Verhandlungsrunden zustande: Genf-Runde (1947), Annecy-Runde (1949), Torquay-Runde (1950/1951), Genf-Runde (1955/1956), Dillon-Runde (1960/1961), Kennedy-Runde (1964–1967), Tokio-Runde (1973–1979).

739   Unter der WTO fanden folgende Verhandlungsrunden statt: Singapur-Runde (1996), Genf-Runde (1998), Seattle-Runde (1999), Doha-Runde (2001), Cancún-Runde (2003), Hong-Kong-Runde (2005), Genf-Runden (2009 und 2011); Stand: 2012.

ten Ausnahmebestimmungen des Art. XX GATT ergänzt[740]. Außerdem verweist das Welthandelsrecht bis heute an keiner Stelle auf das Umweltvölkerrecht[741].

d) Ministerbeschluss zu Handel und Umwelt

Dessen ungeachtet verabschiedete die Ministerkonferenz während der Uruguay-Runde gleichwohl zumindest eine Erklärung zu Handel und Umwelt[742].

aa) Inhalt

Dieser Ministerbeschluss besteht aus einer Präambel und drei Absätzen, die sich in mehrere Unterabsätze gliedern. Die Präambel nimmt auf das Konzept der nachhaltigen Entwicklung aus dem WTO-Übereinkommen Bezug. In den Absätzen wird weiter festgelegt, das Konfliktpotential zwischen Welthandel und Umweltschutz aufzuarbeiten und das Zusammenspiel der wirtschaftlichen und umweltpolitischen Entwicklung unterstützen zu wollen. Gleichzeitig wird ausdrücklich erklärt, das System des multilateralen Handels nicht erweitern zu wollen[743]. Auf die Regelungen des GATT 1994, insbesondere seine umweltrelevanten Ausnahmebestimmungen, geht die Erklärung allerdings nicht ein. Daher stellt sie den Inhalt von Art. XX (b) und (g) GATT 1994 nicht klar.

---

740 Schmidt/Kahl, in: *Rengeling II*, § 89, Rn. 79; *Beyerlin*, Rn. 617; *Hilf*, NVwZ 2000, 481, 485; vgl. *Hailbronner/Bierwagen*, JA 1988, 318, 318 f. und *Epiney*, DVBl. 2000, 77, 77, die darauf hinweisen, dass der Text des Art. XX GATT 1947 mit marginalen Änderungen in das GATT 1994 übernommen wurde.

741 Schmidt/Kahl, in: *Rengeling II*, § 89, Rn. 100; *Weiß*, in: *Weiß/Herrmann/Ohler*, Rn. 340: „(D)as WTO-Recht (enthält) keine allgemeine Regelung zur Klärung eines Konflikts mit anderen Verträgen"; wie bereits festgestellt (vgl. Fußnote 690), geht die Untersuchung auf die weiterführende Problematik kollidierender völkerrechtlicher Verträge im Folgenden nicht ein.

742 *Trade and Environment*, Ministerial Decision of 14.04.1994, in: ILM 33 (1994), S. 1267–1269, deutsche Fassung in: *Hummer/Weiss*, S. 542–545 (im Folgenden Ministerbeschluss zu Handel und Umwelt).

743 *Trade and Environment*, Ministerial Decision of 14.04.1994, in: ILM 33 (1994), S. 1267–1269: „*Ministers*, (…) *Considering* that there should not be, or need be, any policy contradiction between upholding and safeguarding an open, non-discriminatory and equitable multilateral trading system on the one hand, and acting for the protection of the environment, and the promotion of sustainable development on the other, *Desiring* to coordinate the policies in the field of trade and environment, and this without exceeding the competence of the multilateral trading system, which is limited to trade policies and those trade-related aspects of environmental policies which may result in significant trade effects for its members" (Hervorhebung im Original); deutsche Fassung in: *Hummer/Weiss*, S. 542–545.

Allerdings fordert die Erklärung ausdrücklich die Beachtung der Ziele der Rio-Erklärung und der Agenda 21[744]. Zu diesem Zweck wird der Allgemeine Rat beauftragt, einen Ausschuss zu Handel und Umwelt zu errichten, das so genannte CTE. Das Gremium steht allen WTO-Staaten offen[745] und soll der Ministerkonferenz alle zwei Jahre über das Verhältnis von Handel und Umwelt berichten[746]. Dieser Aufforderung kam der Allgemeine Rat bereits auf seiner ersten Tagung am 31.01.1995 nach[747].

Aufgabe des CTE ist neben der fachlichen Diskussion insbesondere die Sensibilisierung für ökonomische und ökologische Themen sowie die Schaffung einer Vertrauensgrundlage für solche Länder, die dem Umweltschutz ablehnend gegenüber stehen[748]. Rechtlich verbindliche Lösungen kann es nicht formulieren[749].

Darüber hinaus richtete der GATT-Rat im Anschluss an die UN-Umweltschutzkonferenz in Stockholm 1971 eine Arbeitsgruppe ein, die „Group on Environmental Measures and International Trade". Diese sollte sich ebenfalls mit dem Verhältnis zwischen Handel und Umwelt auseinandersetzen. Tatsächlich dauerte

---

744 *Trade and Environment*, Ministerial Decision of 14.04.1994, in: ILM 33 (1994), S. 1267–1269: „*Ministers*, (…) *Noting* – the Rio Declaration on Environment and Development, Agenda 21 (…)" (Hervorhebung im Original); deutsche Fassung in: *Hummer/ Weiss*, S. 542–545.

745 *Trade and Environment*, Ministerial Decision of 14.04.1994, in: ILM 33 (1994), S. 1267–1269: „*Ministers*, (…) *Decide*: – to direct the first meeting of the General Council of the WTO to establish a Committee on Trade and Environment open to all members of the WTO to report to the first biennial meeting of the Ministerial Conference after the entry into force of the WTO when the work and terms of reference of the Committee will be reviewed, in the light of recommendations of the Committee" (Hervorhebung im Original); deutsche Fassung in: *Hummer/Weiss*, S. 542–545.

746 *Trade and Environment*, Ministerial Decision of 14.04.1994, in: ILM 33 (1994), S. 1267–1269: „*Ministers*, (…) *Decide*: – that the (…) Decision of 15 December 1993 which reads, in part, as follows:,(a) to identify the relationship between trade measures and environmental measures, in order to promote sustainable development; (…)' constitutes (…) the terms of reference of the Committee on Trade and Environment" (Hervorhebung im Original); deutsche Fassung in: *Hummer/Weiss*, S. 542–545.

747 WTO, WT/GC/W/25, Section I, S. 9.

748 *Godzierz*, S. 12.

749 Vgl. *Trade and Environment*, Ministerial Decision of 14.04.1994, in: ILM 33 (1994), S. 1267–1269: „*Ministers*, (…) *Decide*: – that the TNC Decision of 15 December 1993 which reads, in part, as follows: ‚(…) to make appropriate *recommendations* (…)' constitutes (…) the terms of reference of the Committee on Trade and Environment" (dritte Hervorhebung nicht im Original); deutsche Fassung in: *Hummer/Weiss*, S. 542–545; ebenso *Godzierz*, S. 10.

es aber beinahe 20 Jahre, bis diese Gruppe erstmals im Herbst 1991 zusammen-gerufen wurde[750].

bb) Rechtscharakter

Art. IX:1 WTO sieht vor, dass die Ministerkonferenz Beschlüsse fasst, regelt dessen rechtliche Qualität oder Wirkung jedoch nicht[751]. Da eine entsprechende Regelung also fehlt, kommt ihnen keine Rechtsverbindlichkeit zu[752].

In aller Regel betreffen die Beschlüsse lediglich innerorganisatorische Fragen der WTO, etwa jene Themen, die von den einzelnen Organen zukünftig zu behandeln sind[753]. Dies ist auch bei der Erklärung zu Handel und Umwelt der Fall. Insbesondere stellt dieser Beschluss keine autoritative Auslegung der Ministerkonferenz dar, da er weder die umweltrelevanten Regelungen des GATT 1994 inhaltlich klarstellt[754] noch Art. IX:2 WTO als Rechtsgrundlage zitiert[755]. Er ist daher lediglich eine das WTO-Vertragswerk begleitende, rechtsunverbindliche Erklärung.

e) Zwischenergebnis

Das GATT 1994 führt seine Fassung aus dem Jahr 1947 im Wesentlichen fort; Es verfolgt weiterhin vorrangig die wirtschaftlichen Interessen seiner Parteien[756]: So haben die WTO-Mitglieder 1994 weder die Grundprinzipien umweltgerecht ergänzt noch die umweltrelevanten Ausnahmebestimmungen erweitert. Auch verweist das Welthandelsrecht nicht auf das Umweltvölkerrecht. Ferner schaffen die Nebenabkommen keine gemeinsame welthandelsrechtliche Umweltpolitik.

Einzige umweltrechtliche Neuerung ist die Einführung des Prinzips der nachhaltigen Entwicklung in die Präambel des WTO-Übereinkommens. Darin zeigt sich der Entschluss der Staaten, die Rohstoffe der Welt nicht mehr ungehindert, sondern nachhaltig nutzen zu wollen. Ausdruck findet diese neue Ziel-

---

750 *Gramlich*, AVR 1995, 131, 132; Schmidt/Kahl, in: *Rengeling II*, § 89, Rn. 13; *Senti*, Die Friedenswarte 1998, 63, 66, Fußnote 6.
751 *Herrmann*, ZEuS 2003, 589, 602.
752 *Stoll/Schorkopf*, Rn. 56.
753 *Ebd.*
754 Vgl. die Ausführungen in Teil 3 B. II. 3) d) aa).
755 Vgl. Herrmann, in: *Weiß/Herrmann/Ohler*, Rn. 966, der für die autoritative Interpretation fordert, dass die Erklärung der Ministerkonferenz Art. IX WTO als Rechtsgrundlage zitiert.
756 Ebenso *Epiney*, DVBl. 2000, 77, 78; *Hohmann*, RIW 2000, 88, 88; *Gramlich*, AVR 2000, 131, 140.

richtung auch im Beschluss der Minister zu Handel und Umwelt vom 14.04.1994. Dieses Dokument verweist auf die Rio-Erklärung und die Agenda 21 und ist zudem Anstoß für die Errichtung des CTE. Es begleitet das WTO-Vertragswerk jedoch nur rechtlich unverbindlich. Trotz des Bestrebens, den Welthandel und den Umweltschutz in Einklang zu bringen, fehlen somit konkrete rechtsverbindliche Vorgaben.

4) Konfliktpotential im globalisierten Welthandel

Die „Öffnung der Märkte"[757] hat während der letzten 60 Jahre auf die ökonomische Entwicklung und den volkswirtschaftlichen Wohlstand der derzeit 155 Mitglieder der WTO[758] einen unterschiedlichen Einfluss genommen. Dadurch nehmen sowohl wirtschaftlich stärkere als auch schwächere Länder[759] am internationalen Handel teil.

Generell weisen die Mitglieder dem Umweltschutz abhängig vom jeweiligen Entwicklungs- und Wohlstand Vor- oder Nachrang gegenüber dem wirtschaftlichen Nutzen von Naturgütern zu: So sehen wirtschaftlich schwächere Länder grundsätzlich im „offenen" Weltmarkt in volks- und betriebswirtschaftlicher Hinsicht den Schlüssel zur erheblichen Verbesserung ihres materiellen Lebensstandards[760]. Sie befürchten, dass ein hohes Schutzniveau ihnen die Möglichkeit nehme, durch den Verzicht auf das Gut „saubere" Umwelt einen komparativen Vorteil auszubeuten[761]. Darin sehen sie die Gefahr, dass ihre wirtschaftliche Entwicklung gebremst werde[762]. Weiterhin erwarten sie, dass ein neuer „Öko"-Imperialismus entstehe, der wirtschaftlich stärkeren Ländern die Möglichkeit eröffne, ihre eigenen Märkte abzuschotten[763].

In ökonomisch weiterentwickelten Ländern wachsen dagegen mit dem Wohlstand gemeinhin auch das ökologische Bewusstsein und das Bedürfnis der Bevölkerung, die Umwelt schützen zu wollen. Die Staaten stehen dadurch oft unter dem innenpolitischen Druck, dem Interesse am effektiven Umweltschutz – wol-

---

757 Genau genommen sind die Märkte nach der Konzeption des Welthandelsrechts nicht „offen", sondern liberal.

758 Stand: 2012.

759 Dieses antonyme Begriffspaar soll die Staatenwelt entsprechend ihrer gemeinsamen Interessenlagen grob in zwei Gruppen unterteilen, ohne die Sachgemäßheit der Bezeichnungen zu unterstellen.

760 Vgl. *Sander*, S. 19 f.; *Weizsäcker*, in: FAZ vom 15. November 1997, S. 15.

761 Vgl. Herrmann, in: *Weiß/Herrmann/Ohler*, Rn. 537; vgl. die Ausführungen in Teil 3 B. I.

762 *Voss*, in: Die Zeit vom 3. November 1995, Nr. 45, S. 33; *Weizsäcker*, in: FAZ vom 15. November 1997, S. 15.

763 *Sander*, S. 20 f.

len sie ihre nationale Politik nicht in Frage stellen – auch international Rechnung zu tragen[764]. Gleichzeitig befürchten sie jedoch erhebliche ökonomische Einbußen auf dem Weltmarkt, sowohl in Form eines „Öko-Dumpings" als auch durch die Abwanderung heimischer Industrien[765].

III. Zwischenergebnis

Im Handelsrecht hat sich der umweltgerechte Umgang mit Naturgütern seit dem Ende der 1940er-Jahre nur mäßig verbessert. So ist das GATT 1994 auch heute noch vom traditionell ökonomischen Freihandelskonzept beherrscht, welches an den Unterschieden der Vertragsparteien festhält. Dagegen wächst seit den 60er-Jahren das Schutzniveau im Umweltvölkerrecht stetig an.

Ein wesentlicher Unterschied ist, dass Umweltabkommen im Gegensatz zum Welthandelsrecht den natürlichen Lebensraum einschließlich der darin lebenden Tierarten als ein gemeinsames Rechtsgut aller Staaten begreifen[766]. Die-

---

764 Vgl. Helm, in: *Simonis*, 219, 219; *Weizsäcker*, in: FAZ vom 15. November 1997, S. 15; *Schäfers,* in: FAZ vom 20. Mai 1999, S. 17; *Walker*, S. 12; Schmidt/Kahl, in: *Rengeling II*, § 89, Rn. 2.

765 Vgl. Schmidt/Kahl, in: *Rengeling II*, § 89, Rn. 1; vgl. *Beyerlin*, Rn. 615, Fußnoten 67 f.; vgl. die Ausführungen in Teil 3 B. I.

766 Auch wenn das Konfliktpotential zwischen Welthandel und Umweltschutz besonders groß ist, wenn MEAs den Handel ausdrücklich verbieten, da diese TREMs in einem offenen Widerspruch zu den GATT-Pflichten stehen [vgl. *Reinisch*, RIW 2002, 499, 455; vgl. Herrmann, in: *Weiß/Herrmann/Ohler*, Rn. 593; *Stoll/Schorkopf* qualifizieren „die mögliche Reibungsfläche zwischen Umweltübereinkommen und den Regeln der WTO" aufgrund der geringen Anzahl von TREMs jedoch als „beschränkt" (*Stoll/ Schorkopf*, Rn. 720); dagegen betrifft nach Ansicht von *Berrisch* „(e)ine große Anzahl MEAs (...) handelspolitische Maßnahmen oder hat gerade zum Ziel, den Handel mit bestimmten Waren zu verbieten oder zu beschränken" (Berrisch, in: *Prieß/Berrisch*, Teil B I. 1., Rn. 247); wie bereits festgestellt (vgl. die Ausführungen in den Fußnoten 690 und 741), geht die Untersuchung auf die weiterführende Problematik kollidierender völkerrechtlicher Verträge im Folgenden nicht ein], widerspricht auch eine Umweltschutzmaßnahme auf Grundlage eines Umweltabkommens [vgl. Herrmann, in: *Weiß/Herrmann/Ohler*, Rn. 593: „Weniger stark ist der Konflikt, wenn ein Abkommen etwas lediglich ausdrücklich erlaubt, was ein anderes verbietet"; vgl. *Stoll/Schorkopf*, Rn. 722, 724, 726; vgl. Kluttig, in: *Tietje/Kraft*, 5, 29: „Auch ergibt sich ein Konfliktfeld, wenn ein Staat eine auf ein MEA gestützte Maßnahme ergreift und der betroffene Staat nicht Mitglied des MEAs ist, ihn also die Verpflichtung desselben nicht trifft"; *Hohmann* hebt hervor, dass „nach einigen inoffiziellen WTO-Quellen nahezu sämtliche multilaterale Umweltabkommen als GATT-widrig angesehen werden" (*Hohmann*, RIW 2000, 88, 88)] oder völlig unabhängig vom Umweltvölkerrecht dem Handelsliberalisierungsprinzip des GATT 1994 [vgl. *Stoll/Schorkopf*, Rn. 729; vgl.

ses Konzept gemeinsamer Naturgüter steht im Widerspruch zum Interesse, die Unterschiede im nationalen Umweltschutz zur Förderung des Welthandels zu erhalten[767]. Beide Rechtsgebiete haben sich also weitgehend unabhängig voneinander und ohne gegenseitige Berücksichtigung entwickelt[768]. So bezieht sich weder eine umweltvölkerrechtliche Erklärung auf die welthandelsrechtlichen Regelungen noch findet sich eine Vorrangklausel im GATT 1994.

Hintergrund dieser Entwicklung ist unter anderem der Interessengegensatz zwischen wirtschaftlich stärkeren und wirtschaftlich schwächeren Ländern. Aufgrund der Unterschiede im Wohlstandsniveau finden die 155 WTO-Mitglieder[769] nur schwer einen gemeinsamen Nenner. Darin zeigt sich, dass das Welthandelsrecht besonders mit dem Problem einer Anpassung konfrontiert ist[770]. Aus diesem Grunde einigten sich die Mitglieder der WTO 1994 auch lediglich auf das Konzept einer nachhaltigen Entwicklung, ohne es weiter inhaltlich zu konkretisieren. Deswegen muss man dem wachsenden Interesse an einem effektiven Schutz der Umwelt innerhalb der WTO anderweitig gerecht werden.

Gramlich, AVR 1995, 131, 158 f., 161: „Die Möglichkeit eines Konfliktes zwischen umwelt- und handelsbezogenen Regelungen (...) besteht außer bei spezifischen Restriktionen (durch ein Umweltabkommen) zumindest dann, wenn bestimmte Pflichten im Hinblick auf die Herstellung umweltschädlicher Produkte übernommen oder Produktionsmethoden untersagt werden, *aber darüber hinaus wohl bei jedem planvollen Umwelt-Management, das grenzüberschreitende Betätigung unter Genehmigungsvorbehalt stellt*" (Hervorhebung nicht im Original); ebenso Kluttig, in: *Tietje/Kraft*, 5, 29: „(Weiterhin stellt sich) die Frage nach der Zulässigkeit unilateraler Umweltschutzmaßnahmen mit exterritorialer Auswirkung, die keine Grundlage in einem MEA finden"].

767 Ähnlich von Heinegg, in: *Ipsen*, 14. Kapitel, Rn. 15, der die Ziele des Handels- und Umweltrechts als „unversöhnlich einander gegenüberstehende Ausgangspositionen" bezeichnet; *Gramlich* spricht von „(latent) divergierenden Zielsetzungen" (*Gramlich*, AVR 1995, 131, 140 f.); vgl. *Epiney*, DVBl. 2000, 77, 77: „Das Konfliktpotential von Handel und Umwelt zeigt sich auch im Rahmen der WTO"; vgl. Schmidt/Kahl, in: *Rengeling II*, § 89, Rn. 1; vgl. *Beyerlin*, Rn. 615.

768 Ebenso *Hohmann*, RIW 2000, 88, 89.

769 Stand: 2012.

770 Vgl. *Benedek*, S. 131.

C. Streitbeilegungspraxis

In diesem Zusammenhang kommt der evolutiven Auslegung in der Streitbeilegungspraxis[771] eine wesentliche Bedeutung zu. Dabei steht grundsätzlich in Frage, ob und in welchem Umfang der umfassende Schutz der Umwelt aus dem Umweltvölkerrecht im internationalen Handelsrecht zu berücksichtigen ist. Im Folgenden werden die Verfahren zusammengefasst[772] und analysiert[773], in denen sich die Streitbeilegungsorgane zur Zulässigkeit und zum Umfang von ökologisch motivierten Handelshemmnissen äußern. Die Ausführungen erfolgen abermals in chronologischer Reihenfolge. Die Untersuchung der Entscheidungen unter dem GATT 1947 ist erforderlich, da die Berichte nach Art. XVI:1 WTO fortgelten, soweit sie den reformierten WTO-Vorschriften nicht widersprechen[774].

I. Erste Ansätze: Kanada-Thunfisch-Fall und Hering-Lachs-Fall

Erste Ansätze zur evolutiven Auslegung des GATT 1947 finden sich in den 1980er-Jahren in den Fällen „United States – Prohibition of Imports of Tuna and Tuna Products from Canada" (im Folgenden Kanada-Thunfisch-Fall)[775] und „Canada – Measures Affecting Exports of Unprocessed Herring and Salmon" (nachstehend Hering-Lachs-Fall)[776].

---

771   Wie bereits festgestellt, ist bislang von der autoritativen Auslegungskompetenz nach Art. IX:2 WTO noch nicht Gebrauch gemacht worden [vgl. die Ausführungen in Teil 3 A. II. 2) a)].

772   Die Darstellung konzentriert sich jeweils auf die für die Untersuchung relevanten Aspekte der Entscheidungen.

773   Im Folgenden beschränkt sich die Untersuchung auf Entscheidungen zur evolutiven Auslegung des GATT 1947/1994; Verfahren, die sich mit der Auslegung anderer WTO-Übereinkommen beschäftigen [bspw. dem SPS im Fall betreffend das europäische Einfuhrverbot für hormonbehandeltes Rindfleisch, *European Communities – Measures Concerning Meat and Meat Products (Hormones)*, Appellate Body Report WT/DS26/AB/R, WT/DS48/AB/R, oder dem TRIPS in *India – Patent Protection for Pharmaceutical and Agricultural Chemical Products*] bleiben außer Betracht.

774   Göttsche, in: *Hilf/Oeter*, § 7, Rn. 18; Ohlhoff, in: *Prieß/Berrisch*, Teil C I. 2., Rn. 25, 32, 33; kritisch Weiß, in: *Weiß/Herrmann/Ohler*, Rn. 334.

775   (USA v. Canada), GATT-Panel, BISD 29S/91, Report angenommen am 22.02.1982.

776   (USA v. Canada), GATT-Panel, BISD 35S/98, Report angenommen am 22.03.1988.

1) Sachverhalt und Entscheidungsgründe

Im Kanada-Thunfisch-Fall hatten US-amerikanische Schiffe ohne Genehmigung innerhalb der kanadischen 200 Meilen-Küstenzone Thunfisch gefangen. Kanada beschlagnahmte die Schiffe daraufhin mit der Begründung, die Vereinigten Staaten verletzten kanadische Fischereirechte. Da die Vereinigten Staaten den Hoheitsanspruch Kanadas in dem Küstengebiet nicht anerkannten, verhängten sie in Reaktion darauf ein Importverbot für kanadischen Thunfisch und Thunfischprodukte[777]. Das Verbot verstieß nach Ansicht Kanadas gegen Art. I und Art. XI:1 GATT 1947[778]. Die Vereinigten Staaten rechtfertigten ihr Verhalten mit Art. XX(g) GATT 1947[779].

Das Panel bejahte einen Verstoß gegen Art. XI:1 GATT 1947[780]. Es nahm keine Rechtfertigung nach Art. XX(g) GATT 1947[781]. an, da das Einfuhrverbot den Gleichbehandlungsgrundsatz verletzt habe. Denn die USA hätten nur die Einfuhr ausländischer Ware, nicht auch die Produktion oder den Verbrauch im Inland beschränkt[782]. Das Panel hob jedoch hervor, dass beide Parteien Thunfisch als „erschöpflichen Naturschatz" i. S. d. Art. XX(g) GATT 1947 anerkannt hätten[783].

Im Hering-Lachs-Fall stand das erste Mal in Frage, ob Ziele, die zwischen den Parteien außervertraglich vereinbart waren, bei der Auslegung des GATT 1947 berücksichtigt werden müssten. Hier stützte Kanada ein Exportverbot für unverarbeiteten Hering und Lachs auf mehrere umweltschützende Verträge, die nach 1947 vereinbart wurden[784]. Das Land erlaubte nur die Ausfuhr von gesalzenen, getrockneten, geräucherten, marinierten oder gefrorenen Fischen[785], da nach kanadischer Auffassung allein dadurch die Erhaltung der Bestände sicher-

---

777 *Kanada-Thunfisch*-Fall, paras. 2.1, 2.2.

778 *Ebd.*, para. 3.1.

779 *Ebd.*, paras. 3.5, 3.7–3.20, 4.7.

780 *Ebd.*, paras. 4.4, 4.15.

781 Darüber hinaus verneinte das Panel die Zulässigkeit des US-Importverbots nach Art. XI:2(c) GATT 1947 (*Kanada-Thunfisch*-Fall, para. 4.6).

782 *Kanada-Thunfisch*-Fall, paras. 4.10–4.13, 4.15.

783 *Ebd.*, para. 4.9.

784 Kanada verwies auf die internationale Konvention über die Hochseefischerei im Nordpazifik vom 09.02.1952 (UNTS Bd. 205, 65), einen 1985 mit den USA geschlossenen Vertrag betreffend Pazifischen Lachs und das Seerechtsübereinkommen der Vereinten Nationen von 1982 (*Hering-Lachs*-Fall, para. 3.39).

785 *Hering-Lachs*-Fall, paras. 2.2–2.6.

gestellt gewesen sei[786]. Die Vereinigten Staaten sahen sich durch dieses Exportverbot in ihren Rechten aus dem GATT 1947 verletzt[787].

Das Panel stellte einen Verstoß gegen Art. XI:1 GATT 1947 fest[788], verneinte aber eine Rechtfertigung nach Art. XX(g) GATT 1947[789], da das kanadische Exportverbot nicht in erster Linie auf eine Konservierung abgezielt habe. Ferner verstoße das Exportverbot gegen das Gleichbehandlungsgebot, da Kanada die inländische Produktion nicht eingeschränkt habe[790]. Das Panel schloss sich jedoch der Meinung beider Streitparteien an, dass es sich bei Lachs und Hering um „erschöpfliche Naturschätze" i. S. v. Art. XX(g) GATT 1947 handele[791]. Abschließend stellte es fest, die Pflichten Kanadas nach internationalen Fischereiabkommen seien zwar wichtig. Jedoch sei es selbst „limited to the examination of Canadas's measures in the light of the relevant provisions of the General Agreement"[792].

2) Bewertung der Rechtsprechung

In den Streitbeilegungsberichten der 1980er-Jahre ist die evolutive Auslegung des Welthandelsrechts kein Thema. Zwar qualifizieren die Panels Fischbestände als „erschöpfliche Naturschätze" i. S. d. Art. XX(g) GATT 1947. Es fehlt jedoch eine Unterscheidung danach, ob die Handelsschranken wandernde Fischarten innerhalb oder außerhalb des kanadischen Hoheitsbereichs schützen[793]. Das Konzept gemeinsamer Naturgüter, das im Umweltvölkerrecht in mehreren Abkommen anerkannt ist, findet schließlich keine Erwähnung. Insbesondere im Hering-Lachs-Fall misst das Panel die kanadische Maßnahme allein an den Normen des GATT 1947, auch wenn es die Berücksichtigungsfähigkeit von späteren Umweltabkommen nicht ausdrücklich verneint. Somit legen die Panels Art. XX GATT 1947 nicht evolutiv aus[794].

---

786 *Ebd.*, paras. 3.3, 3.4.
787 *Ebd.*, paras. 3.1, 3.2.
788 *Ebd.*, paras. 4.1, 5.1.
789 Daneben diskutierte das Panel die Zulässigkeit des kanadischen Importverbots nach Art. XI:II(b) GATT 1947, verneinte sie jedoch (*Hering-Lachs*-Fall, paras. 4.2, 4.3, 5.1).
790 *Hering-Lachs*-Fall, paras. 4.5–4.7, 5.1.
791 *Ebd.*, para. 4.4.
792 *Ebd.*, para. 5.3.
793 Ebenso *Beyerlin*, Rn. 633.
794 Ebenso *Cameron/Gray*, ICLQ 2001 (Vol. 50), 248, 263 f.

II. Thunfisch-Delphin-Fälle

Wichtige Grundsätze für das Verhältnis von Handel und Umweltschutz stellten in den 1990er-Jahren die Beschlüsse der Streitschlichtungsorgane im so genannten Thunfischstreit[795] auf. Trotz fehlender Annahme der Berichte durch den DSB sind die Entscheidungen zumindest faktisch über die Streitparteien hinaus verbindlich[796].

1) Sachverhalt und Entscheidungsgründe

Gegenstand des Streits war ein US-amerikanisches Importverbot für Thunfisch, der von Mexiko im tropischen Ostpazifik gefangen wurde. Mexiko wurde von seinem Nachbarn vorgeworfen, beim Thunfischfang unverhältnismäßig viele Delphine zu töten. Ein amerikanisches Gesetz zum Schutz der Meeressäugetiere, das MMPA[797], erlaubte nur schonende Fangmethoden. Ausdrücklich verboten war der Fang unter Anwendung von Schleppnetzen, die als Beifang Delphine erfassen. Das Gesetz ermächtigte die amerikanischen Behörden, anderen Staaten die Einfuhr von kommerziell gefangenem Thunfisch in die USA zu verbieten (so genanntes Primärembargo)[798]. Darüber hinaus konnten sie von jedem Zwischenhändler den Nachweis verlangen, innerhalb der letzten sechs Monate keinen Thunfisch von einem Fangstaat erworben zu haben, der nicht Delphine schützt (so genanntes Sekundärembargo)[799].

Mexiko war sowohl durch das Primär- als auch durch das Sekundärembargo betroffen. Es rief 1991 das Panel an. Der Staat war der Auffassung, dass das Einfuhrverbot gegen Art. XI:1 GATT 1947 bzw. Art. III:2, 4 GATT 1947 verstoße[800]. Die USA bestritten eine Verletzung und behaupteten hilfsweise, dass die in dem MMPA festgelegten Maßnahmen zumindest nach Art. XX(b) und (g) GATT 1947 gerechtfertigt seien[801]. Zudem stützten sie sich auf das Washingtoner Ar-

---

795   *United States – Restrictions on Imports of Tuna* (Mexiko v. USA), GATT-Panel, DS21/R, Report vom 03.09.1991 (nicht angenommen), in: ILM 30 (1991), S. 1594–1623 (im Folgenden: *Tuna I*); *United States – Restrictions on Imports of Tuna* (EG und Niederlande v. USA), GATT-Panel, DS29/R, Report vom 16.06.1994 (nicht angenommen), in: ILM 33 (1994), S. 839–903 (im Folgenden: *Tuna II*).

796   Vgl. die Ausführungen in Teil 3 A. II. 2) b).

797   *Marine Mammal Protection Act* aus dem Jahr 1972; auszugsweise in: ILM 33 (1994), S. 899–902.

798   Vgl. Abschnitt 101 (a) (2) (A)/(B) MMPA.

799   Vgl. Abschnitt 101 (a) (2) (C)/(D) MMPA; *Tuna I*, paras. 2.5/2.6, 2.10, in: ILM 30 (1991), 1594, 1599; *Hohmann*, RIW 2000, 88, 93.

800   *Tuna I*, para. 3.1, 3.2, in: ILM 30 (1991), 1594, 1601.

801   *Tuna I*, paras. 3.6/3.7, in: ILM 30 (1991), 1594, 1601.

tenschutzabkommen. Sie vertraten die Auffassung, das Abkommen ermächtige sie, den Import von Produkten auch gegenüber Drittstaaten wie Mexiko zu verbieten, um bedrohte Tiere unabhängig vom Aufenthaltsort zu schützen[802].

Das Panel sah in den US-Importverboten einen Verstoß gegen Art. XI:1 GATT 1947[803]. Daraufhin beschäftigte es sich mit der Frage, ob die Maßnahmen nach Art. XX GATT 1947 gerechtfertigt gewesen seien. Dabei stellte es zunächst fest, dass diese Norm eine begrenzte und limitierte Ausnahme von anderen GATT-Verpflichtungen sei. Da die Regelung keine eigenen Rechte und Pflichten schaffe, seien die Umweltausnahmen eng auszulegen[804].

Folgend sah das Panel die Hauptfrage darin, ob Art. XX GATT 1947 auch den Schutz von Umweltgütern erlaube, die außerhalb der Gebietshoheit eines Staates lägen[805]. Es hob hervor, dass sein Wortlaut diese Frage nicht beantworte[806]. Letztlich kam es aber doch zum Ergebnis, dass die Norm ausschließlich die inländische Umwelt schütze[807]. Die US-Maßnahmen seien aus diesem Grund nicht gerechtfertigt[808]. Diesem Ergebnis lagen die folgenden vier Erwägungen zugrunde:

Erstens befürchtete das Panel, dass der Zweck der Art. I, III und XI GATT 1947 umgangen werde, wenn jeder Staat die Einhaltung seiner nationalen Schutzbestimmungen von den anderen Staaten verlangen könne. In diesem Fall sei ein uneingeschränkter Warenaustausch nur noch im Verhältnis von Staaten zu erwarten, die die gleichen Schutzbestimmungen hätten[809]. Zweitens hätten die

---

802 *Tuna I*, para. 3.36, in: ILM 30 (1991), 1594, 1606.

803 *Tuna I*, para. 5.18, (bzgl. des Primärembargos), para. 5.35 (bzgl. des Sekundärembargos), in: ILM 30 (1991), 1594, 1618, 1621.

804 *Tuna I*, para. 5.22, in: ILM 30 (1991), 1594, 1619.

805 *Tuna I*, para. 5.25, in: ILM 30 (1991), 1594, 1619: Das Panel sprach zwar nur allgemein von „jurisdiction" (= Rechtshoheit), meinte aber „territorial jurisdiction" (= Gebietshoheit); dies wird insbesondere in para. 5.26 der Entscheidungsbegründung deutlich; in diesem Abschnitt verwies das Panel auf die vorbereitenden Arbeiten zu Art. XX (b) GATT 1947, in denen der Zusatz vorgesehen war „if corresponding domestic safeguards under similar conditions exist in the importing country"; auch die systematische Argumentation des Panels zu Art. XX (g) GATT 1947 spricht dafür; danach gelte die Rechtfertigung nur für inländische Rechtsgüter, da ansonsten ein Staat die erschöpfliche Naturquelle nicht effektiv kontrollieren könne (vgl. para. 5.31); vgl. zu der Begrifflichkeit und den damit einhergehenden Schwierigkeiten *Godzierz*, S. 89.

806 *Tuna I*, para. 5.25, in: ILM 30 (1991), 1594, 1619.

807 *Tuna I*, para. 5.26 bzgl. Art. XX (b), para. 5.31 bzgl. Art. XX (g), in: ILM 30 (1991), 1594, 1620.

808 *Tuna I*, para. 7.1, in: ILM 30 (1991), 1594, 1623.

809 *Tuna I*, para. 5.27 bzgl. Art. XX (b), para. 5.32 bzgl. Art. XX (g), in: ILM 30 (1991), 1594, 1620, 1621.

vorbereitenden Arbeiten zu Art. XX (b) GATT 1947 noch verlangt, dass sich der Schutz allein auf inländische Umweltgüter beziehe. Die Entstehungsgeschichte des Art. XX (b) GATT 1947 lege demzufolge nahe, dass seine Verfasser nur Handelsschranken, die sich innerhalb der Gebietshoheit eines Staates auswirken, fokussiert hätten[810]. Drittens verbiete auch der Sinn des Art. XX (g) GATT 1947, Umweltgüter zu schützen, die sich außerhalb eines nationalen Hoheitsgebiets befänden. Denn ein Staat könne die Ausbeutung einer erschöpflichen Naturquelle nur dann effektiv kontrollieren, wenn sie innerhalb seiner Gebietshoheit stattfinde[811]. Zuletzt führte das Panel aus, dass die US-Maßnahmen nicht erforderlich i. S. d. Art. XX (b) GATT 1947 seien[812]; Die Regelung erlaube nur unvermeidbare Schutzmaßnahmen[813]. Gegenüber dem einseitigen Importverbot der Vereinigten Staaten stelle jedoch eine Vereibarung zwischen den beiden Handelspartnern ein milderes Mittel dar[814].

Die USA und Mexiko kamen in der Folgezeit zu einer gütlichen Beilegung des Streits. Infolgedessen hat der erste Thunfisch-Panel-Bericht den GATT-Parteien nicht zur Annahme vorgelegen[815]. Die auf Grundlage des MMPA erlassenen US-Importschranken waren jedoch schon drei Jahre später erneut Gegenstand eines Verfahrens. Auch darin wertete das Panel das US-Primär- und Sekundärembargo zum Schutz der Delphine als Verstoß gegen Art. XI:1 GATT 1947[816] und verneinte eine Rechtfertigung nach Art. XX (b) und (g) GATT 1947[817].

Wie schon das Panel des ersten Thunfischstreits[818] stellte es dabei fest, dass der Wortlaut von Art. XX GATT 1947 keinen Aufschluss über den präzisen Umfang der „policy area" gebe[819]. Im Gegensatz zum ersten Bericht hob dieses Panel allerdings hervor, dass Maßnahmen, welche sich auf Sachen oder Geschehnisse außerhalb der territorialen Hoheitsgewalt eines Staates bezögen, nicht generell verboten seien. Zwar sei im Einklang mit dem Panel im ersten Thun-

---

810   *Tuna I*, para. 5.26, in: ILM 30 (1991), 1594, 1620.

811   *Tuna I*, para. 5.31, in: ILM 30 (1991), 1594, 1620.

812   *Tuna I*, para. 5.28, in: ILM 30 (1991), 1594, 1620.

813   *Tuna I*, para. 5.27, in: ILM 30 (1991), 1594, 1620: „This paragraph of Article XX was intended to allow contracting parties to impose trade restrictive measures inconsistent with the General Agreement to pursue overriding public policy goals to the extent that such inconsistencies were unavoidable".

814   *Tuna I*, para. 5.28, in: ILM 30 (1991), 1594, 1620.

815   *Leirer*, S. 181.

816   *Tuna II*, para. 5.10, in: ILM 33 (1994), 839, 890.

817   *Tuna II*, para. 6.1, in: ILM 33 (1994), 839, 899.

818   Vgl. *Tuna I*, para. 5.25, in: ILM 30 (1991), 1594, 1619.

819   *Tuna II*, para. 5.15 bzgl. Art. XX (g), para. 5.31 bzgl. Art. XX (b), in: ILM 33 (1994), 839, 891, 895.

fisch-Fall festzustellen[820], dass Art. XX GATT 1947 eine eng zu interpretierende Ausnahmevorschrift sei[821]. Dessen ungeachtet zeige die Regelung aber im Unterpunkt (e)[822], dass sie nicht allein auf den Schutz natürlicher Ressourcen innerhalb eines Landes beschränkt sei[823]. Für den Schutz ausländischer Umweltgüter sei allerdings notwendig, dass die Umweltpolitik der anderen Länder nicht verändert werde[824]. Dies sei jedoch bei den US-Importverboten geradezu der Fall, weil die Maßnahmen im tropischen Ostpazifik nicht allein US-amerikanischen Fischer oder Boote beträfen[825].

In seinen Ausführungen ging das Panel das erste Mal[826] auf das spätere umweltvölkerrechtliche Umfeld des GATT 1947 ein. So zog es unter anderem das Washingtoner Artenschutzabkommen von 1973 heran[827]. Dabei betonte es, „it was first of all necessary to determine the extent to which these treaties were relevant to the interpretation of the text of the General Agreement"[828]. Für die Auslegung des GATT 1947 nahm das Panel die Regeln der WVRK zu Hilfe. Seiner Ansicht nach seien die späteren Umweltabkommen weder Übereinkünfte zwischen allen Parteien noch würden sie etwas über die Auslegung des GATT 1947 oder die Anwendung seiner Bestimmungen aussagen. Demnach stellten sie keine späteren Übereinkünfte i. S. d. Art. 31 III a) WVRK dar. Ferner könne die Übung unter den Abkommen nicht als Übung bei der Anwendung des GATT 1947 i. S. d. Art. 31 III b) WVRK gelten und damit seine Interpretation auch nicht beein-

---

820 Vgl. *Tuna I*, para. 5.22, in: ILM 30 (1991), 1594, 1619.

821 Vgl. *Tuna II*, para. 5.26, in: ILM 33 (1994), 839, 894.

822 *Tuna II*, para. 5.16 bzgl. Art. XX (g), para. 5.32 bzgl. Art. XX (b), in: ILM 33 (1994), 839, 891, 896.

823 *Tuna II*, para. 5.20, in: ILM 33 (1994), 839, 892.

824 *Tuna II*, para. 5.26 bzgl. Art. XX (g), para. 5.38 bzgl. Art. XX (b), in: ILM 33 (1994), 839, 894, 897.

825 *Tuna II*, para. 5.20 bzgl. Art. XX (g), para. 5.33 bzgl. Art. XX (b), in: ILM 33 (1994), 839, 892, 896.

826 Wie bereits festgestellt hatten die Vereinigten Staaten schon im ersten Thunfischfall angeführt, dass ein Mitglied des Washingtoner Artenschutzabkommens auch gegenüber Drittstaaten ermächtigt ist, den Import zum Schutz von Tieren, die vom Aussterben bedroht sind, zu verbieten, auch wenn diese außerhalb seiner Jurisdiktion leben [vgl. *Tuna I*, para. 3.36, in: ILM 30 (1991), 1594, 1606].

827 *Tuna II*, para. 3.14, in: ILM 33 (1994), 839, 853; daneben diskutierte das Panel die Berücksichtigungsfähigkeit von zeitlich vor dem GATT vereinbarten Umweltabkommen nach Art. 32 WVRK [*Tuna II*, para. 5.19 bzgl. Art. XX (g), para. 5.33 bzgl. Art. XX (b), in: ILM 33 (1994), 839, 892, 896]; wegen fehlender Relevanz für die vorliegende Untersuchung wird darauf nicht eingegangen.

828 *Tuna II*, para. 5.18, in: ILM 33 (1994), 839, 892.

flussen[829]. Das Panel kam also zum Ergebnis, dass die Umweltabkommen bei der Auslegung des GATT 1947 keine Berücksichtigung fänden[830]. Abschließend erwähnte es, dass sich die Parteien inzwischen vielfach zum Ziel der nachhaltigen Entwicklung bekannt hätten, worunter auch der Schutz der Umwelt und der Delphine falle[831].

2) Bewertung der Rechtsprechung

Die Panels beider Thunfischfälle haben unmissverständlich klargestellt, dass die Vertragsparteien frei seien, den Handel zum Schutz der Umwelt zu regulieren, soweit sie sich auf nationale Umweltgüter beschränken würden[832]. Verboten seien Handelsschranken, die die Umwelt außerhalb der staatlichen Hoheitsgewalt schützten. Dabei ist auffallend, dass die Panels nicht zwischen der Natur, die (auch) der Rechtshoheit eines anderen Staates unterliegt, und Umweltgütern des staatsfreien Raumes unterschieden[833].

Nach Ansicht des Panels im ersten Thunfischfall sei eine Handelsschranke mit grenzüberschreitenden Auswirkungen uneingeschränkt verboten. Im zweiten Thunfischfall vertrat das Panel eine differenziertere Auffassung: Eine Beschränkung sei nur dann unzulässig, wenn sie sich außerhalb der personalen Hoheitsgewalt eines Staates auswirke[834]. Eine Maßnahme zum Schutz der Umwelt, die Staatsangehörige oder heimatliche Schiffe außerhalb der eigenen Grenzen betreffe, sei dagegen erlaubt.

Zu diesem Ergebnis kamen die Panels durch eine Auslegung des Art. XX (b) und (g) GATT 1947. Die Regeln der WVRK fanden lediglich als Völkergewohnheitsrecht Anwendung, da Art. 3.2 DSU zum Zeitpunkt der Entscheidungen noch

---

829 *Tuna II*, para. 5.19 bzgl. Art. XX (g), para. 5.33 bzgl. Art. XX (b), in: ILM 33 (1994), 839, 892, 896.

830 *Tuna II*, paras. 5.19/5.20 bzgl. Art. XX (g), para. 5.33 bzgl. Art. XX (b), in: ILM 33 (1994), 839, 892, 896.

831 *Tuna II*, para. 5.42, in: ILM 33 (1994), 839, 898.

832 Vgl. *Tuna I*, para. 6.2, in: ILM 30 (1991), 1594, 1622; vgl. *Tuna II*, para. 5.26 bzgl. Art. XX (g), para. 5.38 bzgl. Art. XX (b), in: ILM 33 (1994), 839, 894, 897; ebenso *Beyerlin*, Rn. 62 und Matz-Lück/Wolfrum, in: *Wolfrum/Stoll/Hestermeyer*, S. 551.

833 Ebenso *Godzierz*, S. 89.

834 Ebenso Berrisch, in: *Prieß/Berrisch*, Teil B I. 1., Rn. 246; *Beyerlin*, Rn. 633; Matz-Lück/ Wolfrum, in: *Wolfrum/Stoll/Hestermeyer*, S. 551; vgl. auch Schmidt/Kahl, in: *Rengeling II*, § 89, Rn. 109, 113: „Dass *Maßnahmen mit extraterritorialer Wirkung* (...) nicht erlaubt sind, wurde (...) im Panel-Bericht ‚Thunfisch / Delphin II' zu Recht revidiert" (Hervorhebung im Original); vgl. *Epiney*, DVBl. 2000, 77, 82; vgl. *Godzierz*, S. 95.

nicht galt[835]. Beide Panels stützten sich auf eine grammatikalische und teleologische Auslegung. Dabei bewerteten sie Art. XX GATT 1947 als eine eng auszulegende Ausnahmevorschrift[836] und folgten der traditionellen Vorstellung, nach der die unterschiedlichen Umweltschutzstandards einen komparativen Handelsvorteil darstellen[837].

Dem Konzept der gemeinsamen Umweltgüter, das im Umweltvölkerrecht anerkannt war, schenkten sie keine Beachtung[838]. Um dieses in das Welthandelsrecht einzuführen, verlangte das erste Panel eine Einigung der GATT-Parteien[839]. Eine Handelsschranke, die von den Handelspartnern in einem Umweltabkommen anerkannt werde, stelle nämlich nach seiner Auffassung lediglich ein „milderes Mittel" i. S. d. Art. XX (b) GATT 1947[840] dar. Das zweite Panel bestätigte dieses Ergebnis, auch wenn die Betonung der Entscheidung abweicht[841]. Seiner Meinung nach lägen eine „spätere Übereinkunft" und eine „spätere Praxis" i. S. d. Art. 31 III a), b) WVRK nur dann vor, wenn sich alle Parteien darauf einigen und die Vereinbarung etwas über die Auslegung des GATT 1947 oder die Anwendung seiner Bestimmungen aussage[842]. Zwar hob das Panel auch hervor, dass sich das Handelsrecht derzeit neu ordne und sich die Parteien zur Nachhaltigkeit[843] und zum Schutz der Umwelt im Völkerrecht[844] bekannt

---

835   Vgl. *Tuna II*, para. 5.18, in: ILM 33 (1994), 839, 892: „It is generally accepted that the Vienna Convention on the Law of Treaties expresses the basic rules of treaty interpretation".

836   Vgl. *Tuna I*, para. 5.22, in: ILM 30 (1991), 1594, 1619; vgl. *Tuna II*, para. 5.26, in: ILM 33 (1994), 839, 894.

837   Vgl. *Tuna I*, para. 5.27 bzgl. Art. XX (b), para. 5.32 bzgl. Art. XX (g), in: ILM 30 (1991), 1594, 1620 f.; vgl. *Tuna II*, para. 5.26 bzgl. Art. XX (g), para. 5.38 bzgl. Art. XX (b), in: ILM 33 (1994), 839, 894, 897.

838   Ebenso Helm, in: *Simonis*, 219, 231, *Althammer*, ZfU 1995, 419, 431 und Matz-Lück/ Wolfrum, in: *Wolfrum/Stoll/Hestermeyer*, S. 551 f.

839   So wohl auch *Cameron/Gray*, ICLQ 2001 (Vol. 50), 248, 265: „Although not a definitive endorsement of MEAs as a justification for claiming an exception under Article XX, it does acknowledge that global environmental issues can be resolved through multilateral agreements and, *upon consensus*, can ‚trump' trade obligations under the WTO system" (Hervorhebung durch Verfasser); vgl. *Hohmann*, RIW 2003, 352, 360.

840   Vgl. *Tuna I*, para. 5.28, in: ILM 30 (1991), 1594, 1620.

841   Vgl. *Tuna II*, para. 5.42, in: ILM 33 (1994), 839, 898 gegenüber *Tuna I*, paras. 6.2/6.3, in: ILM 30 (1991), 1594, 1622 f.; ebenso Helm, in: *Simonis*, 219, 231.

842   Vgl. *Tuna II*, para. 5.19 bzgl. Art. XX (g), para. 5.33 bzgl. Art. XX (b), in: ILM 33 (1994), 839, 892, 896.

843   Vgl. *Tuna II*, para. 5.42, in: ILM 33 (1994), 839, 898.

844   Vgl. *Tuna II*, paras. 5.18–5.20 bzgl. Art. XX (g), para. 5.33 bzgl. Art. XX (b), in: ILM 33 (1994), 839, 892, 896.

hätten. Letztlich war es aber der Auffassung, das Umweltvölkerrecht nicht bei der Auslegung berücksichtigen zu können, da es dadurch das GATT verändern würde, was außerhalb seiner Kompetenzen läge[845]. Dadurch versagte es dem Umweltvölkerrecht jeglichen Einfluss auf das Welthandelsrecht. Die Möglichkeit, bei der Auslegung „jeden anwendbaren Völkerrechtssatz" nach Art. 31 III c) WVRK zu berücksichtigen, blendete es völlig aus[846].

Im Ergebnis lehnten beide Panels eine evolutive Auslegung des Art. XX GATT 1947 ab, mit dessen Hilfe die Umwelt in die gemeinsame Verantwortung der Staatengemeinschaft gestellt würde. Jedoch qualifizierten beide ohne nähere Ausführungen Tiere als „erschöpfliche Naturschätze" i. S. d. Art. XX (g) GATT 1947.

III. Treibstoff-Fall

Der erste Fall nach Gründung der WTO, der den Schutz der Umwelt betraf, war der Fall „United States – Standards for Reformulated and Conventional Gasoline" (im Folgenden: Treibstoff-Fall)[847].

1) Sachverhalt und Entscheidungsgründe

In diesem Verfahren hatten ein Panel und der Appellate Body über Regelungen der US-amerikanischen Luftreinhaltepolitik zu entscheiden. Der amerikanische „Clean Air Act" schrieb eine bestimmte Zusammensetzung von Benzin vor, um die Emissionswerte bei der Verbrennung zu reduzieren. Die Regelung galt für einheimische Händler und Importeure von Treibstoffen unterschiedlich. Venezuela und Brasilien warfen den USA vor, durch diese Gesetzgebung die südamerikanischen Erdölexporteure zu diskriminieren[848].

Die Streitbeilegungsorgane stellten fest, dass die Gesetzgebung gegen Art. III 4 GATT 1994 verstoßen habe[849] und unterzogen die Qualitätsanforderungen für

---

845 Vgl. *Tuna II*, para. 5.43, in: ILM 33 (1994), 839, 898.

846 Vgl. *Tuna II*, paras. 5.19/5.20 bzgl. Art. XX (g), para. 5.33 bzgl. Art. XX (b), in: ILM 33 (1994), 839, 892, 896; ebenso *Hohmann*, RIW 2000, 88, 95.

847 (Venezuela, Brazil v. USA), GATT-Panel, WT/DS2/R, Report vom 29.01.1996 (im Folgenden: *Treibstoff*-Panel); Appellate Body, WT/DS2/AB/R, Report angenommen am 20.05.1996, in: ILM 35 (1996), S. 603–634 (im Folgenden: *Treibstoff*-Appellate Body).

848 *Treibstoff*-Panel, paras. 2.1–2.13, 6.1–6.4; *Treibstoff*-Appellate Body, pages 2, 4–6, in: ILM 35 (1996), 603, 606, 608–610; *Stoll/Schorkopf*, Rn. 730.

849 *Treibstoff*-Panel, paras. 6.5, 6.9, 6.10–6.16; der Appellate Body warf die Frage der Vereinbarkeit der US-Maßnahme mit Art. III:4 GATT 1994 ausdrücklich nicht mehr auf (*Treibstoff*-Appellate Body, pages 9, 29, in: ILM 35 (1996), 603, 613, 633).

Benzin einer Rechtfertigungsprüfung nach Art. XX GATT 1994. Das Panel erkannte zunächst an, dass die Luftverschmutzung ein Gesundheitsrisiko für Menschen, Tiere und Pflanzen darstelle. Das amerikanische Recht verfolge demnach ein Ziel i. S. d. Unterpunktes (b)[850]. Ferner sei die saubere Luft ein Naturgut i. S. d. Unterpunktes (g): Sie sei natürlichen Ursprungs und habe einen Wert. Auch die Erneuerbarkeit einer Naturressource stehe ihrer Erschöpflichkeit nicht entgegen[851]. Das Panel verneinte aber die Notwendigkeit der Schutzmaßnahme[852], da das Gesetz nicht in erster Linie auf eine Konservierung abgezielt habe[853]. Der Appellate Body korrigierte das Panel und wertete die amerikanischen Qualitätsanforderungen als gerechtfertigte Maßnahmen i. S. d. Art. XX (g) GATT 1994[854]. Nach Auffassung der Berufungsinstanz habe das US-amerikanische Gesetz jedoch gegen den Chapeau der Regelung verstoßen. Denn die Maßnahmen würden eine ungerechtfertigte Diskriminierung und verschleierte Beschränkung des Handels darstellen[855].

Besonders hervorzuheben ist, dass der Appellate Body erstmalig feststellte, dass das GATT 1994 nicht „in clinical isolation from public international law" stehe[856]. Darüber hinaus betonte die Berufungsinstanz abschließend das Prinzip der nachhaltigen Entwicklung aus der Präambel des WTO-Übereinkommens und der Ministererklärung zu Handel und Umwelt[857].

2) Bewertung der Rechtsprechung

Die Streitschlichtungsorgane haben im Treibstoff-Fall erstmals einen erschöpflichen Naturschatz i. S. d. Art. XX (g) GATT 1994 definiert. Ein solcher läge vor bei einem Stoff natürlichen Ursprungs, dem ein Wert zukomme. Nach Auffassung der Instanzen sei er erschöpflich, wenn der natürliche Vorrat daran verbraucht werden könne. Beide Instanzen sahen dabei eine Naturressource nicht nur dann als wertvoll an, wenn ihre wirtschaftliche Ausbeutung möglich sei. Vielmehr legten sie dem Begriff ein umfassendes Verständnis zugrunde. Infolgedessen bewerteten sie saubere Luft als einen erschöpflichen Naturschatz.

---

850 *Treibstoff*-Panel, para. 6.21.
851 *Ebd.*, para. 6.37; der Appellate Body beschäftigte sich nicht direkt mit dieser Frage (vgl. *Treibstoff*-Appellate Body, pages 11–12, in: ILM 35 (1996), 603, 615–616).
852 *Treibstoff*-Panel, paras. 6.22–6.29.
853 *Ebd.*, paras. 6.39–6.41.
854 *Treibstoff*-Appellate Body, pages 13–22, 29, in: ILM 35 (1996), 603, 617–626, 633.
855 *Treibstoff*-Appellate Body, pages 22–29, in: ILM 35 (1996), 603, 626–633.
856 *Treibstoff*-Appellate Body, page 17, in: ILM 35 (1996), 603, 621.
857 *Treibstoff*-Appellate Body, pages 29/30, in: ILM 35 (1996), 603, 633 f.

Weiter stellte der Appellate Body zum ersten Mal klar, dass das Welthandelsrecht kein in sich geschlossenes System sei. Allerdings beantwortete er in diesem Zusammenhang nicht die Frage, inwiefern das spätere völkerrechtliche Umfeld auf das GATT 1994 Einfluss nehme[858]. Schlussfolgernd kann also festgestellt werden, dass diese Praxis zumindest in Richtung einer dynamischen Fortbildung des GATT 1994 weist[859].

IV. Shrimps-Meeresschildkröten-Fall

Einen Meilenstein in der Lösung des Konflikts zwischen traditioneller Freihandelsvorstellung und dem Schutz gemeinsamer Umweltgüter stellten 1998 die Beschlüsse im so genannten Shrimps-Meeresschildkröten-Fall[860] dar.

1) Sachverhalt und Entscheidungsgründe

Streitpunkt dieses Verfahrens war eine US-amerikanische Importbeschränkung für Shrimps und Shrimpsprodukte. Das Embargo galt für Staaten, die nicht nachweisen konnten, beim Fang so genannte TEDs zu nutzen, eine Art Lochblech, das Schildkröten aus dem Mündungsbereich der Netze aussondert[861].

---

858 Ebenso Weiß, in: *Weiß/Herrmann/Ohler*, Rn. 338.

859 Ebenso Matz-Lück/Wolfrum, in: *Wolfrum/Stoll/Hestermeyer*, S. 550: „This interpretation may, in the future, become of quite some significance since it opens up the possibility of reading elements of the regime of climate protection into Art. XX lit. g. (…) It is now well established in international environmental law that clean air is a natural resource which requires sustainable management so that it is not depleted. It would be just a normal consequence of this to consider the ozone layer and the climate equally as natural resources which may be depleted if not managed in a way which guarantees sustainability".

860 *United States – Import Prohibition of Certain Shrimp and Shrimp Products* (India, Malaysia, Pakistan, Thailand v. USA), GATT-Panel, WT/DS58/R, Report vom 15.05.1998, auszugsweise in: ILM 37 (1998), S. 832–857 (im Folgenden: *Shrimp-Panel Report*); Appellate Body, WT/DS58/AB/R, Report angenommen am 06.11.1998, in: ILM 38 (1999), S. 118–175 (im Folgenden: *Shrimp-Appellate Body Report*); Neben dem international verbreiteten Ausdruck „Shrimp" findet sich in der Literatur auch die deutsche Bezeichnung „Krevette" bzw. „Crevette" oder „Garnele" (vgl. *Reinisch*, RIW 2002, Fußnote 21).

861 Seit 1989 sah die Section 609 of Public Law 101–162 i. V. m. einer 1996 erlassenen Richtlinie ein Importverbot für alle Staaten vor, die nicht einen dem US-Standard vergleichbaren Meeresschildkrötenschutz verfolgen; amerikanische Behörden waren für die Erteilung von Zertifikaten zuständig, die eine den USA vergleichbare Tötungsrate der Tiere auswies.

Indien, Malaysia, Pakistan und Thailand warfen den Vereinigten Staaten eine Verletzung des Art. XI:1 GATT 1994 vor[862]. Sie behaupteten, dass eine Rechtfertigung nicht in Betracht käme, weil das Importverbot den Schutz von Tieren intendiere, die außerhalb der Jurisdiktionsgewalt der Vereinigten Staaten lebten[863]. Die USA rechtfertigten ihr Verhalten dagegen mit Art. XX GATT 1994[864].

Es handelte sich demnach um einen den Thunfisch-Fällen sehr ähnlichen Sachverhalt[865]. Daher nahm das Panel unter Berufung auf diesen Streit[866] zunächst einen Verstoß gegen Art. XI:1 GATT 1994 an und untersuchte dann, ob Maßnahmen zum Schutz von Umweltgütern in Ausnahmefällen erlaubt seien, auch wenn sie sich außerhalb der Hoheitsgewalt eines Staates befänden[867].

Um den Schutzbereich von Art. XX GATT 1994 zu bestimmen, griff das Panel auf die Regeln der WVRK zurück[868]. Das Panel legte dabei den Chapeau vor den Unterpunkten (a) bis (j) aus, da dieser auf die gesamte Liste der Regelung anwendbar sei[869]. Wie schon in den Thunfisch-Berichten[870] stützte sich das Panel auf die grammatikalische und teleologische Auslegung[871]. Es stellte fest, dass der Wortlaut nicht eindeutig[872] und die Norm eine eng zu interpretierende Ausnahmevorschrift sei[873]. Ferner vertrat es die Ansicht, dass Handelsschranken, die die Umwelt grenzüberschreitend schützten, den Welthandel bedrohten, da sie zu unterschiedlichen oder sogar widerstreitenden Zugangsbedingungen für ein Produkt führten[874]. Seiner Meinung nach widersprächen solche Handelsschranken dem Telos des Chapeau, der darin liege, einen Missbrauch von Art. XX

---

862 *Shrimp-Panel Report*, paras. 7.11/7.12, 7.24 in: ILM 37 (1998), 832, 839, 843.

863 *Shrimp-Panel Report*, para. 7.24, in: ILM 37 (1998), 832, 843.

864 *Shrimp-Panel Report*, paras. 7.13/7.24, in: ILM 37 (1998), 832, 840, 843.

865 *Hohmann*, RIW 2000, 88, 93; *Reinisch*, RIW 2002, 449, 451; *Stoll/Schorkopf*, Rn. 730.

866 Vgl. *Tuna I*, para. 5.25, in: ILM 30 (1991), 1594, 1619 und *Tuna II*, paras. 5.15–5.20 bzgl. Art. XX(g) sowie paras. 5.31–5.33 bzgl. Art. XX(b), in: ILM 33 (1994), 839, 891–893 und 895–896.

867 *Shrimp-Panel Report*, paras. 7.16/7.17/7.26/8.1, in: ILM 37 (1998), 832, 840f., 843 f., 857.

868 *Shrimp-Panel Report*, para. 7.27, in: ILM 37 (1998), 832, 844.

869 *Shrimp-Panel Report*, para. 7.28, in: ILM 37 (1998), 832, 844.

870 Die Auslegung bezog sich auf die Unterpunkte (b) und (g): vgl. bzgl. der grammatikalischen Auslegung *Tuna I*, para. 5.22, in: ILM 30 (1991), 1594, 1619 und *Tuna II*, para. 5.26, in: ILM 33 (1994), 839, 894; vgl. bzgl. des Telos *Tuna I*, para. 5.27 bzgl. Art. XX(b), para. 5.32 bzgl. Art. XX(g), in: ILM 30 (1991), 1594, 1620f. und *Tuna II*, para. 5.26 bzgl. Art. XX(g), para. 5.38 bzgl. Art. XX(b), in: ILM 33 (1994), 839, 894, 897.

871 Das Panel setzte dabei die teleologische Auslegung mit der systematischen Auslegung gleich [vgl. *Shrimp-Panel Report*, para. 7.35, in: ILM 37 (1998), 832, 846].

872 *Shrimp-Panel Report*, para. 7.34, in: ILM 37 (1998), 832, 846.

873 *Shrimp-Panel Report*, paras. 7.36, 7.40, 7.41, 7.46, in: ILM 37 (1998), 832, 846–848, 850.

874 *Shrimp-Panel Report*, para. 7.45, in: ILM 37 (1998), 832, 849.

GATT 1994 zu verhindern. Da eine Rechtfertigung bereits aus diesem Grund ausschied[875], legte das Panel die Unterpunkte (b) und (g) nicht mehr aus[876].

An dieser Einschätzung würde nach Auffassung des Panels weder das Prinzip einer nachhaltigen Entwicklung aus der WTO-Präambel noch der weitreichende Schutz im Umweltvölkerrecht etwas ändern[877]; Der Grundsatz der Nachhaltigkeit könne nicht den zentralen Fokus des WTO-Vertrages verdrängen, nämlich die ökonomische Entwicklung durch den Handel[878]. Zudem sei das Umweltvölkerrecht hier schon nicht einschlägig: So verbiete zwar das Washingtoner Artenschutzabkommen[879], an dem alle Streitparteien beteiligt seien, den Handel mit Meeresschildkröten. Das US-Verbot betreffe aber den Import von Shrimps, nicht den von Schildkröten[880]. Ferner würden die Seerechtskonvention der Vereinten Nationen[881] und die Agenda 21[882] bezwecken, das beiläufige Mitfischen zu reduzieren, jedoch eben nicht die Anwendung spezieller Methoden vorschreiben[883]. Das Panel hob gleichwohl hervor, dass der gemeinsame Schutz von Umweltgütern von der Rechtsgemeinschaft seit langem anerkannt sei[884]. Dies würden schon Art. 5 der Konvention über die Biologische Vielfalt[885], die Präambel der Bonner Konvention zur Erhaltung wandernder Arten wild lebender Tiere[886] und Grundsatz 12 der Rio-Erklärung[887] zeigen[888]. Zudem sei im

---

875   *Shrimp-Panel Report*, para. 7.49, in: ILM 37 (1998), 832, 851.

876   *Shrimp-Panel Report*, paras. 7.49, 7.60, 7.62, 7.63, in: ILM 37 (1998), 832, 856.

877   *Shrimp-Panel Report*, paras. 7.42, 7.45, 7.60, 8.1, in: ILM 37 (1998), 832, 848 f., 856 f.

878   *Shrimp-Panel Report*, paras. 7.42, 7.45, in: ILM 37 (1998), 832, 848 f.

879   *Convention on International Trade of Endangered Species of Wild Fauna and Flora*, 03.03.1973/20.06.1976, in: ILM 12 (1973), S. 1085–1104, deutsche Quelle: BGBl. II 1975, S. 777–833.

880   *Shrimp-Panel Report*, para. 7.58, in: ILM 37 (1998), 832, 855.

881   *United Nations Convention on the Law of the Sea*, 10.12.1982/16.11.1994, in: ILM 21 (1982), S. 1261–1354, deutsche Quelle: BGBl. II 1994, S. 1798–2018.

882   *Agenda 21: Programme of Action for Sustainable Development*, UN Doc. A/CONF.151/26, Volumes I–III, deutscher Text abrufbar unter: http://www.agenda21-treffpunkt.de/archiv/ag21dok/index.htm (Stand: 2012).

883   *Shrimp-Panel Report*, para. 7.59, in: ILM 37 (1998), 832, 855.

884   *Shrimp-Panel Report*, para. 7.50, in: ILM 37 (1998), 832, 851.

885   *Convention on Biological Diversity*, 05.06.1992/29.12.1993, in: ILM 31 (1992), S. 822–841, deutsche Quelle: BGBl. II 1993, S. 1742–1772.

886   *Convention on the Conservation of Migratory Species of Wild Animals*, 23.06.1979/01.11.1983, in: ILM 19 (1980), S. 15–32, deutsche Quelle: BGBl. II 1984, S. 569–591.

887   *UN-Declaration on Environment and Development*, Rio de Janeiro 14.06.1992, UN Doc. A/CONF.151/5/Rev.1 (1992), in: ILM 31 (1992), S. 874–880, deutsche Quelle: EA 1993, D 28–D 32.

888   *Shrimp-Panel Report*, para. 7.52 und 7.53, in: ILM 37 (1998), 832, 852 f.

Rechtssystem der WTO zu erkennen, dass eine multilaterale Lösung favorisiert werde, so in Art. III:2 GATT 1994, Art. 23 DSU, der WTO-Präambel, Absatz 2 der Präambel des GATS und in den Absätzen 3 und 7 der Präambel des TRIPS. Auch das CTE befürworte in Absatz 171 seines Berichts vom 12.11.1996 an die erste WTO-Ministerkonferenz[889] eine multilaterale Lösung für Umweltprobleme[890].

Die Vereinigten Staaten legten gegen diesen Bericht Berufung ein[891]. Sie wollten, dass der Appellate Body die Rechtmäßigkeit des US-Importverbots nochmals nach Art. XX GATT 1994 überprüft[892]. Die Berufungsinstanz stufte das Importverbot abermals als unzulässig ein[893]. Seine Bewertung unterschied sich jedoch erheblich vom Bericht der ersten Instanz, denn er untersuchte zunächst, ob das US-Verbot in den Schutzbereich des Art. XX (g) GATT 1994 falle und prüfte erst danach die Einhaltung der Anforderungen des Chapeau.

Bei der Prüfung des Schutzbereichs machte der Appellate Body drei Feststellungen:

Erstens verbiete die WTO nicht kategorisch Maßnahmen zum Schutz von Rechtsgütern, die außerhalb der Hoheitsgewalt eines Staates lägen[894]. Die Reichweite von Art. XX (g) GATT 1994 wolle das Streitbeilegungsorgan aber nicht abschließend bestimmen. Vielmehr könne es feststellen, dass die US-Maßnahme hier bereits deswegen gerechtfertigt sei, weil die betroffenen Meeresschildkröten als Wandertiere zumindest auch das Territorium der Vereinigten Staaten durchkreuzten[895]. Der Schutz von Umweltgütern über die Grenzen eines Staates hinaus sei daher wenigstens dann zulässig, wenn – wie hier – ein „sufficient nexus" bestehe, also eine hinreichende Beziehung zwischen Naturgut und Hoheitsgewalt eines Staates[896].

889   *Report (1996) of the Committee on Trade and Environment*, WTO-Dok. WT/CTE/W/40, abrufbar unter: www.wto.org/english/tratop_e/envir_e/wrk_committee_e.htm (Stand: 2012).

890   *Shrimp-Panel Report*, paras. 7.43, 7.50, in: ILM 37 (1998), 832, 848, 851.

891   WT/DS58/11; 13.07.1998.

892   *Shrimp-Appellate Body Report*, para. 98, in: ILM 38 (1999), 118, 145.

893   *Shrimp-Appellate Body Report*, para. 187, in: ILM 38 (1999), 118, 175; *Introductory Note by Nancy L. Perkins*, in: ILM 38 (1999), 118, 118.

894   *Shrimp-Appellate Body Report*, para. 121, in: ILM 38 (1999), 118, 152; *Introductory Note by Nancy L. Perkins*, in: ILM 38 (1999), 118, 119.

895   *Shrimp-Appellate Body Report*, para. 133, in: ILM 38 (1999), 118, 157: „We do not pass upon the question of whether there is an implied jurisdictional limitation in Article XX (g), and if so, the nature or extent of that limitation".

896   *Introductory Note by Nancy L. Perkins*, in: ILM 38 (1999), 118, 119; vgl. *Shrimp-Appellate Body Report*, para. 133, in: ILM 38 (1999), 118, 157.

Zweitens schütze Art. XX (g) GATT 1994 nicht nur anorganische, sondern auch organische „Naturschätze"[897]. Dies beweise die Seerechtskonvention der Vereinten Nationen[898], die während der Rio-Konferenz verabschiedete Agenda 21[899], die Konvention über die Biologische Vielfalt[900] sowie die Resolution über Hilfe für Entwicklungsländer[901].

Drittens seien Meeresschildkröten „erschöpflich". Zum einen könnte auch der Bestand von Tieren, die sich selbst reproduzieren, durch menschlichen Einfluss bedroht sein[902]. Zum anderen seien Meeresschildkröten als vom Aussterben bedrohte Tierart in den ersten Anhang des Washingtoner Artenschutzabkommens aufgenommen worden[903]. Weiter hob der Appellate Body hervor: „(T)he policy of protecting and conserving the endangered sea turtles here involved is shared by all participants and third participants in this appeal, indeed, by the vast majority of the nations of the world"[904]. Deshalb unterfalle das amerikanische Importverbot Art. XX (g) GATT 1994[905].

Mit dem Unterpunkt (b) beschäftigte sich das Berufungsorgan im Folgenden nicht mehr. Stattdessen untersuchte es, ob das Verbot nach dem Chapeau gerechtfertigt sei. Im Unterschied zur Erstinstanz folgte es dabei einer zweistufigen Prüfung: Zunächst erörterte es, ob grenzüberschreitende Handelsschranken generell rechtfertigungsfähig seien. Danach stand in Frage, ob das Importverbot den amerikanischen Markt vom Welthandel unzulässig abschotte.

Im ersten Schritt stellte der Appellate Body wie schon zuvor das Panel[906] auf den Wortlaut ab. Er bekundete ebenso[907], dass Art. XX GATT 1994 „a limited

---

897 *Shrimp-Appellate Body Report*, paras. 129–131, in: ILM 38 (1999), 118, 154–156.

898 *United Nations Convention on the Law of the Sea*, 10.12.1982/16.11.1994, in: ILM 21 (1982), S. 1261–1354, deutsche Quelle: BGBl. II 1994, S. 1798–2018.

899 *Agenda 21: Programme of Action for Sustainable Development*, UN Doc. A/CONF.151/26, Volumes I–III, deutscher Text abrufbar unter: http://www.agenda21-treffpunkt.de/archiv/ag21dok/index.htm (Stand: 2012).

900 *Convention on Biological Diversity*, 05.06.1992/29.12.1993, in: ILM 31 (1992), S. 822–841, deutsche Quelle: BGBl. II 1993, S. 1742–1772.

901 *Letzter Akt der Konferenz über den Abschluss der Bonner Konvention*, 23.06.1979, in: ILM 19 (1980), S. 11, 15; *Shrimp-Appellate Body Report*, para. 130, 153, in: ILM 38 (1999), S. 118, 155, 162.

902 *Shrimp-Appellate Body Report*, para. 128, in: ILM 38 (1999), 118, 154.

903 *Shrimp-Appellate Body Report*, para. 132, in: ILM 38 (1999), 118, 157.

904 *Shrimp-Appellate Body Report*, para. 135, in: ILM 38 (1999), 118, 157.

905 Vgl. *Shrimp-Appellate Body Report*, paras. 125–145, in: ILM 38 (1999), 118, 153–160.

906 Vgl. *Shrimp-Panel Report*, paras. 7.35, 7.40, 7.41, in: ILM 37 (1998), 832, 846–848.

907 Vgl. *Shrimp-Panel Report*, paras. 7.36, 7.46, in: ILM 37 (1998), 832, 846, 850; vgl. *Tuna I*, para. 5.22, in: ILM 30 (1991), 1594, 1619; vgl. *Tuna II*, para. 5.26 bzgl. Art. XX (g), para. 5.38 bzgl. Art. XX (b), in: ILM 33 (1994), 839, 894, 897.

and conditional exception from the substantive obligations contained in the other provisions"[908] sei. Ferner verwies er auf die Überschrift der Norm mit „Allgemeine Ausnahmen". Den Ausnahmecharakter würden zudem ihre Vorarbeiten bestätigen, in denen zunächst kein Vorbehalt vorgesehen gewesen sei. Nach grammatikalischer und historischer Auslegung seien Handelsschranken zum grenzüberschreitenden Schutz der Umwelt demnach nicht erlaubt[909].

Folgend äußerte er sich dazu, ob der grenzüberschreitende Schutz von Umweltgütern das Vertragsrechtssystem der WTO untergraben würde[910]. Wie schon die Erstinstanz festgestellt habe[911], liege der Fokus der WTO auf der Förderung des Wohlstands. Eine systematische[912] Auslegung mit der WTO-Präambel zeige, dass das Prinzip der nachhaltigen Entwicklung an dieser Einschätzung nichts ändere[913]. Jedoch sei zu berücksichtigen, dass die Minister in Marrakesch am 14.04.1994 die gegenseitige Unterstützung wirtschaftlicher und umweltpolitischer Entwicklungen ausdrücklich gefordert hätten[914]. Dieser Beschluss würde die Grundsätze 3 und 4 der Rio-Erklärung[915] und die Prinzipien 2.3 (b) und 2.9 (d) der Agenda 21[916] in die WTO einführen. Diese Regelungen hälfen als spätere

---

908 *Shrimp-Appellate Body Report*, para. 157, in: ILM 38 (1999), 118, 164.

909 *Shrimp-Appellate Body Report*, para. 157, in: ILM 38 (1999), 118, 164.

910 *Shrimp-Appellate Body Report*, paras. 151, 156, 158 f. in: ILM 38 (1999), 118, 161, 156, 165. Wie schon das Panel [vgl. *Shrimp-Panel Report*, paras. 7.40, 7.41, in: ILM 37 (1998), 832, 847 f.] wertete der Appellate Body das Verbot der missbräuchlichen Ausübung eines Rechts als eine Ausprägung des Prinzips des Guten Glaubens und zog dieses als ein „in den Beziehungen zwischen den Vertragsparteien anwendbare(r) einschlägige(r) Völkerrechtssatz" im Rahmen des Art. 31 III c) WVRK heran.

911 Vgl. *Shrimp-Panel Report*, para. 7.42, in: ILM 37 (1998), 832, 848.

912 *Shrimp-Appellate Body Report*, paras. 152–155, in: ILM 38 (1999), 118, 162 f.

913 *Shrimp-Appellate Body Report*, paras. 152 f., 155, in: ILM 38 (1999), 118, 162 f.

914 *Shrimp-Appellate Body Report*, para. 154, in: ILM 38 (1999), 118, 162 f.

915 Grundsatz 3 der Rio-Erklärung lautet: „The right to development must be fulfilled so as to equitably meet developmental and environmental needs of present and future generations"; Grundsatz 4 der Rio-Erklärung lautet: „In order to achieve sustainable development, environmental protection shall constitute an integral part of the development process and cannot be considered in isolation from it".

916 Prinzip 2.3 (b) der Agenda 21 lautet: „Um die gesetzten Umwelt- und Entwicklungsziele auch tatsächlich verwirklichen zu können, soll die Weltwirtschaft ein günstiges internationales Klima schaffen, indem sie (...) b) dafür sorgt, daß sich Handel und Umwelt wechselseitig unterstützen"; Prinzip 2.9 (d) der Agenda 21 lautet: „In den kommenden Jahren sollen sich die Regierungen unter Berücksichtigung der Ergebnisse der multilateralen Wirtschaftsverhandlungen im Rahmen der Uruguay-Runde bemühen, folgende Zielvorgaben zu erfüllen: (...) d) Förderung und Unterstützung einer Politik – und zwar sowohl national als auch international –, die sicherstellt, dass Wirtschaftswachstum und Umweltschutz einander unterstützen".

völkerrechtliche Erklärungen, „to elucidate the objectives of (...) Members with respect to the relationship between trade and the environment"[917]. Sowohl die Entwicklungen innerhalb als auch außerhalb der WTO sprächen somit für eine stärkere Gewichtung des Umweltschutzes im Rahmen des GATT 1994[918]. Daraus folgerte der Appellate Body, dass Handelsschranken zum Schutz von Umweltgütern, die außerhalb der Jurisdiktion eines Staates lägen, das Vertragsrechtssystem der WTO zumindest nicht umgingen. Handelsschranken zum grenzüberschreitenden Schutz der Umwelt seien damit zumindest generell nach dem Chapeau rechtfertigungsfähig.

Im zweiten Schritt lehnte der Appellate Body eine Rechtfertigung des Importverbots gleichwohl ab, da die Vereinigten Staaten die Importländer unterschiedlich behandelten. Das US-Importverbot wirke dadurch protektionistisch und genüge nicht den Anforderungen des Chapeau des Art. XX GATT 1994[919]. Diesem Ergebnis lägen die folgenden Erwägungen zugrunde:

Erstens würden Staaten, denen der Import verwehrt werde, gegenüber Staaten, denen er gewährt werde, willkürlich diskriminiert: Das Verbot sei weder transparent noch konkret genug und es fehle die Möglichkeit, sich gegen eine negative Entscheidung prozessual zu wehren[920].

Zweitens sei das Importverbot[921] unflexibel und unzweckmäßig[922] und stelle daher auch eine nicht gerechtfertigte Diskriminierung zwischen Ländern dar, in denen gleiche Verhältnisse bestünden. Denn die Vereinigten Staaten würden nicht bloß ein vergleichbares, sondern ein wesentlich gleiches Programm zum Schutz von Meeresschildkröten verlangen[923]. Ferner setzten die USA für die Ein-

---

917 *Shrimp-Appellate Body Report*, para. 154, Fußnoten 147 f., in: ILM 38 (1999), 118, 162 f.
918 *Shrimp-Appellate Body Report*, para. 155, in: ILM 38 (1999), 118, 163.
919 *Introductory Note by Nancy L. Perkins*, in: ILM 38 (1999), 118, 118.
920 *Shrimp-Appellate Body Report*, paras. 177–184, in: ILM 38 (1999), 118, 172–174.
921 Der Appellate Body hob hervor, dass Section 609 selbst, d. h. allein die gesetzliche Bestimmung, einen gewissen Grad an Flexibilität beinhalte [*Shrimp-Appellate Body Report*, para. 161, in: ILM 38 (1999), 118, 166].
922 *Shrimp-Appellate Body Report*, para. 165, in: ILM 38 (1999), 118, 167.
923 *Shrimp-Appellate Body Report*, paras. 176, 184, in: ILM 38 (1999), 118, 172, 174; der Appellate Body rügte dabei nicht nur, dass die individuellen Bemühungen der Exportstaaten, Meeresschildkröten zu schützen, nicht adäquat berücksichtigt wurden; dies führe zu ihrer ungerechtfertigten Diskriminierung gegenüber den Vereinigten Staaten; auch das Importverbot für Shrimps, welcher durch eine den US-amerikanischen TEDs identische Fangmethode in dem Gewässer eines Drittstaats gefangen wurde, sei schwer mit dem erklärten Ziel des Schutzes der Meeresschildkröten zu vereinbaren [*Shrimp-Appellate Body Report*, paras. 161–165, in: ILM 38 (1999), 118, 166 f.].

führung der TEDs unterschiedliche Fristen[924]. Außerdem würden sie den Transfer der erforderlichen TED-Technologie in die Exportstaaten unterschiedlich unterstützen[925].

Drittens monierte der Appellate Body, dass die USA zwar mit einigen mittelamerikanischen Staaten ein multilaterales Abkommen geschlossen hätten, nämlich die Inter-American Convention for the Protection and Conservation of Sea Turtles[926]. Eine solche Vereinbarung fehle jedoch mit den klagenden Importländern[927], obwohl sich die Pflicht zum gemeinsamen Umweltschutz aus mehreren völkerrechtlichen Erklärungen ergebe. Dies sei in Grundsatz 12 der Rio-Erklärung[928] und Prinzip 2.22 (i) der Agenda 21[929], auf die die Präambel und Paragraph 2 (b) der Ministererklärung in Marrakesch vom 14.04.1994[930] Bezug nähmen, in Art. 5 der Konvention über die Biologische Vielfalt von 1992[931], in der Bonner Konvention zur Erhaltung wandernder Artem wild lebender Tiere von 1979[932] und Absatz 171 des Berichts des CTE an die erste WTO-Ministerkonferenz vom 12.11.1996[933] anerkannt[934]. Diese Regelungen würden zwar nicht den Abschluss einer Vereinbarung zum Schutz der Umwelt erfordern. Jedoch verlangten sie den ernsthaften Versuch, zu einer gemeinsamen Lösung von Umweltproblemen zu gelangen. Auch sei der Rückgriff auf internationale Vereinbarungen zum Schutz von Meeresschildkröten möglich, etwa auf das Washing-

---

924 *Shrimp-Appellate Body Report*, paras. 173 f., in: ILM 38 (1999), 118, 171 f.

925 *Shrimp-Appellate Body Report*, para. 175, in: ILM 38 (1999), 118, 172.

926 Dieses Abkommen hatten die USA mit Brasilien, Costa Rica, Mexico, Nicaragua und Venezuela geschlossen.

927 *Shrimp-Appellate Body Report*, paras. 166–172, in: ILM 38 (1999), 118, 167–171.

928 *UN-Declaration on Environment and Development*, Rio de Janeiro 14.06.1992, UN Doc. A/CONF.151/5/Rev.1 (1992), in: ILM 31 (1992), S. 874–880, deutscher Text in: EA 1993, D 28–D 32.

929 *Agenda 21: Programme of Action for Sustainable Development*, UN Doc. A/CONF.151/26, Vols. I–III, deutscher Text abrufbar unter: http://www.agenda21-treffpunkt.de/archiv/ag21dok/index.htm (Stand: 2012).

930 *Trade and Environment*, Ministerial Decision of 14.04.1994, in: ILM 33 (1994), S. 1267–1269, deutsche Fassung in: *Hummer/Weiss*, S. 542–545.

931 *Convention on Biological Diversity*, 05.06.1992/29.12.1993, in: ILM 31 (1992), S. 822–841, deutsche Quelle: BGBl. II 1993, S. 1742–1772.

932 *Convention on the Conservation of Migratory Species of Wild Animals*, 23.06.1979/01.11.1983, in: ILM 19 (1980), S. 15–32, deutsche Quelle: BGBl. II 1984, S. 569–591.

933 *Report (1996) of the Committee on Trade and Environment*, WTO-Dok. WT/CTE/W/40, abrufbar unter: www.wto.org/english/tratop_e/envir_e/wrk_committee_e.htm (Stand: 2012).

934 *Shrimp-Appellate Body Report*, para. 168, in: ILM 38 (1999), 118, 169.

toner Artenschutzabkommen[935]. Denn die darin sich ausdrückende Anerkennung schaffe ein Gleichgewicht zwischen dem Schutz von Meeresschildkröten und der Handelsfreiheit[936]. Sie stelle deswegen ein milderes Mittel als eine unilaterale Maßnahme dar.

2) Bewertung der Rechtsprechung

Die Streitbeilegungsinstanzen im Shrimps-Meeresschildkröten-Fall haben den Umfang zulässiger Umweltschutzmaßnahmen im Rechtssystem der WTO unterschiedlich weit bestimmt:

Die erste Instanz war der Auffassung, dass keine grenzüberschreitenden Handelsschranken zulässig seien[937]. Das Panel lehnte den Schutz gemeinsamer Umweltgüter, der im Umweltvölkerrecht anerkannt war, ab und verneinte damit letztlich eine dynamische Fortbildung des GATT 1994. Im Ergebnis sah das Panel die Umwelt als ein dem Handel nachstehendes Gut an. Zu diesem Schluss kam es durch eine Auslegung des Art. XX GATT 1994 nach Art. 31 I WVRK[938]. Es bezog sich unmittelbar auf die WVRK, da Art. 3.2 DSU erst am 01.01.1995 in Kraft getreten war.

Nach Ansicht des Panels bleibe der zentrale Fokus der WTO die wirtschaftliche Entwicklung, auch wenn die Mitgliedstaaten den Grundsatz der Nachhaltigkeit in die Präambel des WTO-Übereinkommens aufgenommen hätten[939]. Der

---

935 *Convention on International Trade of Endangered Species of Wild Fauna and Flora*, 03.03.1973/20.06.1976, in: ILM 12 (1973), S. 1085–1104, deutsche Quelle: BGBl. II 1975, S. 777–833; *Shrimp-Appellate Body Report*, para. 171, in: ILM 38 (1999), 118, 171.

936 *Shrimp-Appellate Body Report*, para. 170, in: ILM 38 (1999), 118, 171.

937 Deutlich wird dies insbesondere im *Shrimp-Panel Report*, para. 9.1, in: ILM 37 (1998), 832, 857: „Members are free to set their own environmental objectives. However, they are bound to implement these objectives in such a way that is consistent with their WTO obligations, not depriving the WTO Agreement of its object and purpose".

938 Dass das Panel „die Grundregel jeder juristischen Auslegung (missachtete), wonach immer mit dem Wortlaut der Norm zu beginnen ist, (und sich) gleich auf die Frage nach Sinn und Zweck des Art. XX GATT (konzentrierte, was zu der Auffassung führte), dass es (...) unerheblich sei, ob die Prüfung (...) mit der Präambel (...) oder einem der spezifischen Erlaubnistatbestände der Norm beginne" (*Tietje*, EuR 2000, 285, 290), ist für die vorliegende Untersuchung nicht relevant [vgl. die Kritik daran in *Shrimp-Appellate Body Report*, paras. 114 f., 119, 121 f., 132, in: ILM 38 (1999), 118, 150–153; *Introductory Note by Nancy L. Perkins*, in: ILM 38 (1999), 118, 118].

939 Das Panel im Shrimps-Fall ging das erste Mal auf die Präambel des WTO-Übereinkommens ein; das erstinstanzliche Streitbeilegungsorgan des zweiten Thunfischfalls bezog sich lediglich allgemein in den abschließenden Bemerkungen auf das Prinzip der nachhaltigen Entwicklung, indem es hervorhob, dieses „has been widely recognized by the

Nachhaltigkeitsgrundsatz rechtfertige nach Auffassung der Erstinstanz keine Handelsschranken zum grenzüberschreitenden Schutz der Umwelt, weil nationale Alleingänge die Verpflichtung zum multilateralen Handeln umgingen. Daher sei es seiner Auffassung nach erforderlich, dass sich die GATT-Parteien gemeinsam auf den Schutz von Umweltgütern einigten, die außerhalb der nationalen Hoheitsgewalt lägen.

Das Panel bezog sich in seiner Begründung sowohl auf das Welthandelsrecht als auch auf das Umweltvölkerrecht. Zum einen verwies es auf den Charakter des Art. XX GATT 1994 als eine eng zu interpretierende Ausnahmevorschrift, die Präambel des WTO-Übereinkommens, Art. III:2 GATT 1994, Art. 23.1 DSU, Absatz 2 der Präambel des GATS, Absätze 3 und 7 der Präambel des TRIPS und Absatz 171 des Reports des CTE vom 12.11.1996. Zum anderen erwähnte es Grundsatz 12 der Rio-Erklärung, Art. 5 der Konvention über die Biologische Vielfalt und die Präambel der Bonner Konvention zur Erhaltung wandernder Arten wild lebender Tiere, die den Abschluss von Umweltabkommen anregten[940]. Dem grenzüberschreitenden Schutz von Meeresschildkröten, den es Umweltvölkerrecht gab, versagte das Panel jedoch jeglichen Einfluss auf das Rechtssystem der WTO.

Die Erstinstanz legte dabei allerdings den Wortlaut des Washingtoner Artenschutzabkommens sehr eng aus, indem sie die Auffassung vertrat, das Abkommen sei bereits deswegen unbeachtlich, weil die USA nicht den Handel mit Schildkröten, sondern den Handel mit Shrimps beschränkt hätten[941]. Gleiches gilt für die Auffassung, dass die Seerechtskonvention der Vereinten Nationen und die Agenda 21 die Anwendung spezieller Methoden für den Fischfang nicht erfordern würden[942] – sowohl der Sinn der Seerechtskonvention als auch der Sinn der Agenda 21 widersprechen dieser Auffassung[943].

Letztlich war das Panel wohl der Ansicht, dass 1991 kein Konsens über den grenzüberschreitenden Schutz von Meeresschildkröten zwischen den WTO-Mitgliedern bestanden habe. Dabei sah es sich durch die Berichte im Thunfischfall bestätigt[944], in denen, wie bereits erörtert[945], Umweltabkommen keine Beach-

---

contracting parties to the General Agreement" [vgl. *Tuna II*, para. 5.42, in: ILM 33 (1994), 839, 898].

940   Vgl. *Shrimp-Panel Report*, paras. 7.50, 7.53, in: ILM 37 (1998), 832, 851, 853.

941   Vgl. *Shrimp-Panel Report*, para. 7.58, in: ILM 37 (1998), 832, 855.

942   Vgl. *Shrimp -Panel Report*, para. 7.59, in: ILM 37 (1998), 832, 855.

943   So auch *Hohmann*, RIW 2000, 88, 98.

944   Vgl. *Shrimp-Panel Report*, paras. 7.36, 7.46, in: ILM 37 (1998), 832, 846, 850.

945   Keine Beachtung fanden Umweltabkommen im ersten Thunfischfall. Im zweiten Thunfischfall wurde dagegen ihre Heranziehung diskutiert, jedoch anhand der WVRK

tung gefunden und die Streitbeilegungsinstanzen für den grenzüberschreitenden Schutz der Umwelt eine Einigung aller WTO-Mitglieder gefordert hatten. Indem sich das Panel im Shrimps-Meeresschildkröten-Fall nur mit dem Chapeau auseinandersetzte, beschäftigte es sich darüber hinaus nicht mit der Frage, ob Tiere „erschöpfliche Naturschätze" i. S. d. Art. XX(g) GATT 1994 seien.

Die Entscheidung der Berufungsinstanz im Shrimps-Meeresschildkröten-Fall markiert einen entscheidenden Wendepunkt im Welthandelsrecht[946]. Sie verschiebt die Gewichtung vom wirtschaftlichen Nutzen zum nachhaltigen Schutz der Umwelt.

Die Auffassung des erstinstanzlichen Panels – welche sich auch in den Thunfisch-Entscheidungen wiederfindet[947] –, verwarf der Appellate Body implizit. Die evolutive Auslegung des GATT gefährde das Welthandelssystem also nach seiner Ansicht nicht[948]. Er stellte zwar auch nicht fest, dass der Schutz der Umwelt gleichrangig neben dem Ziel stehe, den Handel zu fördern[949]. Denn er qualifizierte Art. XX GATT 1994 weiterhin als eine enge Ausnahmevorschrift zum Verbot handelsbeschränkender Maßnahmen[950]. Ferner verlangte er einschränkend einen „hinreichenden Bezug" zwischen Umweltgut und Hoheitsgebiet, wie dies etwa bei weit wandernden Tierarten wie den streitgegenständlichen Meeresschildkröten der Fall gewesen sei[951]. Aus seiner Entscheidung folgt jedoch, dass eine grenzüberschreitende Handelsschranke zumindest dann zuläs-

---

abgelehnt und eine konsensuale Einigung vorausgesetzt [vgl. die Ausführungen in Teil 3 C. II. 2)].

946 So auch *Hilf*, NVwZ 2000, 481, 483; *Tietje*, EuR 2000, 285 ff.; *Ginzky*, ZUR 1999, 216, 222; *Sands*, UNYB 1999, 389, 400, 404; Matz-Lück/Wolfrum, in: *Wolfrum/Stoll/Hestermeyer*, S. 547.

947 Vgl. *Tuna I*, para. 5.27 bzgl. Art. XX(b), para. 5.32 bzgl. Art. XX(g), in: ILM 30 (1991), 1594, 1620 f.; vgl. *Tuna II*, para. 5.26 bzgl. Art. XX(g), para. 5.38 bzgl. Art. XX(b), in: ILM 33 (1994), 839, 894, 897.

948 Vgl. *Shrimp-Panel Report*, para. 7.45, in: ILM 37 (1998), 832, 849.

949 Ebenso *Senti*, Die Friedenswarte 73 (1998), 63, 66 f.; so aber *Hilf*, NVwZ 2000, 481, 481 und *Hohmann*, RIW 2003, 352, 360; wohl auch *Ginzky*, ZUR 1999, 216, 221: „(F)ür die grundsätzliche Zulässigkeit einer handelspolitischen Maßnahme (wird) nicht danach unterschieden, ob interne oder extraterritoriale Politikziele verfolgt werden. Der Appellate Body (...) scheint (...) auch produktionsbezogene Handelsbeschränkungen (...) grundsätzlich für zulässig zu erachten"; ebenfalls wohl Kluttig, in: *Tietje/Kraft*, 5, 35; vgl. auch *Sands*, UNYB 1999, 389, 400: „Although the Appellate Body claims that it does ‚not pass upon the question of whether there is an implied jurisdictional limitation in Article XX(g)', its conclusion appears hardly consistent with such a limitation".

950 Vgl. *Shrimp-Appellate Body Report*, para. 157, in: ILM 38 (1999), 118, 164.

951 Vgl. *Introductory Note by Nancy L. Perkins*, in: ILM 38 (1999), 118, 119; vgl. *Shrimp Appellate Body Report*, para. 133, in: ILM 38 (1999), 118, 157.

sig sei, wenn sie auch den Schutz nationaler Umweltgüter bezwecke[952]. Ob ein „hinreichender Bezug" auch dann bestehe, wenn die Umweltgüter keinem Staat angehörten oder allein in das Hoheitsgebiet eines anderen Staates fielen, wie dies bei den „global commons" der Fall ist, ließ die Berufungsinstanz allerdings offen[953]. Die Aussage, dass die WTO grenzüberschreitende Handelsschranken nicht kategorisch ablehne, reicht jedoch schon sehr weit[954].

Die Berufungsinstanz sah sich im Prinzip der nachhaltigen Entwicklung aus der Präambel des WTO-Übereinkommens bstätigt, welche sie im Rahmen einer systematischen Auslegung heranzog[955]. Weiterhin wies der Appellate Body dem Ministerbeschluss in Marrakesch vom 14.04.1994, wonach die Rio-Erklärung und die Agenda 21 in der WTO zu berücksichtigen sind, eine entscheidende Stellung zu. Eine Begründung dafür, warum dieser Umweltbeschluss die Auslegung des GATT 1994 leitet, fehlt jedoch. Meiner Meinung nach ist davon auszugehen, dass der Beschluss ein „in den Beziehungen zwischen den Vertragsparteien anwendbare(r) einschlägige(r) Völkerrechtssatz" i. S. d. Art. 31 III (c) WVRK[956] darstellt.

---

952 Ebenso Berrisch, in: *Prieß/Berrisch*, Teil B I. 1., Rn. 248.

953 Ebenso Herrmann, in: *Weiß/Herrmann/Ohler*, Rn. 538; *Stoll/Schorkopf*, Rn. 176; Berrisch, in: *Prieß/Berrisch*, Teil B. I. 1., Rn. 246; Puth, in: *Hilf/Oeter*, § 30, Rn. 35; vgl. *Triebold*, Fußnote 1186; vgl. *Biermann*, der den Mangel „an sprachlicher und juristischer Präzision" der Begründung tadelt und hervorhebt „(d)as Gremium wollte nicht grundsätzlich über die Grenzen der Anwendung des Art. XX befinden (*Biermann*, AVR 2000, 455, 472, Fußnote 74); vgl. auch Matz-Lück/Wolfrum, in: *Wolfrum/Stoll/Hestermeyer*, S. 552: „On a more general level, there is no indication, though, of what constitutes a ‚nexus' and how strong the link to the territory of a Member has to be in order for Art. XX lit. g to be relied on. The Appellate Body does not give sufficient guidance for the interpretation of Art. XX lit. g in this respect".

954 Ebenso *Sands*, UNYB 1999, 389, 404: „This (…) is a far-reaching conclusion which breaks with prior international practise and for which little, if any, international precedent can be found".

955 Die Berufungsinstanz berücksichtigte die Präambel des WTO-Abkommens ausdrücklich im Rahmen der systematischen Auslegung des Chapeau von Art. XX GATT 1994 [vgl. *Shrimp-Appellate Body Report*, para. 155, in: ILM 38 (1999), 118, 163]; bei der Auslegung des Art. XX (g) GATT 1994, im Speziellen des Begriffs „erschöpflicher Naturschatz", fehlt dagegen eine Begründung für die Heranziehung der Präambel [vgl. *Shrimp-Appellate Body Report*, paras. 130–132, 134, in: ILM 38 (1999), 118, 155–157]; obwohl an dieser Stelle ebenfalls eine Berücksichtigung im Rahmen einer systematischen Auslegung nahe liegen dürfte, kann die Präambel grundsätzlich auch im Rahmen der teleologischen Auslegung Bedeutung erlangen.

956 Im Ergebnis ebenso *Stoll/Schorkopf*, Rn. 56: „(Beschlüsse der Ministerkonferenz bei Abschluss von WTO-Handelsrunden) können (…) als Auslegungshilfe bei der Auslegung des WTO-Rechts herangezogen werden".

Um Handelsschranken zum Schutz von organischen Lebewesen zu rechtfertigen, nahm der Appellate Body auch auf Umweltabkommen und das umweltvölkerrechtliche „soft law" Bezug[957]. Die Berufungsinstanz erkannt die „Erschöpflichkeit" von Meeresschildkröten an, da das Washingtoner Artenschutzabkommen von 1973 die Tiere im ersten Anhang aufgenommen hätte. Dabei erklärte der Appellate Body für unerheblich, dass nicht alle WTO-Mitglieder an den Erklärungen beteiligt gewesen seien. Nach seiner Auffassung würden spätere völkerrechtliche Erklärungen die Legitimität des Umweltschutzes schon dann beweisen, wenn sie die Mehrheit der GATT-Parteien teilten[958]. Offenbar war der Appellate Body im Gegensatz zur Erstinstanz der Meinung, dass sich die WTO-Mitglieder darin einig seien, die Umwelt umfassender als zum Zeitpunkt der Schaffung des GATT 1947 schützen zu wollen. Damit verschaffte das Berufungsgremium den WTO-Staaten die Möglichkeit einer effektiven Umweltpolitik, die den Herausforderungen aktueller Umweltprobleme in großen Teilen Rechnung trägt[959].

Als einzige Voraussetzung dafür verlangte der Appellate Body, dass eine Handelsschranke zum grenzüberschreitenden Schutz von Umweltgütern keine protektionistische Wirkung enfalte. Vor einem Im- oder Exportverbot sei nach seiner Auffassung darum erforderlich, dass sich der jeweilige Staat ernsthaft um eine gemeinsame Lösung des Umweltproblems bemühe. Da Art. XX GATT nicht ausdrücklich unter einem Kooperationsvorbehalt steht[960], begründete der Appellate Body diese vorrangige Pflicht zum einen abermals mit dem Ministerbeschluss zu Handel und Umwelt, der in seiner Präambel und Absatz 2 (b) auf den Grundsatz der Gemeinsamkeit in Grundsatz 12 der Rio-Erklärung sowie Prinzip 2.22 (i) der Agenda 21 Bezug nimmt. Der Verweis auf Art. 31 III (c) WVRK fehlte hier jedoch abermals. Zum anderen dienten ihm daneben Art. 5 der Konvention über die Biologische Vielfalt von 1992, die Bonner Konvention zur Erhaltung wandernder Arten, wild lebender Tiere von 1979 sowie Absatz 171 des CTE-Berichts an die erste WTO-Ministerkonferenz vom 12.11.1996 als weitere Nachweise. Der Appellate Body forderte dabei nicht, dass Abkommen abzuschließen seien, sondern betonte lediglich die Pflicht, in Verhandlungen einzutreten und nach Treu und Glauben eine gemeinsame Lösung anzustreben[961].

---

957   Die Berufungsinstanz nahm neben der Agenda 21 von 1992 auf die 1982 geschlossene Seerechtskonvention der Vereinten Nationen und auf die auf der Rio-Konferenz von 1992 verabschiedete Konvention über die Biologische Vielfalt Bezug und erwähnte die auf Grundlage der Bonner Konvention zur Erhaltung wandernder Arten wild lebender Tiere 1979 erlassene Resolution über die Hilfe für Entwicklungsländer.

958   Vgl. *Shrimp-Appellate Body Report*, para. 135, in: ILM 38 (1999), 118, 157.

959   Ebenso *Hilf*, NVwZ 2000, 481, 485; vgl. auch *Yearwood*, Teil 6.4.1.

960   Puth, in: *Hilf/Oeter*, § 30, Rn. 41.

961   Ebenso Puth, in: *Hilf/Oeter*, § 30, Rn. 41.

Nach seiner Auffassung bleibt ein nationaler Alleingang also zulässig, wenn ein zuvoriger Verhandlungsversuch fehlschlage[962]. Auch könnten bereits bestehende Abkommen Umweltschutzmaßnahmen rechtfertigen. Dadurch erlangen Übereinkünfte, die TREMS beinhalten, eine besondere Bedeutung[963].

V. Zwischenergebnis

Die Streitbeilegungsgremien haben das Welthandelsrecht evolutiv fortentwickelt. Dabei waren sie anfangs noch sehr zurückhaltend, woran auch der Abschluss zahlreicher MEAs in den 1970er-Jahren, an denen sich viele GATT-Parteien beteiligten, nichts änderte.

Bereits die Panels der ersten umweltrelevanten Streitfälle, dem Kanada-Thunfisch-Fall von 1982 und dem Hering-Lachs-Fall von 1988, wendeten Art. XX (g) GATT 1947 auf wandernde Fischarten und lebende Naturschätze an. Sie diskutierten jedoch weder die dynamische Entwicklung der Ausnahmebestimmung noch berücksichtigten sie das spätere Umweltvölkerrecht. Mithin fand die evolutive Auslegung des Art. XX GATT 1947 in diesen Entscheidungen noch keine Beachtung.

---

962 So auch: *Ginzky*, ZUR 1999, 216, 221: „(A)us der Begründung des Appellate Body (ergibt sich) denknotwendig, (d)ass unilaterale Maßnahmen sozusagen als second-best-Variante bei Scheitern der internationalen Bemühungen zulässig sein müssen"; *Hilf*, NVwZ 2000, 481, 485; Puth, in: *Hilf/Oeter*, § 30, Rn. 41; Berrisch, in: *Prieß/Berrisch*, Teil B I. 1., Rn. 250.

963 Ebenso Puth, in: *Hilf/Oeter*, § 30, Rn. 42: „Haben gemeinsam an einem internationalen oder globalen Umweltgut beteiligte Staaten eine Einigung in Form eines Umweltschutzvertrages erzielt und sieht dieser Vertrag das Ergreifen von TREMs zwischen den Vertragsparteien vor (…), so müssen diese Vereinbarung und die zu ihrer Durchführung ergriffenen Handelsmaßnahmen auch vor Art. XX GATT Bestand haben. Bewegen sich die TREMs im Rahmen der vertraglichen Vorgaben, so erübrigt sich jedenfalls die Prüfung der Substanz der TREMs am Maßstab des Standards der ungerechtfertigten Diskriminierung. Umfasst die erzielte Übereinkunft hingegen nicht den Einsatz von Handelsmaßnahmen (…), so können zwischen den Vertragsparteien angewendete TREMs auch nicht als Ergebnis zwischenstaatlicher Kooperation begriffen werden. Die Anwendung der TREMs ist dann in vollem Umfang an den Standards der *chapeau*-Klausel zu messen. Dies gilt auch im Verhältnis zu Nichtvertragsparteien. Umweltschutzverträge, die Handelsmaßnahmen gegenüber WTO-Mitgliedern vorsehen, die nicht auch Vertragspartei dieses Vertrages sind, können keinerlei rechtfertigende Wirkungen auf der Ebene der *chapeau*-Klausel entfalten. Schließlich besteht gerade keine Übereinkunft über den Einsatz der TREMs mit den betroffenen Nichtvertragsparteien" (Hervorhebung im Original).

Dies änderte sich in den 1990er-Jahren mit dem Thunfischstreit. In diesem Verfahren setzten sich die Panels zum ersten Mal mit dem Schutz von umherziehenden Fischbeständen auseinander, den viele Umweltabkommen anerkannten. Sie qualifizierten die Fische ohne nähere Begründung als erschöpfliche Naturschätze. Art. XX(g) GATT 1947 rechtfertige ihrer Auffassung nach jedoch keine Handelsschranken zum Schutz gemeinsamer Umweltgüter. Insofern blieben die Panels einer historischen Auslegung verhaftet. Der Grund dafür lag in der Befürchtung, den Welthandel zu gefährden.

1998 bewertete dann die Rechtsmittelinstanz im Shrimps-Meeresschildkröten-Fall die streitgegenständlichen Meeresschildkröten als schutzwürdig, da sie als weit wandernde Tiere zumindest auch durch das Territorium der beklagten Vereinigten Staaten zögen. Der Appellate Body lehnte damit zum ersten Mal Handelsschranken zum Schutz gemeinsamer Umweltgüter nicht kategorisch ab. Überdies erweiterte er den Schutz des Art. XX(g) GATT 1994 auf organische Lebewesen.

Im Gegensatz zur Entscheidung der Erstinstanz, die nur ein knappes halbes Jahr zuvor ergangen war, vertrat er damit die Auffassung, dass zwischen den WTO-Mitgliedern Ende der 1990er-Jahre Einigkeit bestanden habe, die Umwelt umfassender als zum Zeitpunkt des GATT 1947 schützen zu wollen. Als Nachweis dafür dienten ihm mehrere spätere Umweltabkommen, die aufgrund des Ministerbeschlusses zu Handel und Umwelt vom 14.04.1994 nach Art. 31 III (c) WVRK in die WTO Eingang fanden. Der Beschluss diente der Rechtsmittelinstanz auch als Nachweis dafür, dass Handelsschranken zum Schutz der Umwelt nur zulässig seien, wenn sie keinen staatlichen Protektionismus ermöglichten. Nach Auffassung der Berufungsinstanz sei eine Abschottung der nationalen Märkte dann nicht zu befürchten, wenn die Handelspartner ernsthaft versuchten, zur gemeinsamen Lösung von Umweltproblemen zu gelangen. Als weitere Möglichkeit sah der Appellate Body den Rückgriff auf Umweltabkommen an, die TREMs enthielten.

Damit machte die Rechtsmittelinstanz im Shrimps-Meeresschildkröten-Fall deutlich, dass das GATT 1994 ein dynamisches Rechtsgebilde ist, das nur im Zusammenhang mit dem umweltvölkerrechtlichen Umfeld verstanden werden kann[964]. Folgerichtig schränkt sie mit Hilfe der evolutiven Auslegung des GATT

---

964 Ebenso *Hilf*, NVwZ 2000, 481, 488 und *Cameron/Gray*, ICLQ 2001 (Vol. 50), 248, 267; zurückhaltender dagegen *Triebold*, S. 297 f.: „(D)ie GATT–Praxis (hat) die Rechtfertigungsmöglichkeit von Schutzmaßnahmen zugunsten von Umweltgütern, die nicht unter der Hoheitsgewalt des betreffenden Staates stehen, gestützt auf die GATT-rechtlichen Ausnahmetatbestände bisher nur sehr zurückhaltend angewendet. Diese sehr enge Auslegung der Rechtfertigungstatbestände von Art. XX GATT, die den Anwen-

1994 den wirtschaftlichen Nutzen von Umweltgütern zugunsten eines umfassenden Umweltschutzes in erheblichem Maße ein. Gleichzeitig unterstrich der Appellate Body aber auch, dass dem Schutz der Umwelt kein Vor- oder Gleichrang gegenüber dem Welthandel zukomme. Denn die Instanz legte lediglich Art. XX GATT 1994 evolutiv aus. Keine neue Bewertung fanden dagegen die Grundprinzipien des GATT 1994. Ferner bestimmte der Appellate Body den Schutzbereich der Ausnahmevorschrift nicht abschließend, sondern hielt sich in ihrer dynamischen Fortbildung zurück. Fraglich bleibt damit, ob in der WTO Handelshemmnisse zum Schutz von „global commons" erlaubt sind[965].

D. „Grünende" WTO?

Im Mittelpunkt der folgenden Ausführungen steht die Diskussion, ob und inwieweit Art. XX GATT 1994 im Lichte des Umweltvölkerrechts evolutiv auszulegen ist.

Unter Rückgriff auf den zweiten Teil der Arbeit wird zunächst erörtert, ob das GATT 1994 generell einer evolutiven Auslegung gegenüber zugänglich ist [I.]. Dann wird ausgeführt, inwieweit sich die Ausnahmevorschrift dem Umweltschutz öffnet [II.]. Insbesondere wird untersucht, ob Handelsschranken gerechtfertigt sind, die im Einklang mit dem Umweltvölkerrecht den grenzüberschreitenden Schutz gemeinsamer Naturgüter bezwecken. Daneben ist von besonderem Interesse, ob Tiere als „erschöpfliche Naturschätze" Unterpunkt (g) von Art. XX GATT 1994 unterfallen. Ziel der Ausführungen ist es, anhand der Regeln der WVRK die Grenzen einer „grünenden" WTO festzulegen [III.].

I. Dynamik des GATT 1994

1) Regelungsvertrag

Das GATT 1994 ist ein Regelungsvertrag[966]. Dies folgt aus seiner grammatikalischen und teleologischen Auslegung:

---

dungsbereich der einzelstaatlichen Umweltpolitik mehr oder weniger auf den eigenen Hoheitsbereich und die nationalen Umweltgüter begrenzt, widerspricht den tatsächlichen Gegebenheiten in der Umweltproblematik sowie den neueren Tendenzen im Umweltvölkerrecht".

965 Einschränkend Matz-Lück/Wolfrum, in: *Wolfrum/Stoll/Hestermeyer,* S. 550: „However, a complete lack of any connection, e. g. as far as the conservation of a natural resource exclusively occurring in the high seas or the deep seabed is concerned, would most likely lead to a jurisdictional limitation".

966 Im Ergebnis ebenso *Benedek,* S. 94.

Zum einen findet in seinen Normen Ausdruck, dass der Vertrag auf Dauer angelegt ist: Art. XXV:1 GATT 1994 fordert das „periodische" Zusammentreten der Vertragsparteien, Art. XXVIII:1 GATT 1994 sieht die Änderung bzw. Rücknahme von Zollreduzierungen „in Zeitabschnitten" vor, Art. XXXVI:1 (a), 4 GATT 1994 legt die „fortschreitende Entwicklung" aller Volkswirtschaften als ein grundlegendes Ziel fest[967] und nach Art. XXXVII:4 GATT 1994 finden die „künftigen" Entwicklungs-, Finanz- und Handelsbedürfnisse Berücksichtigung. Ferner proklamiert die GATT-Präambel eine „Erhöhung" des Lebensstandards, ein „ständig steigendes" Niveau des Realeinkommens und „die Steigerung" der Produktion, worin ebenfalls anklingt, dass der Vertrag auf Dauer angelegt wurde.

Zum anderen wurde der Charakter des GATT 1994 als ein Regelungsvertrag bestätigt, indem die WTO geschaffen wurde. Dies belegt Art. III:2 WTO, wonach die Ministerkonferenz beschließen kann, die Tätigkeit der Organisation auch auf Gegenstände zu erstrecken, die die in den Anlagen des WTO-Übereinkommens enthaltenen Übereinkünfte noch nicht erfassen. Daneben bekennen sich die Mitglieder in der Präambel des WTO-Übereinkommens erstmals[968] ausdrücklich zu einem „dauerhaftere(n)" Handelssystem.

Darüber hinaus findet das GATT 1994 durch die Stärkung des Streitbeilegungssystems eine Verrechtlichung[969]. Auch darin zeigt sich die Intention der WTO-Mitglieder, eine dauerhafte Ordnung für den Handel mit Waren zu schaffen.

2) Art. XX GATT 1994

Auch Art. XX (b) und (g) GATT 1994 sind für eine evolutive Auslegung offen. Dafür spricht schon der allgemein formulierte Wortlaut der Regelung[970]. Insbesondere das Begriffspaar „erschöpfliche Naturschätze" in Unterpunkt (g) weist in Richtung einer dynamischen Fortentwicklung, weil sich der Bestand und der Erhalt von Umweltgütern naturgemäß mit der Zeit ändern. Außerdem proklamieren die Präambel des WTO-Übereinkommens sowie der Ministerbeschluss zu Handel und Umwelt vom 14.04.1994 das Prinzip einer nachhaltigen Entwick-

---

967   Eine entsprechende Zielbestimmung fehlt in der GATT-Präambel.

968   Eine entsprechende Zielbestimmung fehlt in der GATT-Präambel.

969   Vgl. *Gramlich*, der hervorhebt, dass „in diesem Forum juristische Argumente zuweilen genuin politischen weichen (mußten)", was „sich im Hinblick auf das im WTO-Übereinkommen (...) installierte ‚Streitbeilegungsgremium'" änderte (*Gramlich*, AVR 1995, 131, 140, Fußnote 55); vgl. *Hohmann*, EuZW 2000, 421, 421, Fußnote 7: „An die Stelle eines machtorientierten Verfahrens trat somit ein regelorientiertes Verfahren".

970   Schmidt/Kahl, in: *Rengeling II*, § 89, Rn. 103.

lung. Dieses zukunftsorientierte Konzept ist im Rahmen der systematischen bzw. teleologischen Auslegung der Norm zu berücksichtigen[971].

3) Zwischenergebnis

Das GATT 1994 ist als Regelungsvertrag für eine evolutive Auslegung offen. Dies gilt besonders für die umweltrelevanten Ausnahmebestimmungen in Art. XX GATT 1994, was nicht nur die allgemeine Formulierung „erschöpfliche Naturschätze" in Unterpunkt (g) bestätigt. Vielmehr leitet auch das zukunftsorientierte Konzept einer nachhaltigen Entwicklung aus der WTO-Präambel und dem Ministerbeschluss zu Handel und Umwelt vom 14.04.1994 seine evolutive Auslegung.

II. Umweltschutz im GATT 1994

Im Folgenden wird erörtert, inwieweit sich das GATT 1994 dem Umweltschutz öffnet. Art. XX GATT 1994 wird dafür grammatikalisch, systematisch und teleologisch ausgelegt.

1) Wortlaut

a) Schutz gemeinsamer Umweltgüter nach Art. XX GATT 1994

Der Wortlaut bestimmt nicht, ob Handelshemmnisse zum Schutz gemeinsamer Umweltgüter gerechtfertigt sind.

So findet die Umwelt als Rechtsgut keine ausdrückliche Erwähnung. Zudem ist der räumliche Schutzbereich der Regelung nicht näher konkretisiert[972]. Denn Unterpunkt (b) fordert allein, dass eine Handelsschranke auf den Schutz des Lebens oder der Gesundheit von Menschen, Tieren oder Pflanzen gerichtet ist. Unterpunkt (g) verlangt lediglich, dass die Maßnahmen zur Erhaltung erschöpflicher Naturschätze „im Zusammenhang mit Beschränkungen der inländischen Produktion oder des inländischen Verbrauchs" erfolgen[973]. Das räumliche Verhältnis der Maßnahmen zu den einzelnen Schutzgütern spezifiziert die Norm dadurch nicht[974].

---

971 Vgl. die Ausführungen in Teil 3 B. II. 2) b).
972 Vgl. Puth, in: *Hilf/Oeter*, § 30, Rn. 31.
973 *Gramlich*, AVR 1995, 131, 152; *Triebold*, S. 298; *Diem*, S. 135; vgl. Puth, in: *Hilf/Oeter*, § 30, Rn. 35.
974 Puth, in: *Hilf/Oeter*, § 30, Rn. 33.

b)   *Tiere als „erschöpfliche Naturschätze" i. S. d. Art. XX (g) GATT 1994*

Art. XX (g) GATT 1994 umfasst alle „erschöpfliche(n) Naturschätze". Der Wortlaut lässt damit offen, ob das GATT 1994 nur anorganische oder auch organische Ressourcen wie den Bestand von Tieren als „erschöpflich" bewertet[975].

c)   *Zwischenergebnis*

Die grammatikalische Auslegung erhellt weder, ob Handelsschranken zum Schutz gemeinsamer Umweltgüter gerechtfertigt sind, noch stellt sie ausdrücklich klar, ob Tiere „erschöpfliche Naturschätze" sind[976].

2)   Systematik

a)   *Schutz gemeinsamer Umweltgüter nach Art. XX GATT 1994*

Der Kontext von Art. XX (b) und (g) GATT 1994 beschränkt den Schutz der Umwelt nicht auf das Hoheitsgebiet eines Staates[977]. Die übrigen Bestimmungen der Norm beziehen sich nämlich nur in wenigen Fällen auf die Herkunft der Güter: Unterpunkt (i) regelt die Ausfuhr „inländischer Rohstoffe" zum Schutz der „inländischen verarbeitenden Industrie". Unterpunkt (f) erlaubt „Maßnahmen zum Schutze nationalen Kulturgutes von künstlerischem, geschichtlichem oder archäologischem Wert". Unterpunkt (e) bezieht sich auch auf Waren, die in Gefängnissen anderer Länder hergestellt sind[978]. Darüber hinaus fehlt eine räumliche Zuordnung der Schutzgüter. Diese Regelungen schließen also geradezu nicht aus, dass neben nationalen Gütern auch ausländische bzw. gemeinsame Güter Schutz finden. Sie weisen – wenn überhaupt – nur darauf hin, dass Art. XX GATT 1994 die Fälle, die auf den Schutz nationaler Güter beschränkt sind, abschließend aufzählt.

Der systematische Zusammenhang mit dem SPS zeigt darüber hinaus in die Richtung, dass Handelsschranken zum Schutz von Umweltgütern, die sich außerhalb des Hoheitsgebiets eines Staates befinden, nach den Unterpunkten (b) und (g) zulässig sind. Denn im SPS kommt besonders das Bedürfnis zum Aus-

---

975   Ebenso Matz-Lück/Wolfrum, in: *Wolfrum/Stoll/Hestermeyer*, S. 549: „A textual approach to the interprettion of Art. XX lit. g does not restrict the meaning of natural resources to non-living resources."

976   Ebenso: Puth, in: *Hilf/Oeter*, § 30, Rn. 31; *Epiney*, DVBl. 2000, 77, 82; *Beyerlin*, Rn. 625; *Triebold*, S. 298.

977   Ebenso *Epiney*, DVBl. 2000, 77, 78, 81 und *Triebold*, S. 299.

978   Art. XX (e) GATT, der ausdrücklich „Maßnahmen hinsichtlich der in Strafvollzugsanstalten hergestellten Waren" nennt, knüpft jedenfalls zum Teil an einen Sachverhalt in einem anderen Mitgliedstaat an (*Stoll/Schorkopf*, Rn. 177, 183; vgl. *Triebold*, S. 299).

druck, einheitliche Standards im Umweltschutz zu schaffen[979]. Ferner erlaubt es den nationalen Staaten, im Rahmen seines Anwendungsbereiches unter bestimmten Voraussetzungen eigene höhere Standards zu setzen, verbietet also nicht per se Handelsschranken. Diese Wertungen haben für die Auslegung des Art. XX GATT 1994 eine besondere Bedeutung[980], da die Regelungen des SPS nach der Präambel ausdrücklich „Durchführungsbestimmungen zu den Artikeln des GATT 1994, insbesondere zu Art. XX Buchstabe b)", darstellen sollen. SPS-konforme Maßnahmen „gelten" daher – wenn auch widerleglich – nach Art. 2.4 SPS als GATT-konform[981]. Eine harmonisierende Auslegung ist daher geboten[982], nicht zuletzt auch wegen des „single undertaking approach"[983], wonach beide Verträge für die WTO-Mitglieder gleichermaßen verbindlich sind. Sie vermeidet geradezu einen Widerspruch zwischen beiden Abkommen[984].

b) Tiere als „erschöpfliche Naturschätze" i. S. d. Art. XX (g) GATT 1994

Dagegen weist der systematische Zusammenhang von Unterpunkt (g) zu Unterpunkt (b) darauf hin, dass der Begriff „erschöpfliche Naturschätze" nur anorganische Umweltgüter umfasst. Denn Tiere und Pflanzen könnten nur dann „erschöpfliche Naturschätze" i. S. d. Art. XX (g) GATT 1994 darstellen, wenn dieser Begriff ein Oberbegriff für organische wie anorganische Umweltgüter wäre. Ein solches Verständnis könnte jedoch die Regelung in Unterpunkt (b), wonach Handelsschranken zum Schutz von Tieren und Pflanzen zulässig sind, gegenstandslos machen[985].

---

979 Vgl. die Ausführungen in Teil 3 B. II. 3) b).
980 Vgl. *Beyerlin/Marauhn*, S. 431: „These two agreements are complementary to Article XX GATT and are of increasing importance for the balancing of trade and environmental concerns"; vgl. Stoll/Strack, in: *Wolfrum/Stoll/Hestermeyer*, S. 502: „Because of all these links, obviously, a close interrelationship between the two agreements exists. This point should be kept in mind when interpreting Art. XX lit b".
981 Vgl. die Ausführungen in Teil 3 B. II. 3) b).
982 So auch *Gruszczynski*, S. 69.
983 Vgl. dazu die Ausführungen in Teil 3 A. II. 1).
984 So wohl auch Franken, in: *Ehlers/Wolffgang/Schröder*, S. 72 und Wölte, in: *Ehlers/Wolffgang/Schröder*, S. 124; die Allgemeine Auslegungsregel zu Anhang 1 A zum WTO-Übereinkommen, nach der die Nebenabkommen dem GATT 1994 vorgehen [vgl. dazu die Ausführungen in Teil 3 B. II. 3) b)], kommt schon gar nicht zur Anwendung, da es bei einer harmonisierenden Auslegung an einem Widerspruch zwischen den Verträgen fehlt.
985 Ebenso *Gramlich*, AVR 1995, 131, 152; *Stoll/Strack* bezeichnen Art. XX (g) GATT 1994 als „likely to be the first choice if environmental issues are at stake" (Stoll/Strack, in: *Wolfrum/Stoll/Hestermeyer*, S. 520).

c)   Zwischenergebnis

Die systematische Auslegung zeigt in die Richtung, dass der Schutz von Art. XX GATT 1994 nicht auf nationale Umweltgüter beschränkt ist, der Unterpunkt (g) jedoch nur anorganische Naturschätze umfasst.

3)   Telos

Wie bereits ausgeführt[986] erschließt sich die Bedeutung einer Norm erst dann, wenn man auch ihren Regelungszweck beachtet. Demgemäß ist die oben gefundene Auslegung am Telos des Art. XX GATT 1994 zu messen.

Nach Art. 31 II WVRK soll dabei insbesondere die Präambel des WTO-Übereinkommens berücksichtigt werden. Des Weiteren ist der Ministerbeschluss zu Handel und Umwelt als ein „zwischen den Parteien anwendbare(r) einschlägige(r) Völkerrechtssatz" nach Art. 31 III (c) WVRK „in gleicher Weise" maßgebend. Ferner wird das Umweltvölkerrecht als ergänzende Erkenntnisquelle bei der Auslegung berücksichtigt[987].

a)   WTO-Präambel und Ministerbeschluss zu Handel und Umwelt

Wie vorangehend dargestellt[988] haben die Mitgliedstaaten die WTO umweltpolitisch neu ausgerichtet, indem sie ökologische Ziele in die Präambel des WTO-Übereinkommens aufgenommen haben. So verfolgen die WTO-Mitglieder nicht mehr die Absicht „(der) volle(n) Erschließung der Hilfsquellen der Welt", sondern das Ziel einer „optimale(n) Nutzung (...) im Einklang mit de(r) (...) nachhaltigen Entwicklung" und den „Schutz und (die) Erhaltung der Umwelt"[989].

Das Nachhaltigkeitsprinzip ist jedoch nur ein vages Leitbild: Es legt lediglich allgemein das Ziel fest, einen Ausgleich zwischen umweltgerechtem Umgang und wirtschaftlichem Nutzen der natürlichen Lebensgrundlage zu finden[990]. Aus der WTO-Präambel lassen sich daher weder eine räumliche Vorgabe für Umweltschutzmaßnahmen noch der Schutzumfang des Art. XX (g) GATT 1994 erschließen[991].

Dies veränderte auch der Ministerbeschluss zu Handel und Umwelt vom 14.04.1994 zunächst nicht. Obwohl dieser Beschluss auf die WTO-Präambel, die Rio-Erklärung und die Agenda 21 Bezug nimmt und nach Art. 31 III (c)

---

986   Vgl. die Ausführungen in Teil 2 B. II.
987   Vgl. die Ausführungen in Teil 3 C. IV. 2), V.
988   Vgl. die Ausführungen in Teil 3 B. II. 3) c), e).
989   *Triebold*, S. 42; *Senti*, Die Friedenswarte 73 (1998), 63, 66.
990   Vgl. die Ausführungen in Teil 3 B. II. 2) b), 3) e).
991   *Gramlich*, AVR 1995, 131, 153; *Godzierz*, S. 29.

WVRK die Auslegung des Welthandelsrechts beeinflusst, lässt er letztlich offen, wie das Nachhaltigkeitskonzept konkret durchzusetzen ist[992]. Allein die WTO-Präambel und der Ministerbeschluss zu Handel und Umwelt rechtfertigen umfassende Umweltschutzmaßnahmen nach Art. XX GATT 1994 somit nicht.

b) Umweltvölkerrecht als Rechtserkenntnisquelle

In diesem Zusammenhang ist das völkerrechtliche Umfeld des GATT 1994 relevant, da es als ergänzende Erkenntnisquelle dient[993]. In der Rechtsordnung der WTO bestätigt sich dies darin, dass das Nachhaltigkeitskonzept die wechselseitige Unterstützung von Umwelt- und Wirtschaftspolitik fordert[994]. Der dort enthaltene Integrationsgedanke gebietet geradezu eine harmonisierende Auslegung beider Rechtsgebiete[995]. Somit hilft das Umweltvölkerrecht bei der Konkretisierung der GATT-Bestimmungen.

c) Grenze der evolutiven Auslegung des GATT 1994

Die Berücksichtigung späterer außervertraglicher Erklärungen ist jedoch nicht schrankenlos – vielmehr ist die Grenze der evolutiven Fortbildung an der Stelle erreicht, an der sich das zeitgemäße Rechtsverständnis nicht mehr mit dem Vertrag vereinbaren lässt[996]. Demgemäß muss die evolutive Auslegung erstens im GATT 1994 noch einen Anhaltspunkt finden und darf zweitens existierende Bestimmungen nicht umgehen.

aa) Anklang im Nachhaltigkeitsprinzip

Die evolutive Auslegung findet im GATT 1994 einen Anhaltspunkt. Denn der umfassende Schutz der Umwelt, mithin auch der Schutz von gemeinsamen Umweltgütern nach Unterpunkt (b) und der Schutz von Lebewesen bzw. Pflanzen nach Unterpunkt (g) von Art. XX GATT 1994, klingt bereits im Nachhaltigkeitsprinzip der WTO-Präambel an. Diesem Prinzip unterliegen nämlich naturgemäß alle Umweltressourcen, die nicht vom Menschen reproduziert werden

---

992 Vgl. die Ausführungen in Teil 3 B. II. 3) d) aa), e).
993 Vgl. die Ausführungen in Teil 2 B. IV. 5).
994 Vgl. die Ausführungen in Teil 3 B. II. 2) b), 3) c).
995 Vgl. Puth, in: *Hilf/Oeter*, § 30, Rn. 16; vgl. *Godzierz*, S. 31; vgl. Matz-Lück/Wolfrum, in: *Wolfrum/Stoll/Hestermeyer*, S. 550: „Only if one pursues a dynamic interpretation of certain terms and, takes into consideration that ‚natural resources' are understood in international law to include living resources can the scope of Art. XX lit. g be extended beyond its original meaning".
996 Vgl. die Ausführungen in Teil 2 B. IV. 5).

können[997], infolgedessen auch die gemeinsamen Güter sowie die Tier- bzw. Pflanzenwelt. Ferner widerspräche ein Welthandel, der auf komparativen Vorteilen beruhte, die sich aus der umweltschädigenden Nutzung gemeinsamer Umweltgüter und der Tier- und Pflanzenwelt ergäben, dem Nachhaltigkeitskonzept[998].

bb) Umgehung bestehender Normen

Jedoch darf der Schutz gemeinsamer Umweltgüter und der Tier- bzw. Pflanzenwelt nicht bereits bestehende Regelungen umgehen. Vor allem könnte die Regelung in Unterpunkt (b) gegenstandslos werden, wenn der Begriff „erschöpfliche Naturschätze" in Unterpunkt (g) auch lebende Ressourcen wie Tiere und Pflanzen umfasste[999]. Obendrein könnten Handelshemmnisse zum Schutz gemeinsamer Umweltgüter nach Art. XX (b) GATT 1994 die Funktionsfähigkeit

---

997 Vgl. Weiß, in: *Weiß/Herrmann/Ohler*, Rn. 530: „Erschöpflich bedeutet in diesem Kontext, dass die Naturschätze nicht vom Menschen reproduziert werden können und daher dem Prinzip der Nachhaltigkeit unterliegen sollen, welches in der WTO-Präambel ausdrücklich Erwähnung findet".

998 *Triebold*, S. 196, vgl. auch S. 300 f.: „Bemühungen um eine nachhaltige Entwicklung, die beim Schutz der Umwelt an den eigenen Staatsgrenzen halt machen, greifen entwicklungspolitisch zu kurz. Um der Forderung der Nachhaltigkeit gerecht zu werden, müssen (...) daher auch originäre Umweltschutzmaßnahmen zugunsten von Umweltgütern einbezogen werden können, die außerhalb der Hoheitsgewalt des maßnahmenergreifenden Staates liegen. Dies entspricht dem völkerrechtlichen Verständnis des ‚sustainable development'" und differenzierend zwischen Art. XX (b) und (g) GATT 1994 Puth, in: *Hilf/Oeter*, § 30, Rn. 31: „Prinzip 2 der Rio-Deklaration anerkennt als Ausfluss staatlicher Souveränität das umfassende Interesse jedes Staates an der Erhaltung seiner eigenen Umweltgüter. (...) Danach anerkennt das Konzept der nachhaltigen Entwicklung kein Interesse am Schutz von Tieren und Pflanzen als solche, wenn sie außerhalb des eigenen Territoriums des handelnden Staates belegen sind. Der Schutz von Menschen, Tieren und Pflanzen als solche, wie er von Art. XX lit. b) GATT ermöglicht wird, ist daher grundsätzlich auf inländische Menschen, Tiere und Pflanzen zu beschränken. Das nutzungsrechtliche Interesse an internationalen und globalen Umweltgütern wird demgegenüber von Art. XX lit. g) GATT erfasst" und „Die Rechtfertigung nach Art. XX lit. g) GATT darf (dem Konzept der nachhaltigen Entwicklung nach) nur soweit gehen, als ein legitimes Nutzungsinteresse des handelnden Staates an den betreffenden natürlichen Ressourcen anzuerkennen ist. Ein solches besteht (...) zunächst hinsichtlich der eigenen natürlichen Ressourcen des Importstaates. Aber auch hinsichtlich internationaler und globaler Umweltgüter wird ein Nutzungsinteresse aller beteiligten Staaten anerkannt. Allein hinsichtlich solcher Umweltgüter, die ausschließlich einem oder mehreren anderen Staaten zugeordnet sind, besteht grundsätzlich kein legitimes Nutzungsinteresse des Importstaates".

999 Vgl. die Ausführungen in Teil 3 D. II. 2) b).

des multilateralen Welthandels gefährden. Ob dies der Fall ist, soll im Folgenden geprüft werden.

(1)   Tiere als „erschöpfliche Naturschätze" i. S. d. Art. XX(g) GATT 1994

Die Bewertung der Tier- und Pflanzenwelt als „erschöpfliche(r) Naturschatz" i. S. d. Art. XX(g) GATT 1994 macht die Regelung in Unterpunkt(b) nicht überflüssig. Beide Regelungen haben nämlich im Ergebnis dieselben Voraussetzungen.

Zwar unterscheiden sie sich darin, dass Art. XX(b) GATT 1994 ausdrücklich die Notwendigkeit einer Handelsschranke verlangt[1000]. Die Regelung setzt also voraus, dass es keine weniger handelsbeschränkende Maßnahme gibt, die den gleichen Schutz erreicht[1001]. Nach Unterpunkt(g) ist dagegen eine Handelsschranke schon dann erlaubt, wenn sie in Verbindung mit inländischen Erhaltungsmaßnahmen steht – etwa mit der Drosselung der Binnennachfrage[1002]. Er verbietet aus diesem Grund lediglich solche Hemmnisse, deren Schutz rein zufällig oder unbeabsichtigt passiert[1003]. Insofern genügt, dass die Erhaltung einer Ressource primäres Ziel ist. Nach der wörtlichen Auslegung wären Handelsschranken daher nach Unterpunkt(g) einfacher zu rechtfertigen als nach Unterpunkt(b)[1004].

Jedoch stellt der Chapeau, wie bereits dargestellt[1005], für die gesamte Auflistung in Art. XX GATT 1994 sicher, dass eine Handelsschranke nicht protektionistischen Zielen dient[1006]. Deshalb muss auch eine Handelsschranke zum Schutz von Umweltgütern nach Unterpunkt(g) notwendig sein, d. h. es darf kein milde-

---

1000   Vgl. die Ausführungen in Teil 3 B. II. 1) b), 3) c).

1001   Herrmann, in: *Weiß/Herrmann/Ohler*, Rn. 528; *Stoll/Schorkopf*, Rn. 174; Berrisch, in: *Prieß/Berrisch*, Tei B I. 1., Rn. 234; a. A. Puth, in: *Hilf/Oeter*, § 30, Rn. 34: „Der weithin vertretene *least trade-restrictive*-Ansatz dürfte zu eng sein. Vorzugswürdig erscheint ein weites Verständnis als Erfordernis der Geeignetheit. Danach ist eine Maßnahme dann als notwendig i. S. d. Art. XX b) GATT zu betrachten, wenn sie geeignet ist, objektiv zur Verwirklichung der verfolgten Schutzpolitik beizutragen" (Hervorhebung im Original).

1002   *Diem*, S. 22 f.; vgl. die Ausführungen in Teil 3 B. II. 1) b), 3) c).

1003   Puth, in: *Hilf/Oeter*, § 30, Rn. 37 f.; Herrmann, in: *Weiß/Herrmann/Ohler*, Rn. 531.

1004   Herrmann, in: *Weiß/Herrmann/Ohler*, Rn. 531; vgl. Bender, in: *Hilf/Oeter*, § 9, Rn. 71: „Hierbei handelt es sich um zwei unterschiedlich ausgeprägte Konnexitätsmerkmale. Nach der wörtlichen Auslegung wären beispielsweise Maßnahmen nach lit. g) einfacher zu rechtfertigen als solche nach lit. b)"; a. A. *Stoll/Schorkopf*, Rn. 734: „Zu berücksichtigen sind dabei auch das Verhältnis der eingesetzten Mittel zu dem verfolgten Zweck".

1005   Vgl. die Ausführungen in Teil 3 B. II. 1) b), 3) c).

1006   Herrmann, in: *Weiß/Herrmann/Ohler*, Rn. 531; *Diem*, S. 22 f.; vgl. *Triebold*, S. 47.

res Mittel geben, um ihr Ziel zu erreichen[1007]. Folglich umgeht die evolutive Auslegung die Voraussetzungen des Unterpunktes (b) nicht, wenn Tiere und Pflanzen als „erschöpfliche Naturschätze" bewertet werden[1008].

(2) Schutz gemeinsamer Umweltgüter nach Art. XX GATT 1994

Auch wird die Funktionsfähigkeit des multilateralen Welthandels durch Handelshemmnisse zum Schutz gemeinsamer Umweltgüter nicht gefährdet. Solche Handelsschranken schlössen weder notwendigerweise den Warenhandel gänzlich aus noch führten sie zwingend zur protektionistischen Abschottung nationaler Märkte oder umgingen das Kooperationsgebot.

(a) Ausschluss des Handels

Die Rechtfertigung von Handelsschranken zum Schutz von gemeinsamen Umweltgütern nach Art. XX GATT 1994 schlösse nicht stets den Welthandel aus. Zwar wäre eine größere Anzahl von Handelsschranken aus ökologischen Gründen rechtfertigungsfähig. Dadurch endete der Handel jedoch nicht; vielmehr wäre er lediglich unter die Bedingung gestellt, gemeinsame Umweltgüter nicht zu schädigen. Der Handel mit solchen gemeinsamen Umweltgütern, die diese Bedingung erfüllten, bliebe also erhalten[1009].

(b) Abschottung nationaler Märkte

Die evolutive Fortbildung führte auch nicht zur protektionistischen Abschottung nationaler Märkte, wenn der Handel unter der Bedingung stünde, gemeinsame

---

1007 Bender, in: *Hilf/Oeter*, § 9, Rn. 71: „So sind nicht notwendige Maßnahmen eine verschleierte Handelsbeschränkung".

1008 Ebenso *Ders.*, in: *ebd.*: „Jedenfalls die beiden praktisch relevanten Tatbestände des lit. b) und lit. g) können also im Ergebnis keinen unterschiedlich weiten Anwendungsbereich aufweisen. Für lit. g) ergibt sich die Beschränkung auf notwendige Maßnahmen aus einer Gesamtschau mit dem *chapeau*" (Hervorhebung im Original).

1009 Vgl. *Altemöller*, S. 337 bzgl. des Thunfischstreits: „Ermögliche man die Rechtfertigung von Maßnahmen gegen Produkte wegen der umweltschädlichen Produktion, so entstehe ein unübersichtliches Ausmaß an Protektion, die die Funktionsfähigkeit des GATT als multilaterales Rahmenabkommen in Frage stelle. Diese negative Prognose ist insoweit zutreffend, als eine ‚extraterritoriale Anwendung' des GATT eine beträchtliche Zahl an Anwendungsfällen für die Rechtfertigung von Maßnahmen zum Umweltschutz eröffnete. Daraus braucht jedoch nicht zwangsläufig gefolgert zu werden, dass eine Rechtfertigung von Maßnahmen wegen der umweltschädigenden Produktion deswegen generell abzulehnen sei. Denn es ist durchaus möglich, Fälle zu definieren, in denen die Rechtfertigung von Maßnahmen wegen der umweltschädigenden Produktion rechtlich zulässig sind".

Umweltgüter nicht zu schädigen[1010]. Art. XX GATT 1994 ermöglicht den WTO-Staaten, gleichartige, ausländische Waren aus ökologischen Motiven inländisch ungleich zu behandeln. Ferner rechtfertigt die Norm nicht-tarifäre Handelsschranken zum Schutz der Umwelt[1011]. Dies führt jedoch nicht automatisch zur protektionistischen Abschottung nationaler Märkte. Denn hinter dem Diskriminierungsverbot steht lediglich die Vermutung, dass eine Diskriminierung ausländischer Waren dem Schutz der inländischen Wirtschaft dient und damit protektionistisch motiviert ist. Auch hinter Art. XI GATT 1994 steht allein die Annahme, dass nicht-tarifäre Handelshemmnisse aufgrund ihrer Intransparenz protektionistischen Motiven zugänglich sind[1012]. Diese Vermutung ist jedoch widerlegt, wenn eine Handelsschranke bezweckt, die Umwelt zu schützen.

Darüber hinaus erfordert auch eine Beschränkung zum Schutz der inländischen Umwelt, dass das jeweilige Herkunftsland bestimmte Vorgaben des Importstaates erfüllt[1013]. Nichts anderes gälte beim Schutz gemeinsamer Naturressourcen – insoweit ist es unerheblich, ob sich ein Umweltgut innerhalb oder außerhalb des handelsbeschränkenden Staates befindet. Die Bedingung, gemeinsame Rechtsgüter nicht zu schädigen, enthielte für sich genommen also keine protektionistischen Züge.

Erforderlich bliebe jedoch, dass der Handel Länder weder willkürlich noch ungerechtfertigt diskriminiert. Notwendig wäre daher, dass das handelsbeschränkende Mitglied die jeweiligen Bedingungen sowohl gleichermaßen gegenüber allen anderen Staaten als auch selbst einhielte und obendrein eine sachliche Diffe-

---

1010 Vgl. *Altemöller*, S. 338 bzgl. des Thunfischstreits: „Man könnte nun argumentieren, die USA praktizierten durch die Importverbote eine unzulässige bedingte Meistbegünstigung: Die USA gewährten allen Ländern den Import von Thunfisch als Einfuhrvorteil, jedoch nur unter der Bedingung, dass er ‚delphin-sicher‘ sei“; vgl. *Triebold*, S. 295 f.: „Aus Angst, dass durch willkürliche und protektionistisch motivierte Umweltschutzmaßnahmen einzelner Staaten die Rechtssicherheit und Transparenz des Welthandelssystems aufs Spiel gesetzt würde, wurden unilaterale Handelsmaßnahmen zum Schutz von Umweltgütern außerhalb des eigenen Hoheitsgebietes bisher nicht als welthandelskonform bezeichnet“; vgl. Herrmann, in: *Weiß/Herrmann/Ohler*, Rn. 508: „So finden die gleichen handelsbeschränkenden Maßnahmen häufig Beifall sowohl von Seiten nicht-kommerzieller Umwelt- oder Verbraucherschutzgruppen als auch von einheimischen Produzenten, die sich über den Ausschluss unliebsamer Konkurrenz freuen“.
1011 Vgl. die Ausführungen in Teil 3 B. II. 1) b), 3) c).
1012 Vgl. die Ausführungen in Teil 3 B. II. 1) a), 3) a).
1013 Vgl. Puth, in: *Hilf/Oeter*, § 30, Rn. 40: „Im einen wie im anderen Fall muss das Herkunftsland seine Produktion und die entsprechenden Umweltschutzvorgaben anpassen, um den TREMs zu entgehen. Somit fallen produktbezogene und nichtproduktbezogene TREMs gleichermassen in den Schutzbereich des Art. XX GATT und unterliegen grundsätzlich den gleichen Rechtmäßigkeitsanforderungen“.

184

renzierung zuließe[1014]. In diesem Fall führten auch Handelshemmnisse, die zum Schutz gemeinsamer Umweltgüter nach Art. XX GATT 1994 gerechtfertigt wären, nicht zur protektionistischen Abschottung nationaler Märkte.

(c) Multilateralismus

Auch widerspräche die Rechtfertigung „einseitiger" Handelsschranken zum Schutz gemeinsamer Umweltgüter nicht dem multilateralen Handelssystem.

Das GATT 1994 ist vom Grundsatz der Kooperation geprägt[1015]. Die Präambel des WTO-Übereinkommens bestätigt dieses Ziel, indem sie „den Abschluss von Übereinkünften (...) auf der Grundlage der Gegenseitigkeit" befürwortet, die „zum gemeinsamen Nutzen auf einen wesentlichen Abbau (...) anderer Handelsschranken abzielen", und ein „multilaterales Handelssystem" betont[1016]. Diesem Prinzip wird jedoch bereits durch den Versuch entsprochen, zu einer einvernehmlichen Lösung von Umweltproblemen zu gelangen. Demgemäß hat im GATT 1994 nur Ausdruck gefunden, dass vorrangig eine gemeinsame Lösung zu suchen ist[1017]. Das Welthandelsrecht schließt daher einseitige Handelshemmnisse nicht von vornherein aus.

Fernerhin gelten Handelshemmnisse nicht nur gegenüber einem Land, sondern gegenüber allen einführenden Staaten. Art. XX GATT 1994 würde den Handel zum Schutz gemeinsamer Umweltgüter damit durchaus multilateral beschränken[1018].

1014 Vgl. *Altemöller*, S. 339 bzgl. des Thunfischstreits: „Die USA verweigerten die Einfuhr von nicht ‚delphin-sicherem' Thunfisch gegenüber allen Ländern, die diese Fangmethoden anwendeten. Man könnte argumentieren, eine bedingte Meistbegünstigung der USA läge jedoch nur dann vor, wenn sie die Einfuhr von nicht ‚delphin-sicherem' Thunfisch aus bestimmten anderen Ländern akzeptiert hätten. Dies war jedoch nicht der Fall. Die gegen Mexiko gerichtete Anforderung galt für die Einfuhr von jeglichem Thunfisch aus allen Vertragsstaaten des GATT".

1015 Vgl. die Ausführungen in Teil 3 B. II. 1) a), 3) a).

1016 Vgl. Erwägungsgründe 3, 4 und 5 der Präambel des WTO-Übereinkommens.

1017 *Gramlich*, AVR 1995, 131, 154; vgl. *Stoll/Schorkopf*, Rn. 738: „Im Hinblick auf die sich daraus ergebenden Überschneidungen sind Formen des schonenden Ausgleichs konkurrierender Souveränitätsansprüche erforderlich. Die Verhandlungspflichten tragen dem Rechnung".

1018 Vgl. *Altemöller*, S. 340 f. bzgl. des Thunfischstreits: „Da das Panel bestimmen sollte, ob bestimmte Maßnahmen wegen der umweltschädigenden Produktion nach Art. XX GATT zu rechtfertigen sind, kann aus einem allgemeinen Verbot unilateraler Maßnahmen allein kein Hinweis auf die Reichweite des Art. XX GATT entnommen werden. Es verhält sich vielmehr so, dass Art. XX GATT Umfang und Grenzen der Zulässigkeit von Umwelt- und Gesundheitsschutzmaßnahmen regelt, die ein Land ‚einseitig' gegen ein anderes anwenden darf. Angenommen, die Importverbote gegen Mexiko seien entspre-

III. Zwischenergebnis

Die Beachtung und die Aufwertung, die der Umweltschutz in den letzten achtzehn Jahren im internationalen Handelsrecht erfahren hat, spricht für eine Rechtfertigung von Handelshemmnissen zum Schutz auch solcher Umweltgüter, die der Wortlaut des Art. XX GATT 1994 nicht explizit umfasst:

So verpflichten sich die Mitglieder seit 1994 in der Präambel des WTO-Abkommens zur Nutzung der Hilfsquellen der Welt nach den Grundsätzen einer nachhaltigen Entwicklung. Danach sollen der Welthandel und der Schutz der Umwelt keinen Widerspruch bilden. Ferner hebt die anlässlich der Uruguay-Runde beschlossene Ministererklärung zu Handel und Umwelt die Bedeutung der umweltvölkerrechtlichen Grundsätze der Rio-Erklärung und der Agenda 21 hervor. Diese Entwicklung weist wesentlich in die Richtung, dass die WTO-Staaten dem Umweltschutz mittlerweile umfassend eine rechtfertigende Wirkung zubilligen[1019]. Diese Wertung folgt auch aus einer harmonisierenden Auslegung mit dem SPS, das mit den Regelungen des GATT 1994, insbesondere mit dessen umweltrelevanter Ausnahmebstimmung, in einem engen Zusammenhang steht. Denn im SPS kommt das Bedürfnis der WTO-Mitglieder zum Ausdruck, einheitliche, gemeinsame Standards im Umweltschutz zu schaffen, ohne das Recht, eigene, höhere Standards zu setzen, generell abzuerkennen.

Die interpretative Fortbildung des Art. XX GATT 1994 gelingt im Wesentlichen durch die Berücksichtigung des Umweltvölkerrechts: Das Welthandelsrecht selbst enthält nur vage Leitlinien, inwieweit die Umwelt zu schützen ist. Insbesondere enthalten weder das Nachhaltigkeitskonzept der WTO-Präambel noch der Ministerbeschluss zu Handel und Umwelt nähere Vorgaben. Nichtsdestotrotz sind diese beiden Entwicklungen wesentliche Schritte auf dem Weg zu einer „grünenden WTO". Erst sie hat es ermöglicht, das Umweltvölkerrecht im Rahmen der evolutiven Auslegung des GATT 1994 zu berücksichtigen. Darin findet nämlich Anklang, dass der Handel dann nicht mehr den Zielen der WTO entspricht, wenn sich die Wohlfahrtgewinne aus komparativen Vorteilen auf Kosten der Umwelt ergeben[1020].

---

chend der alternativen Auslegung des Art. XX GATT rechtmäßig, so gilt die Zulässigkeit der Importverbote keineswegs nur unilateral gegen Mexiko. Soweit die weiteren Voraussetzungen des Art. XX GATT vorliegen, gilt eine ‚weite' Auslegung vielmehr unter *allen* GATT-Vertragsparteien, also durchaus multilateral" (Hervorhebung im Original).

1019 Ebenso *Ginzky*, ZUR 1997, 124, 128.
1020 Im Ergebnis ebenso *Altemöller*, S. 341: „Da die Frage der extraterritorialen Anwendung im GATT-Vertragstext nicht geregelt und sich die Begründung der Panel gegen eine ‚extraterritoriale Anwendung' nicht zwingend aus dem GATT ergibt, kann vielmehr gefolgert werden, dass mangels einer entsprechenden Eingrenzung durchaus eine Rechtferti-

Die Regelungen des GATT 1994 stehen einer Anpassung im Lichte des Umweltvölkerrechts nicht entgegen[1021]. Insbesondere verhindert Art. XX (b) GATT 1994 nicht, „erschöpfliche Naturschätze" i. S. d. Unterpunktes (g) als Oberbegriff zu erachten, unter den auch die lebende Natur wie Tiere und Pflanzen fällt. Für Handelshemmnisse zum Schutz von gemeinsamen Umweltgütern bleibt jedoch Voraussetzung, dass sich die WTO-Staaten vorrangig um eine einvernehmliche Lösung bemühen und sie ihre nationalen Märkte nicht willkürlich oder ungerechtfertigt voneinander abschotten. Letztes ist nur dann nicht der Fall, wenn alle WTO-Staaten im Verhältnis zueinander sachlich gleich behandelt bzw. aus sachlichen Gründen ungleich behandelt werden. Folglich muss ein Staat eine Umweltschutzmaßnahme in der Regel allen Handelspartnern entgegengehalten. Ferner hat er das Schutzniveau, das er von seinen Handelspartnern verlangt, zwingend auch selbst einzuhalten. Unter diesen Voraussetzungen lassen sich auch Handelsbeschränkungen, die den länderübergreifenden Schutz von Umweltgütern bezwecken, interpretativ mit Art. XX GATT 1994 in Einklang bringen. Überdies unterfallen in diesem Fall Tierbestände auch Unterpunkt (g).

E. Zusammenfassung

Die politischen Hauptorgane der WTO, also die Ministerkonferenz und der Allgemeine Rat, haben von der Möglichkeit, das GATT 1994 durch eine autoritative Auslegung an einen zeitgemäßen Schutz der Umwelt anzupassen, noch keinen Gebrauch gemacht. Dagegen hat die evolutive Auslegung des GATT 1994 im Lichte des Umweltvölkerrechts in der Praxis der Streitbeilegungsorgane eine große Bedeutung erlangt.

Die Organe stehen dabei vor dem Problem, den Welthandel, der traditionell auf den komparativen Unterschieden der Handelspartner im Umweltschutz ba-

---

gung von Maßnahmen wegen der Umweltschädlichkeit der Produktion nach Art. XX GATT zulässig ist" und *Epiney*, DVBl. 2000, 77, 78, 81: „Vor allem aber spricht der Schutzzweck des Art. XX GATT gegen eine zu restriktive Auslegung: Den Vertragsparteien soll es durch diese Ausnahmen doch gerade ermöglicht werden, andere als protektionistische Ziele auch weiterhin zu verfolgen, selbst wenn damit Handelsbeschränkungen verbunden sind. Dann aber ist kein Grund für eine zu restriktive Auslegung schon des Schutzbereichs dieser Bestimmung ersichtlich, woran auch der Charakter des Art. XX GATT als ‚Ausnahmebestimmung' nichts ändert"; vgl. auch *Stoll/Strack*, in: Wolfrum/Stoll/Hestermeyer, S. 521: „Therefore, a dynamic and environmentally friendly expansive interpretation of Art. XX lit. b is possible, although this approach would substantially stretch the existing language".

1021 Im Ergebnis ebenso *Altemöller*, S. 335: „Das (…) Gebot der engen Auslegung hat allerdings keine Stütze in der Rechtsordnung des GATT".

siert, mit dem hohen Schutzniveau im Umweltvölkerrecht in Einklang zu bringen. Besonders problematisch ist zudem, dass das Umweltvölkerrecht einige Naturgüter in die gemeinsame Verantwortung der Staatengemeinschaft stellt und den Handel explizit verbietet.

Das Spannungsverhältnis zwischen Welthandel und Umweltschutz wird durch den Interessengegensatz zwischen wirtschaftlich schwächeren und stärkeren Ländern verstärkt. Während erste dem umfassenden Schutz der natürlichen Lebensgrundlage auf Kosten ihrer Wohlfahrtssteigerung grundsätzlich zurückhaltend gegenüberstehen, drängen letzte in vielen Fällen auf umweltpolitische Verbesserungen im Welthandelsrecht.

Eine ausdrückliche Auflösung der Kollusionen zwischen beiden Teilrechtsgebieten fehlt bislang im Völkerrecht. Insbesondere ist es den WTO-Mitgliedern nicht gelungen, sich auf eine primärrechtliche Anpassung des Welthandelsrechts zu einigen. Lediglich das Prinzip der nachhaltigen Entwicklung aus dem umweltvölkerrechtlichen „soft law" fand vor ungefähr achtzehn Jahren in die Präambel des WTO-Übereinkommens Eingang. Das Konzept verbindet die ökologischen und ökonomischen Interessen der WTO-Staaten miteinander; konkrete Vorgaben enthält es jedoch nicht.

Ende der 1990er-Jahre versuchte die Rechtsmittelinstanz im Shrimps-Meeresschildkröten-Fall erstmals, den Konflikt zwischen Handel und Umwelt zu lösen, indem sie Art. XX GATT 1994 im Lichte des Umweltvölkerrechts evolutiv auslegte. Damit gelang es dem Streitbeilegungsorgan, die streitgegenständlichen Meeresschildkröten zu schützen, obwohl weit wandernde Tiere auf keinem einzelnen Staatsgebiet leben und damit keinem Staat zweifellos zugewiesen werden können. Bestätigung fand die Berufungsinstanz im Umweltvölkerrecht, in dem der Schutz gemeinsamer Umweltgüter – wie der streitgegenständlichen Meeresschildkröten – anerkannt ist, sowie im gestiegenen Interesse der WTO-Mitglieder, die Umwelt umfassend schützen zu wollen. Jedoch versäumte das Streitbeilegungsorgan festzustellen, ob das WTO-Recht Handelsschranken zum Schutz aller gemeinsamen Umweltgüter zulässt, d. h. auch zum Schutz staatenloser Gebiete wie etwa der Arktis und des Tiefseebodens und weltweit einzigartiger Biotope wie beispielsweise des Regenwaldes oder der Biodiversität.

Demgegenüber blieben die Streitbeilegungsorgane unter dem GATT 1947, insbesondere im Thunfischstreit, noch einer historischen Auslegung verhaftet, weil das Nachhaltigkeitsprinzip zu diesem Zeitpunkt noch nicht im Welthandelsrecht anerkannt war. Erst am 14.04.1994, also knapp zwei Monate vor der Entscheidung im zweiten Thunfischfall, wurde im Ministerbeschluss zu Handel und Umwelt die Bedeutung der Rio-Erklärung und der Agenda 21 hervorgehoben. Gleichzeitig wurde die Notwendigkeit betont, dass sich wirtschaftliche und umweltpolitische Entwicklungen gegenseitig unterstützten.

Die Entscheidung im Shrimps-Meeresschildkröten-Fall zeigt also, dass die evolutive Auslegung des Art. XX GATT 1994 nicht nur die notwendige „Ökologisierung" des Welthandelsrechts einfacher und schneller ermöglicht als eine Vertragsänderung, der alle WTO-Mitglieder zustimmen müssten, sondern auch der Homogenität des Völkerrechts dient. Der Streit ist jedoch seit über einem Jahrzehnt das einzige Verfahren geblieben, das die Harmonisierung des Welthandels- mit dem Umweltvölkerrecht zum Gegenstand hatte. Aufgrund der Zurückhaltung der Rechtsmittelinstanz, das GATT 1994 umfassend interpretativ fortzubilden, bleibt abzuwarten, ob in Zukunft auch Handelsschranken zum Schutz gemeinsamer Umweltgüter wie etwa staatenloser Gebiete oder weltweit einzigartiger Biotope wie z.B. des Regenwaldes nach Art. XX GATT 1994 rechtfertigungsfähig sind[1022].

Die Regelungen des GATT 1994 stehen dem zumindest nicht entgegen. Denn eine weitreichende interpretative Fortbildung findet im Selbstverständnis der WTO als institutioneller Rechtsgemeinschaft ihre Legitimation. Weiter fordert das Nachhaltigkeitsprinzip in der WTO-Präambel eine Anpassung des Welthandels an den zeitgemäßen Umweltschutz. Die äußerste Grenze der evolutiven Auslegung des GATT 1994 bleibt jedoch, dass das multilaterale Welthandelssystem gewahrt wird und Staaten nicht diskriminiert werden.

Es ist davon auszugehen, dass der Appellate Body im Shrimps-Meeresschildkröten-Fall bei der evolutiven Auslegung Zurückhaltung übte, weil zwischen den WTO-Mitgliedern der gemeinsame Wille fehlte, auch staatenlose Gebiete und weltweit einzigartige Biotope, wie z.B. den Tropenwald, ihrer wirtschaftlichen Nutzung zu entziehen. So fehlen auch im Umweltvölkerrecht bislang TREMs zum Schutz dieser gemeinsamen Umweltgüter. Daher bleibt auch in Zukunft die Einigung der Staaten auf TREMs in internationalen Umweltschutzabkommen wegweisend für die weitere evolutive Auslegung des GATT 1994.

1022 In diesem Sinne wohl auch Stoll/Strack, in: *Wolfrum/Stoll/Hestermeyer*, S. 521: „Therefore, a dynamic and environmentally friendly expansive interpretation of Art. XX lit. b is possible, although this approach would substantially stretch the existing language. It remains to be seen whether the whole range of environmental measures can become subsumed under one of the exceptions contained in Art. XX".

Teil 4: Zusammenfassende Bewertung

Die Auslegung bestehenden Rechts ist von der Schaffung neuen Rechts abzugrenzen. Die Auslegung ist an den Beurteilungsspielraum von Normen gebunden. Sowohl die Änderung als auch die Fortbildung von Verträgen schaffen neue Regelungen.

Im Völkerrecht sind Verträge in aller Regel allgemein formuliert und damit mehreren Deutungen zugänglich. Dies hat zwei Gründe: Erstens sind sie das Resultat eines Kompromisses, da Staaten meist gegensätzliche Interessen verfolgen. Zweitens können Normen missverstanden werden, weil sie einen Beurteilungsspielraum haben. Insbesondere vielsprachige Verträge sind jedenfalls teilweise auch mehrdeutig.

Die Auslegung dient hier dazu, den Inhalt von Verträgen festzustellen – dabei ist sie an den Beurteilungsspielraum seiner Normen gebunden. Ihr steht die Schaffung neuen Rechts durch eine Änderung oder Fortbildung gegenüber. Eine Änderung widerspricht dem normativen Beurteilungsspielraum: Im Ergebnis modifiziert sie vertragliche Regeln oder schränkt diese ein. Hingegen ist die Fortbildung ein Unterfall der Änderung. Sie übersteigt den Beurteilungsspielraum und erweitert dadurch den Inhalt von Normen.

Sowohl Auslegung als auch Schaffung neuen Rechts gebührt den Staaten als den „Herren der Verträge". Staaten übertragen die Auslegung jedoch in vielen Fällen auf Organe – insbesondere bei der Gründung internationaler Organisationen.

Staaten sind bei der Auslegung und Änderung nicht an den Beurteilungsspielraum von Normen gebunden. Sie können Verträge also sowohl ändern als auch authentisch, d. h. gemeinsam auslegen. Eine authentische Auslegung entspricht dabei einer Änderung. Durch ihre zunehmend mitgliedschaftlich strukturierte Zusammenarbeit haben Staaten die Auslegung allerdings mit der Gründung internationaler Organisationen immer öfter auf gerichtliche und politische Organe übertragen. Die Entscheidungen dieser Organe binden zumindest faktisch alle Parteien eines Vertrages.

Die evolutive Auslegung ermöglicht es, Verträge an ein neues Rechtsverständnis anzupassen. Damit kann sie eine eigentlich notwendige Änderung durch die Parteien umgehen sowie die heterogene Völkerrechtsordnung harmonisieren. Sie befindet sich dabei aber auf einem schmalen Grat zwischen Vertragswandel und Vertragsbruch.

Internationale Organe entwickeln Verträge fort, indem sie Normen an ein zeitgemäßes Rechtsverständnis anpassen. Dies gelingt hauptsächlich, weil sie auch das vertragliche Umfeld berücksichtigen. Solch eine Praxis trägt dem Umstand Rechnung, dass Verträge üblicherweise für eine unbegrenzte Zeit gelten, ihre Änderung den Staaten aber wegen meist unterschiedlicher Kultur- und Rechtskreise und andersartiger Interessen nur schwer fällt. Diese Schwierigkeit steigt naturgemäß mit der Anzahl der beteiligten Staaten. Gegenüber einer Änderung ermöglicht die evolutive Auslegung somit eine einfache und schnelle Anpassung. Weiterhin harmonisiert sie durch die rechtsvergleichende Ermittlung zeitgenössischer Werte die heterogene Völkerrechtsordnung.

Die interpretative Anpassung birgt jedoch die Gefahr in sich, Verträge nicht lediglich auszulegen, sondern überdies zu verändern. Diese Möglichkeit steigt, umso mehr die Anpassung den Inhalt von Verträgen nicht nur modifiziert oder einschränkt, sondern erweitert und dadurch eine völlig neue Regelung einführt. Eine übermäßige evolutive Auslegung könnte die Rechtssicherheit und Kontinuität im Völkervertragsrecht beeinträchtigen: Die Vertragspflichten wären dann für die Staaten nicht mehr erkennbar und nicht zuletzt wegen ihrer oftmals ungleicher Traditionen auch nicht einfach feststellbar. Ferner könnten sich die Staaten dadurch in ihrer Souveränität beeinträchtigt fühlen. Im äußersten Fall bestünde sogar die Möglichkeit, dass sie bei der Schaffung internationaler Organisationen und am Ende auch bei der Durchsetzung des Völkervertragsrechts Zurückhaltung übten.

Nach der WVRK muss ein Vertrag jedoch für eine evolutive Auslegung offen sein, was gemeinhin bei Regelungsverträgen der Fall ist. Das außervertragliche Umfeld dient dabei nur als ergänzende Erkenntnisquelle.

Den gewohnheitsrechtlich geltenden Regeln der WVRK nach ist die Auslegung nicht statisch an den Zeitpunkt des Vertragsabschlusses gebunden; vielmehr ist ihr nach Art. 31 WVRK das zeitgemäße Rechts- und Werteverständnis zugrunde zu legen.

Voraussetzung bleibt jedoch, dass sich ein Vertrag überhaupt als anpassungsfähig erweist. Dies trifft nur dann zu, wenn sein Wortlaut allgemein formuliert wurde und er nach Sinn und Zweck eine Anpassung unterstützt. Die Präambel spielt dabei eine überragende Rolle, weil sie die Motive des Vertragsabschlusses enthält. Überdies deutet die Errichtung einer unabhängigen Kontrollinstanz – wie etwa ein Rechtsprechungsorgan – auf den Willen der Parteien, einen dauerhaften Ordnungsrahmen zu schaffen und einem Vertrag eine Eigendynamik zu verleihen. Nach all diesen Kriterien lässt sich eine Typisierung der Verträge feststellen, die einem Wandel generell zugänglich sind: Der evolutiven Auslegung kommt bei multilateralen Regelungsverträgen eine besondere Bedeutung zu.

Das völkerrechtliche Umfeld des Vertrages dient dabei lediglich ergänzend als Rechtserkenntnisquelle – unter zwei Voraussetzungen findet es Berücksichtigung: Erstens muss die Anpassung im Vertrag zumindest noch einen Anhaltspunkt finden, und zweitens darf sie existierende Normen nicht umgehen.

Die Entscheidungspraxis internationaler Organe demonstriert, dass die evolutive Auslegung bis an die Grenze zur Vertragsänderung reichen kann.

Internationale Organe haben sich mit der Zulässigkeit und der Reichweite der evolutiven Auslegung von Verträgen vielfältig auseinandergesetzt. Exemplarisch dafür sind die Entscheidungen des StIGH und des IGH sowie des EGMR als Rechtsprechungsorgane und die des UN-Sicherheitsrats als politisches Organ.

Während der StIGH zu Anfang seiner Tätigkeit die Auslegung noch auf den Zeitpunkt des Vertragsschlusses begrenzte, erkennt der IGH heute die evolutive Auslegung von Verträgen uneingeschränkt an. In der Rechtsprechung des IGH fehlt jedoch eine klare Aussage über ihre Reichweite, d. h. darüber, inwieweit das außervertragliche Umfeld bei der Auslegung zu berücksichtigen ist.

Dagegen bewertete der EGMR die EMRK schon früh als ein „lebendes" Instrument, das sich zeitgemäßen Wertvorstellungen anpasse. Neben den Entwicklungen des innerstaatlichen Rechts dienen ihm noch heute das völkerrechtliche Umfeld und die Protokolle zur EMRK als Hinweise dafür, ob und inwiefern sich das Rechtsverständnis seit Vertragsschluss fortgebildet hat. Der EGMR geht dabei bis an die Grenze zur Vertragsänderung.

Der Sicherheitsrat bildete die UN-Charta fort, indem er eine Bedrohung des internationalen Friedens auch bei innerstaatlichen Konflikten wie humanitären Notlagen und Bürgerkriegen oder bei Akten Privater wie Terroranschlägen annahm, obwohl Art. 39 UN-Charta traditionell nur an zwischenstaatlichen Konflikten orientiert ist. Dies ist nicht nur deshalb überzeugend, da die Charta selbst mehrere Anzeichen dafür enthält, dass Menschenrechte ein wesentliches Mittel zur Friedenssicherung darstellen. Vielmehr steigt seit Verabschiedung der Allgemeinen Erklärung der Menschrechte im Jahr 1948 die Anzahl internationaler Menschenrechtsverträge stetig an, was besonders beweist, dass das Interesse, Menschenrechtsverletzungen zu bekämpfen, in der internationalen Rechtsgemeinschaft wächst. Um der Gefahr einer Ideologisierung des Friedensbegriffs der Charta entgegenzuwirken, sind jedoch weitergehende Bemühungen wünschenswert, den Schutz vor privaten Akten wie Terroranschlägen in einen internationalen Zusammenhang zu bringen.

Das Welthandelsrecht und das Umweltvölkerrecht stehen in einem Spannungs-
verhältnis zueinander. Einen Ausgleich sucht das Konzept der nachhaltigen
Entwicklung vergebens, da es rechtlich unverbindlich und inhaltlich unbestimmt
ist.

Der Handel mit Waren und der Schutz der Umwelt sind eng miteinander verknüpft. Dennoch stehen das Welthandels- und Umweltvölkerrecht weitgehend
unabhängig nebeneinander.

Das Welthandelsrecht wurde 1947 lediglich zur Wohlfahrtssteigerung geschaffen. Die Umwelt wurde dabei als ein Wirtschaftsgut begriffen, das ökonomisch genutzt werden sollte. So verweist auch die Präambel des GATT 1947 auf
den ungehinderten Zugang zu den Rohstoffen der Welt. Der Schutz der Umwelt
war zu diesem Zeitpunkt in der internationalen Rechtsgemeinschaft also noch
kein Thema.

Einzige Ausnahme enthielt Art. XX (b) und (g) GATT 1947. Danach konnten
Handelsschranken bereits von Anbeginn gerechtfertigt sein, um nationale Bodenschätze vor ihrer Ausbeutung zu schützen. An den Schutz von Umweltgütern außerhalb des Hoheitsgebiets eines Staates dachten die Parteien jedoch nicht. Auch
die Möglichkeit, dass Tiere und Pflanzen trotz ihrer Fähigkeit, sich zu reproduzieren, aussterben könnten, erfassten die Staaten noch nicht.

Das Umweltvölkerrecht erkennt dagegen bereits seit den 1960er-Jahren an,
dass Tiere vom Aussterben bedroht sein können. Ferner werden in manchen Umweltabkommen bestimmte Umweltgüter als gemeinsames Rechtsgut aller Staaten
bewertet – einige Abkommen verbieten sogar den Handel mit diesen Gütern.
Darüber hinaus bekennen sich die Staaten im umweltvölkerrechtlichen „soft law"
rechtsunverbindlich zum Prinzip der nachhaltigen Entwicklung. Konkrete Anwei-
sungen enthält das Prinzip jedoch nicht.

An diesem Verhältnis änderte auch 1994 die Neuordnung des Welthandelsrechts zunächst nichts. Zeitgemäße, globale Umweltrisiken wie die Zerstörung
der Ozonschicht und des Regenwalds oder das Aussterben von Tierarten finden
im GATT 1994 explizit keine Anerkennung. Vielmehr verfolgt der Vertrag weiterhin vorrangig wirtschaftliche Interessen seiner Parteien. Die Mitglieder der
WTO konnten sich lediglich auf das Prinzip der nachhaltigen Entwicklung einigen, das seit 1994 die Präambel des WTO-Übereinkommens ergänzt und die
Minister am 14.04.1994 im Beschluss zu Handel und Umwelt rechtsunverbindlich bestätigten. Deutliche Vorgaben schufen die WTO-Mitglieder dabei allerdings nicht. Der Grund dafür liegt unter anderem in dem Interessengegensatz
zwischen wirtschaftlich stärkeren und schwächeren Ländern. Während erste die
Umwelt meist auch auf Kosten der Wohlstandssteigerung umfassend schützen

wollen sind letzte grundsätzlich daran interessiert, Umweltgüter umfassend ökonomisch zu nutzen.

Der Appellate Body löst den Konflikt zwischen Handel und Umweltschutz, indem er die Präambel des WTO-Übereinkommens, die seit 1994 das Nachhaltigkeitsprinzip proklamiert, für die evolutive Auslegung des GATT 1994 nutzt. Das Prinzip der nachhaltigen Entwicklung wird dabei durch einen Rückgriff auf das Umweltvölkerrecht inhaltlich konkretisiert. Die WTO „grünt".

Die Streitbeilegungsinstanzen legen das GATT 1994 im Lichte des Umweltvölkerrechts evolutiv aus. Besondere Bedeutung kommt der Entscheidung im Shrimps-Meeresschildkröten-Fall Ende der 1990er-Jahre zu. In diesem Verfahren stellte der Appellate Body fest, dass das GATT 1994 ein dynamisches Vertragswerk sei, welches man nur im Zusammenhang mit dem Umweltvölkerrecht verstehen könne. Damit verwarf er die vorhergehende Streitbeilegungspraxis, die eine „Ökologisierung" noch zu Gunsten des uneingeschränkten Warenverkehrs ablehnte.

Der Appellate Body sah sich durch den Beschluss der Minister zu Handel und Umwelt vom 14.04.1994 bestätigt. Obwohl diese Erklärung nur rechtsunverbindlich gilt, findet sie über Art. 31 III c) WVRK in das WTO-Recht Eingang. Grundlage dafür bildet das Nachhaltigkeitsprinzip der WTO-Präambel, das der Appellate Body im Rahmen der systematischen Auslegung berücksichtigte. Damit gelang es ihm, das GATT 1994 weitgehend in Einklang mit dem Umweltvölkerrecht zu bringen. So werden mittlerweile nicht nur Lebewesen als „erschöpfbare Naturschätze" i. S. d. Unterpunktes (g) anerkannt, sondern auch gemeinsame Umweltgüter wie weit wandernde Tierarten dem wirtschaftlichen Nutzen entzogen. Der Appellate Body machte aber auch deutlich, dass Art. XX GATT 1994 als Ausnahmevorschrift eng auszulegen sei.

Schlussfolgernd kann man sagen, dass die Streitbeilegungspraxis Handelsschranken aus ökologischen Gründen im erheblichen Umfang zulässt. Sie versäumte es jedoch bislang, das Ausmaß und die Grenzen zulässiger Handelsschranken in der WTO abschließend zu klären.

Der Rechtfertigung von Handelsschranken zum Schutz gemeinsamer Umweltgüter – wie etwa des staatenlosen Lebensraums und des Tropenwaldes als weltweit einzigartiges Biotop – steht nichts entgegen. Die Grenzen der evolutiven Auslegung des GATT 1994 sind allerdings dann erreicht, wenn Handelsschranken zur Marktabschottung führen, Staaten diskriminieren oder vorrangig keine einvernehmliche Lösung gesucht wird.

Die Streitbeilegungspraxis steht im Einklang mit den gewohnheitsrechtlich anerkannten Auslegungsregeln der WVRK: Das GATT ist als Regelungsvertrag schon generell für eine evolutive Auslegung offen – was seine grammatikalische und teleologische Auslegung bestätigt. Der Vertrag ist nämlich schon nach seinem Wortlaut auf eine lange Dauer angelegt. Ferner zeigt die Schaffung der WTO und des Streitbeilegungssystems den Willen der Staaten, eine beständige Ordnung für den Welthandel zu schaffen.

Insbesondere Art. XX GATT 1994 ist einer evolutiven Auslegung zugänglich, da die Norm allgemein formuliert ist. Für die Rechtfertigung von Handelsschranken zum Schutz auch solcher Umweltgüter, die der Wortlaut dieser umweltrelevanten Ausnahmebestimmung nicht explizit umfasst, sprechen obendrein vor allem das in die WTO-Präambel integrierte Konzept der nachhaltigen Entwicklung sowie die Vorschriften des SPS. Diese Regelungen sind gem. Art. 31 II WVRK im Rahmen der systematischen Auslegung zu berücksichtigen. Besondere Bedeutung hat dabei zudem, dass das Nachhaltigkeitskonzept von den Ministern im Beschluss zu Handel und Umwelt vom 14.04.1994 bestätigt wurde. Obwohl der Beschluss rechtsunverbindlich ist, beeinflusst er nach Art. 31 III c) WVRK die Auslegung des GATT 1994. Der vage Inhalt des Nachhaltigkeitskonzeptes wird dabei durch das Umweltvölkerrecht konkretisiert, das ebenfalls als ergänzende Erkenntnisquelle dient.

Als Grenze der evolutiven Auslegung gilt, dass die Grundprinzipien des GATT 1994 nicht umgangen werden. Ökologisch motivierte Handelsschranken sind also nur dann zulässig, wenn sie nicht dazu führen, dass Staaten ihre nationalen Märkte protektionistisch abschotten. Darüber hinaus muss einer einseitigen Handelsschranke zwingend der Versuch vorangehen, zu einer einvernehmlichen Lösung zu gelangen. Dadurch gewinnen bestehende Abkommen, die bereits Handelsschranken zum Schutz von Umweltgütern vorsehen, für die evolutive Auslegung des GATT 1994 eine besondere Bedeutung.

Schlussbetrachtung

Abschließend lassen sich folgende Schlüsse ziehen:

Die Untersuchung hat gezeigt, dass die evolutive Auslegung ermöglicht, das Welthandelsrecht schnell an globale Umweltrisiken anzupassen und mit dem übrigen Völkerrecht in Einklang zu bringen, ohne seine rechtliche Ausgestaltung in Frage zu stellen. Der Vorhalt, eine solche Auslegungspraxis überschreite die Kompetenzen der Streitbeilegungsorgane, ist demnach nicht begründet.

Weiter hat die vorliegende Arbeit dargelegt, dass sich lediglich die umweltrelevanten Ausnahmebestimmungen des GATT 1994 dynamisch fortbilden, d. h. seine Grundprinzipien gerade nicht „grünen". Die WTO wandelt sich also nicht – wie teilweise unterstellt wird[1023] – in eine Umweltorganisation. Demgemäß haben Forderungen nach einer primärrechtlichen Änderung des GATT 1994 in ein GAST bzw. GATE ebenfalls keine Grundlage.

Die Abhandlung hat aber auch darauf hingewiesen, dass die Anpassung des Welthandelsrechts volkswirtschaftliche Unterschiede zwischen den WTO-Mitgliedern berücksichtigen muss. Dabei ist besonders problematisch, dass eine „grünende" WTO den Interessen der wirtschaftlich schwächeren Länder widerspricht, soweit ihnen dadurch eine weitergehende Wohlstandssteigerung verwehrt wird.

Auch wenn die evolutive Auslegung des GATT 1994 rechtlich zulässig und sogar geboten ist, wird damit deutlich, dass eine gemeinsame Lösung des Spannungsverhältnisses zwischen Welthandel und Umweltschutz, welche den Interessen aller WTO-Mitglieder gleichermaßen Rechnung trägt, dringend erforderlich bleibt[1024]. Bis dahin ist eine schrittweise „Ökologisierung" des GATT 1994 durch die Streitbeilegungspraxis jedoch ein gangbarer Weg, der auch für eine zukünftige, einvernehmliche Anpassung richtungweisend sein kann.

1023 Vgl. die anfänglichen Ausführungen zum Gegenstand der Untersuchung.
1024 Ebenso Stoll/Strack und Matz-Lück/Wolfrum, in: *Wolfrum/Stoll/Hestermeyer*, S. 499, 558 f.

Abkürzungsverzeichnis

A. A./a. A.	Andere Ansicht
ABl. EG	Amtsblatt der Europäischen Gemeinschaften
Adj.	Adjektiv
AJIL	American Journal of International Law
Art.	Artikel
AVR	Archiv des Völkerrechts
Bd.	Band
BGBl. II	Bundesgesetzblatt, Teil II
bspw.	beispielsweise
BVerfGE	Entscheidung des Bundesverfassungsgerichts
BYIL	British Yearbook of International Law
bzgl.	bezüglich
bzw.	beziehungsweise
CITES	Convention on International Trade of Endangered Species of Wild Fauna and Flora, Übereinkommen über den internationalen Handel mit gefährdeten Arten freilebender Tiere und Pflanzen (Washingtoner Artenschutzabkommen)
CTE	Committee on Trade and Environment, Ausschuss der WTO für Handel und Umwelt
Ders.	Derselbe
d. h.	das heißt
Dies.	Dieselben
Doc./Dok.	Dokument
DÖV	Die Öffentliche Verwaltung
DSB	Dispute Settlement Body, Schiedsgerichtsorgan der WTO
DSU	Dispute Settlement Understanding (eigentlich: Understanding on Rules and Procedures Governing the Settlement of Disputes), Vereinbarung über Regeln und Verfahren zur Beilegung von Streitigkeiten (der WTO)
DVBl.	Deutsches Verwaltungsblatt
Ebd./ebd.	Ebenda
EG	Europäische Gemeinschaft(en)
EGMR	Europäischer Gerichtshof für Menschenrechte

EMRK	Europäische Menschenrechtskonvention (eigentlich: Europäische Konvention zum Schutz der Menschenrechte und Grundfreiheiten)
EPIL	Encyclopedia of Public International Law
EU	Europäische Union
EuGH	Europäischer Gerichtshof
EuGRZ	Europäische Grundrechte-Zeitschrift
EuR	Europarecht
EuZW	Europäische Zeitschrift für Wirtschaftsrecht
f.	und folgende
FAZ	Frankfurter Allgemeine Zeitung
ff.	und fortfolgende (weitere)
GATS	General Agreement on Trade in Services, Allgemeines Übereinkommen über den Handel mit Dienstleistungen
GATT	General Agreements on Tariffs and Trade, Allgemeines Zoll- und Handelsabkommen
gem.	gemäß
GG	Grundgesetz für die Bundesrepublik Deutschland
GYIL	German Yearbook of International Law
Hrsg.	Herausgeber
i. B. a.	in Bezug auf
i. d. R.	in der Regel
IBRD	International Bank for Reconstruction and Development, Internationale Bank für Wiederaufbau und Entwicklung (Weltbank)
IBRDA	Agreement of the International Bank for Reconstruction and Development, Abkommen über die Internationale Bank für Wiederaufbau und Entwicklung (Weltbank)
ICLQ	International Comparative Law Quarterly
IGH	Internationaler Gerichtshof
IGH-Statut	Statut des Internationalen Gerichtshofs, Statute of the International Court of Justice
ILC	International Law Commission, Internationaler Rechtsausschuss
ILM	International Legal Materials
IMF	International Monetary Fund, Internationaler Währungsfond

200

IMFA	Agreement of the International Monetary Fund, Übereinkommen über den Internationalen Währungsfond
i. S. d.	im Sinne des/der
ITO	International Trade Organisation, Internationale Handelsorganisation
i. V. m.	in Verbindung mit
JA	Juristische Arbeitsblätter
JIR	Jahrbuch für Internationales Recht
Jura	Juristische Ausbildung
JuS	Juristische Schulung
JZ	Juristen Zeitung
Kap.	Kapitel
MEAs	Multilateral Environmental Agreements, multilaterale Umweltschutzabkommen
MMPA	Marine Mammal Protection Act, amerikanisches Gesetz zum Schutz von Meeressäugetieren
NILR	Netherlands International Law Review
NJW	Neue Juristische Wochenschrift
Nr./No.	Nummer/number
NVwZ	Neue Zeitschrift für Verwaltungsrecht
ÖZÖR	Österreichische Zeitschrift für öffentliches Recht
para.	paragraph, Absatz
paras.	paragraphs, Absätze
PPMs	produkt and process methods
RECIEL	Review of European Community and International Environmental Law
RIW	Recht der Internationalen Wirtschaft
Rn.	Randnummer
S.	Seite
SCM	Agreement on Subsidies and Countervailing Measures, Übereinkommen über Subventionen und Ausgleichsmaßnahmen

SPS	Agreement on the Application of Sanitory and Phytosanitory Measures, Übereinkommen über die Anwendung gesundheitspolizeilicher und pflanzenschutzrechtlicher Maßnahmen
StIGH	Ständiger Internationaler Gerichtshof
TBT	Agreement on Technical Barriers to Trade, Übereinkommen über technische Handelshemmnisse
TEDs	turtle excluder devices, Meeresschildkröten-Absonderungsgerät
TNC	Trade Negotiation Comittee, Handels-Verhandlungsausschuss der WTO
TREMs	Trade Related Environmental Measures, handelsbezogene Maßnahmen eines Umweltschutzabkommens
TRIPS	Agreement on Trade-Related Aspects of Intellectual Property Rights, Übereinkommen über handelsbezogene Aspekte der Rechte des geistigen Eigentums
UN	United Nations, Vereinte Nationen
UNCED	United Nations Conference on Environment and Development, Konferenz der Vereinten Nationen für Umwelt und Entwicklung
UN-Charta	Charta of the United Nations, Charta der Vereinten Nationen
UNCIO	United Nations Conference on International Organization, Konferenz der Vereinten Nationen über Internationale Organisationen
UNTS	United Nations Treaty Series
UNYB	Max Planck Yearbook of United Nations Law
USA	United States of America, Vereinigte Staaten von Amerika
v.	versus (gegen)
Vgl./vgl.	Vergleiche
VN	Vereinte Nationen
Vol.	Volume (Band)
WIPO	World Organisation for International Property Rights, Weltorganisation für geistiges Eigentum
WTO	World Trade Organisation, Welthandelsorganisation sowie Agreement establishing the World Trade Organization, Übereinkommen zur Errichtung der Welthandelsorganisation

WVRK/WVK	Wiener Vertragsrechtskonvention (eigentlich: Wiener Übereinkommen über das Recht der Verträge), Vienna Convention on the Law of Treaties
YBILC	Yearbook of the International Law Commission, Jahrbuch der Internationalen Rechtskommission
ZaöRV	Zeitschrift für ausländisches öffentliches Recht und Völkerrecht
z. B.	zum Beispiel
ZEuS	Zeitschrift für Europarechtliche Studien
ZfU	Zeitschrift für Umweltpolitik und Umweltrecht
ZÖR	Zeitschrift für Öffentliches Recht
ZSR	Zeitschrift für Schweizerisches Recht
ZUR	Zeitschrift für Umweltrecht

Literaturverzeichnis

Adomeit, Klaus – Der Rechtspositivismus im Denken von Hans Kelsen und von Gustav Radbruch, JZ 2003, S. 161–216

Altemöller, Frank – Handel und Umwelt im Recht der Welthandelsorganisation WTO: Umweltrelevante Streitfälle in der Spruchpraxis zu Artikel III und XX GATT, Frankfurt am Main, Berlin, Bern, New York, Paris, Wien 1998

Althammer, Wilhelm – Handelsliberalisierung und Umweltpolitik – ein Konflikt?, ZfU 1995, S. 419–449

Aust, Anthony – Modern treaty law and practice, Cambridge 2002

Baade, Hans – Intertemporales Völkerrecht, JIR 1957, Vol. 7, S. 229–256

Benedek, Wolfgang – Die Rechtsordnung des GATT aus völkerrechtlicher Sicht, Berlin, Heidelberg 1990

Berber, Friedrich – Lehrbuch des Völkerrechts, Band I: Allgemeines Friedensrecht, 2. Auflage, München 1975

Bernhardt, Rudolf – Die Auslegung völkerrechtlicher Verträge insbesondere in der neueren Rechtsprechung internationaler Gerichte, Köln, Berlin 1963

Derselbe – Interpretation and implied (tacit) modification of treaties: comments on Arts. 27, 28, 29 and 38 of the ILC's 1966 Draft Articles on the Law of Treaties, ZaöRV 1967, S. 491–506

Derselbe – Homogenität, Kontinuität und Dissonanzen in der Rechtsprechung des internationalen Gerichtshofs: Eine Fall-Studie zum Südafrika / Namibia-Komplex, ZaöRV 1973, S. 1–37

Derselbe – Anmerkungen zur Rechtsfortbildung und Rechtsschöpfung durch internationale Gerichte, in: Gunther, Konrad / Hafner, Gerhard / Lang, Winfried / Neuhold, Hanspeter / Sucharipa-Behrmann, Lilly (Hrsg.) – Völkerrecht zwischen normativem Anspruch und politischer Realität, Festschrift für Karl Zemanek zum 65. Geburtstag, Berlin 1994, S. 11–24 (zit.: Bernhardt, in: *Gunther/Hafner/Lang/Neuhold/Sucharipa-Behrmann*)

Derselbe – Interpretation in international law, in: Bernhardt, Rudolf (Hrsg.) – EPIL, Vol. II: E – I, Amsterdam, Lausanne, New York, Oxford, Shannon, Tokyo 1995 (zit.: Bernhardt, in: *Ders.*, EPIL II)

Derselbe – Evolutive treaty interpretation, especially of the European Convention on Human Rights, GYIL 1999, Vol. 42, S. 11–25

Derselbe – Treaties, in: Bernhardt, Rudolf (Hrsg.) – EPIL, Vol. IV: Q – Z, Amsterdam, London, New York, Oxford, Paris, Shannon, Tokyo 2000 (zit.: Autor, in: *Bernhardt*, EPIL IV)

Derselbe – Vertragsauslegung, in: Seidl-Hohenveldern, Ignaz (Hrsg.) – Völkerrecht, 3. Auflage, Neuwied, Kriftel 2001 (zit.: Bernhardt, in: *Seidl-Hohenveldern*)

Beyerlin, Ulrich – Umweltvölkerrecht, München 2000

Beyerlin, Ulrich / *Marauhn*, Thilo – International Environmental Law, Oxford 2011

Biermann, Frank – Mehrseitige Umweltabkommen im GATT/WTO-Recht, AVR 2000, S. 455–504

Bleckmann, Albert – Teleologie und dynamische Auslegung des Europäischen Gemeinschaftsrechts, EuR 1979, S. 239–260

Derselbe – Völkerrecht, Baden-Baden 2001

Blumenwitz, Dieter – Maintenance of peace and security, in: Wolfrum, Rüdiger (Hrsg.) – United Nations: law, policies and practice, Vol. 2, München 1995, No. 90, S. 865–870 (zit.: Blumenwitz, in: *Wolfrum*)

Bos, Maarten – Theory and practice of treaty interpretation, NILR 1980, Vol. 27, S. 3–38 und S. 135–170

Brötel, Achim – Die Auslegung völkerrechtlicher Verträge im Lichte der Wiener Vertragsrechtskonvention, Jura 1988, S. 343–349

Brownlie, Ian – Principles of public international law, 6th edition, Oxford 2003

Buß, Thomas – Grenzen der dynamischen Vertragsauslegung im Rahmen der EMRK, DÖV 1998, S. 323–330

Cameron, James / *Gray*, Kevin R. – Principles of international law in the WTO Dispute Settlement Body, ICLQ 2001, Vol. 50, S. 248–298

Cheng, Bin – Rights of United States nationals in the French zone of Morocco, ICLQ 1953, S. 354–367

Coing, Helmut – Grundzüge der Rechtsphilosophie, 5. Auflage, Berlin, New York 1993

Dahm, Georg / *Delbrück*, Jost / *Wolfrum*, Rüdiger – Völkerrecht, Band I/1: Die Grundlagen; Die Völkerrechtssubjekte, 2. Auflage, Berlin, New York 1989

Dieselben – Völkerrecht, Band I/3: Die Formen des völkerrechtlichen Handels; Die inhaltliche Ordnung der internationalen Gemeinschaft, 2. Auflage, Berlin 2002

D'Amato, Anthony – International law, intertemporal problems, in: Bernhardt, Rudolf (Hrsg.) – Encyclopedia of public international law, Vol. II: E – I, Amsterdam, Lausanne, New York, Oxford, Shannon, Tokyo 1995 (zit.: D'Amato, in: *Bernhardt*, EPIL IV)

De Vattel, Emer – Le droit des gens ou principles de la loi naturelle I, Genf 1983; deutsche Übersetzung in: Schätzel, Walter (Hrsg.) – Die Klassiker des Völkerrechts in modernen deutschen Übersetzungen, Band 3, Tübingen 1959 (zit.: De Vattel, in: *Schätzel*)

De Wet, Erika / *Nollkaemper*, André – Review of Security Council decisions by national courts, GYIL 2002, Vol. 45, S. 166–202

Dixon, Martin – Textbook on international law, 6th edition, Oxford 2007

Doehring, Karl – Völkerrecht, 2. Auflage, Heidelberg 2004

Dörr, Oliver / *Schmalenbach*, Kirsten (editors) – Vienna Convention on the Law of Treaties – A Commentary, Heidelberg 2012 (zit.: Bearbeiter, in: *Dörr/Schmalenbach*)

Ehlers, Dirk / *Wolffgang*, Hans-Michael / *Schröder*, Ulrich Jan (Hrsg.) – Energie und Klimawandel: Tagungsband zum 14. Münsteraner Außenwirtschaftsrechtstag 2009, in: Schriften zum Außenwirtschaftsrecht, Frankfurt am Main 2010 (zit.: Autor, in: *Ehlers/Wolffgang/Schröder*)

Epiney, Astrid – Welthandel und Umwelt – ein Beitrag zur Dogmatik der Art. III, IX, XX GATT, DVBl. 2000, S. 77–86

Fastenrath, Ulrich – Lücken im Völkerrecht: Zu Rechtscharakter, Quellen, Systemzusammenhang, Methodenlehre und Funktionen des Völkerrechts, Berlin 1991

Fitzmaurice, Gerald – The law and procedure of the International Court of Justice 1951 – 4: treaty interpretation and other treaty points, BYIL 1957, Vol. 33, S. 203–293

Friedmann, Wolfgang – The International Court of Justice and the evolution of international law, AVR 1969 – 70, Band 14, S. 305–320

Frowein, Jochen Abr. – Der europäische Menschenrechtsschutz als Beginn einer europäischen Verfassungsrechtsprechung, JuS 1986, S. 845–851

Derselbe – Der europäische Grundrechtsschutz und die deutsche Rechtsprechung, NVwZ 2002, S. 29–33

Frowein, Jochen / *Peukert*, Wolfgang – Kommentar zur Europäischen Menschenrechtskonvention, 2. Auflage, Kehl, Straßburg, Arlington 1996

Gading, Heike – Der Schutz grundlegender Menschenrechte durch militärische Maßnahmen des Sicherheitsrates – das Ende staatlicher Souveränität?, Berlin 1996

Ginzky, Harald – Umweltschutz und der internationale Handel mit Waren, ZUR 1997, S. 124–132

Derselbe – Garnelen und Schildkröten – Zu den umweltpolitischen Handlungsspielräumen der WTO-Mitgliedstaaten, ZUR 1999, S. 216–222

Godzierz, Cornelia – Nationale Umweltpolitiken und internationaler Handel nach WTO und GATT: Analyse relevanter Entscheidungen der Panels und des Berufungsgremiums unter Berücksichtigung des Umweltvölkerrechts, Aachen 2000

Gramlich, Ludwig – GATT und Umweltschutz – Konflikt oder Dialog? Ein Thema für die neunziger Jahre, AVR 1995, Band 33, S. 131–167

Grote, Rainer / *Marauhn*, Thilo (Hrsg.) – EMRK / GG Konkordanzkommentar zum europäischen und deutschen Grundrechtsschutz, Tübingen 2006 (zit.: Autor, in: *Grote/Marauhn*)

Grotius, Hugo – De jure belli ac pacis; Drei Bücher vom Recht des Krieges und Friedens, Paris 1625, deutsche Übersetzung in: Schätzel, Walter – Die Klassiker des Völkerrechts in modernen deutschen Übersetzungen, Tübingen 1950 (zit.: Grotius, in: *Schätzel*)

Gruszczynski, Lukasz – Regulating Health and Environmental Risks under WTO Law – A Critical Analysis of the SPS Agreement, Oxford 2010

Guggenheim, Paul – Lehrbuch des Völkerrechts: Unter Berücksichtigung der internationalen und schweizerischen Praxis, Band 1, Basel 1948

Hailbronner, Kay – Art. 3 EMRK – ein neues europäisches Konzept der Schutzgewährung?, DÖV 1999, S. 617–624

Hailbronner, Kay / *Bierwagen*, Rainer – Das GATT – Die Magna Charta des Welthandels: Eine Einführung in das Vertragswerk des Allgemeinen Zoll- und Handelsabkommens, JA 1988, S. 318–329

Haraszti, György – Some fundamental problems of the law of treaties, Budapest 1973

Harris, D. J. – Cases and Materials on International Law, 6th edition, London 2004

Helm, Carsten – Umwelt- und Handelspolitik in einer globalisierten Wirtschaft, in: Simonis, Udo Ernst (Hrsg.) – Weltumweltpolitik: Grundriss und Bausteine eines neuen Politikfeldes, Berlin 1996, Nr. 12, S. 219–242 (zit.: Helm, in: *Simonis*)

Herdegen, Matthias – Völkerrecht, 7. Auflage, München 2008

Herrmann, Christoph – Historischer Wendepunkt für den internationalen Patentschutz?, ZEuS 2003, S. 589–617

Hilf, Meinhard – Freiheit des Welthandels contra Umweltschutz?, NVwZ 2000, S. 481–600

Hilf, Meinhard / *Hörmann*, Saskia – Die WTO – Eine Gefahr für die Verwirklichung von Menschenrechten?, AVR 1995, S. 397–465

Hilf, Meinhard / *Oeter*, Stefan – WTO-Recht: Rechtsordnung des Welthandels, Baden-Baden 2005 (zit.: Bearbeiter, in: *Hilf/Oeter*)

Hobe, Stephan / *Kimminich*, Otto – Einführung in das Völkerrecht, 8. Auflage, Tübingen, Basel 2004

Hohmann, Harald – Der Konflikt zwischen freiem Handel und Umweltschutz in WTO und EG, RIW 2000, S. 88–99

Derselbe – Die WTO-Streitbeilegung in den Jahren 1998–1999, EuZW 2000, S. 421–427

Derselbe – WTO-Streitbeilegung im Jahr 2001, RIW 2003, S. 352–361

Hummer, Waldemar – „Ordinary" versus „Special" Meaning, ÖZÖR 1975, Band 26, S. 87–163

Hummer, Waldemar / *Weiss*, Friedl (Hrsg.) – Vom GATT '47 zur WTO '94: Dokumente zur alten und neuen Welthandelsordnung, Baden-Baden 1997

Ipsen, Knut – Völkerrecht, 5. Auflage, München 2004 (zit.: Bearbeiter, in: *Ipsen*)

Jennings, Robert / *Watts*, Arthur – Oppenheim's international law, Vol. I: Peace, Introduction and part 1, 9th edition, Essex 1992

Dieselben – Oppenheim's international law, Vol. I: Peace, Parts 2 to 4, 9th edition, Essex 1992

Johnson, D. H. N. – The case concerning rights of nationals of the United States of America in Morocco, BYIL 1952, S. 401–423

Karl, Wolfram – Vertragsauslegung – Vertragsänderung, in: Schreuer, Christoph (Hrsg.) – Autorität und internationale Ordnung, Berlin 1979, S. 9–34 (zit.: Karl, in: *Schreuer*)

Derselbe – Vertrag und spätere Praxis im Völkerrecht: Zum Einfluß der Praxis auf Inhalt und Bestand völkerrechtlicher Verträge, Berlin, Heidelberg, New York, Tokyo 1983

Kearney, Richard D. / *Dalton*, Robert E. – The Treaty on Treaties, AJIL 1970, Band 64, S. 495–561

Kempen, Bernhard / *Hillgruber*, Christian – Völkerrecht, München 2007

Klein, Eckart – Statusverträge im Völkerrecht: Rechtsfragen territorialer Sonderregime, Berlin, Heidelberg, New York 1980

Kluttig, Bernhardt – Welthandelsrecht und Umweltschutz – Kohärenz statt Konkurrenz. in: Tietje, Christian / Kraft, Gerhard (Hrsg.) – Arbeitspapiere aus dem Institut für Wirtschaftsrecht, Heft 12, März 2003, S. 5–45 (zit.: Kluttig, in: *Tietje/Kraft*)

Köbler, Gerhard / *Pohl*, Heidrun – Deutsch-deutsches Rechtswörterbuch, München 1991

Köck, Heribert Franz – Juristische Methodologie und soziale Rechtsanwendung im Völkerrecht, in: Jabornegg, Peter / Spielbüchler, Karl (Hrsg.) – Festschrift für Rudolf Strasser zum 70. Geburtstag, Wien 1993, S. 251–273 (zit.: Köck, in: *Jabornegg/Spielbüchler*)

Derselbe – Zur Interpretation völkerrechtlicher Verträge, ZÖR 1998, Band 53, S. 217–237

Kokott, Juliane / *Buergenthal*, Thomas / *Doehring*, Karl – Grundzüge des Völkerrechts, 3. Auflage, Heidelberg 2003

Koller, Peter – Theorie des Rechts: Eine Einführung, 2. Auflage, Wien, Köln, Weimar 1997

209

Larenz, Karl / *Canaris*, Claus-Wilhelm – Methodenlehre der Rechtswissenschaft, 3. Auflage, Berlin, Heidelberg, New York, Barcelona, Budapest, Hongkong, London, Mailand, Paris, Tokyo 1995

Lauterpacht, Hersch – Restrictive interpretation and the principle of effectiveness in the interpretation of treaties, BYIL 1949, Band 26, S. 48–85

Leibiger, Martin – Die souveränitätsfreundliche Auslegung im Völkerrecht, Frankfurt am Main 2005

Leirer, Wolfgang – Rechtliche Grundfragen des Verhältnisses internationaler Umweltschutzabkommen zum GATT, Augsburg 1998

Marauhn, Thilo – Die Erhaltung der biologischen Vielfalt und die nachhaltige Nutzung ihrer Bestandteile – Rechtsinstitute der Nachhaltigkeit auf der Grundlage des UN-Übereinkommens über die biologische Vielfalt, in: Lange, Klaus (Hrsg.) – Nachhaltigkeit im Recht: Eine Annäherung, Baden-Baden 2003, S. 87–108 (zit.: Marauhn, in: *Lange*)

Matscher, Franz – Vertragsauslegung durch Vertragsrechtsvergleichung in der Judikatur internationaler Gerichte, vornehmlich vor den Orgnen der EMRK, in: Bernhardt, Rudolf / Geck, Wilhelm Karl / Jaenicke, Günther / Steinberger, Helmut (Hrsg.) – Völkerrecht als Rechtsordnung, Internationale Gerichtsbarkeit, Menschenrechte: Festschrift für Hermann Mosler, Berlin, Heidelberg, New York 1983, S. 545–566 (zit.: Matscher, in: *Bernhardt/ Geck/Jaenicke/Steinberger*)

McDougal, Myress – The International Law Commission's draft articles upon interpretation: textuality redivivus, AJIL 1967, Vol. 61, S. 992–1000

McDougal, Myres / *Lasswell*, Harold / *Miller*, James – The Interpretation of International Agreements and World Public Order: Principles of Content and Procedure, Dordrecht, Boston, London 1994

Müller, Jörg – Vertrauensschutz im Völkerrecht, Köln, Berlin 1971

Neuhold, Hanspeter – Die Wiener Vertragsrechtskonvention 1969, AVR 1971, Band 15/1, S. 1–55

Neuhold, Hanspeter / *Hummer*, Waldemar / *Schreuer*, Christoph (Hrsg.) – Österreichisches Handbuch des Völkerrechts, Band 1: Textteil, Wien 1983 (zit.: Bearbeiter, in: *Neuhold/Hummer/Schreuer*)

Neumann, Jan – Die Koordination des WTO-Rechts mit anderen völkerrechtlichen Ordnungen: Konflikte des materiellen Rechts und Konkurrenzen der Streitbeilegung, Berlin 2002

Pauwelyn, Joost – Conflict of norms in public international law: how WTO law relates to other rules of international law, Cambridge 2003

Petersmann, Ernst-Ulrich – Trade and the protection of the environment after the Uruguay Round, in: Wolfrum, Rüdiger (Hrsg.) – Enforcing environmental standards: economic mechanisms as viable means?, Berlin, Heidelberg, New York 1996 (zit.: Petersmann, in: *Wolfrum*)

Pitschas, Christian / *Neumann*, Jan / *Herrmann*, Christoph – WTO-Recht in Fällen, 2005

Prieß, Hans-Joachim / *Berrisch*, Georg M. (Hrsg.) – WTO – Handbuch, München 2003 (zit.: Bearbeiter, in: *Prieß/Berrisch*)

Rechkemmer, Andreas / *Schmidt*, Falk – Für eine neue globale Umweltarchitektur: Das Umweltprogramm der Vereinten Nationen muss reformiert werden, VN 2004, Nr. 6, S. 201–206

Reinisch, August – Der Streit um das Forum – oder: Was gehört eigentlich vor WTO-Panels?, RIW 2002, S. 449–456

Ress, Georg – Verfassungsrechtliche Auswirkungen der Fortentwicklung völkerrechtlicher Verträge: Überlegungen zum Verhältnis des Grundgesetzes zur Europäischen Wirtschaftsgemeinschaft und zur Europäischen Menschenrechtskonvention, in: Fürst, Walther / Herzog, Roman / Umbach, Dieter C. (Hrsg.) – Festschrift für Wolfgang Zeidler, Band 2, Berlin, New York 1987, S. 1775–1797 (zit.: Ress, in: *Fürst/Herzog/Umbach*)

Rest, Alfred – Interpretation von Rechtsbegriffen in internationalen Verträgen: Verschiedene Lösungsmöglichkeiten, Köln 1971

Sander, Franziska – Umweltschutz im Welthandel, Baden-Baden 2001

Sands, Philippe – International courts and the application of the concept of „sustainable development", UNYB 1999, Vol. 3, S. 389–405

Schäfers, Manfred – Welthandel in Grün, in: FAZ vom 20. Mai 1999, S. 17

Scheuner, Ulrich – Die Fortbildung der Grundrechte in internationalen Konventionen durch die Rechtsprechung: Zur Rechtsprechung des Europäischen Gerichtshofs für Menschenrechte, in: von Münch, Ingo (Hrsg.) – Festschrift für Hans Jürgen Schlochauer zum 75. Geburtstag am 28. März 1981, Berlin, New York 1981, S. 899–926 (zit.: Scheuner, in: *von Münch*)

Schmidt, Reiner / *Kahl*, Wolfgang – Umweltschutz und Handel, in: Rengeling, Hans Werner (Hrsg.) – Handbuch zum europäischen und deutschen Umweltrecht, Band II: Besonderes Umweltrecht (2. Teilband), 2. Auflage, Köln, Berlin, Bonn, München 2003, § 89, S. 1682–1790 (zit.: Schmidt/Kahl, in: *Rengeling II*)

Schreuer, Christoph – Die Behandlung internationaler Organakte durch staatliche Gerichte, Berlin 1977

Schollendorf, Kai – Die Auslegung völkerrechtlicher Verträge in der Spruchpraxis des Appellate Body der Welthandelsorganisation (WTO), Berlin 2005

Seidl-Hohenveldern, Ignaz (Hrsg.) – Völkerrecht, 3. Auflage, Neuwied, Kriftel 2001 (Bearbeiter, in: *Seidl-Hohenveldern*)

Seidl-Hohenveldern, Ignaz / *Loibl*, Gerhard – Das Recht der internationalen Organisationen einschließlich der supranationalen Gemeinschaften, 7. Auflage, Köln, Berlin, Bonn, München 2000

Senti, Richard – Die wachsende Bedeutung des Umweltschutzes im Welthandel und die Macht des Stärkeren, Die Friedenswarte 1998, Band 73, Heft 1, S. 63–73

Shaffer, Gregory C. / *Melendez-Ortiz*, Ricardo (editors) – Dispute Settlement at the WTO – The Developing Country Experience, Cambridge 2010 (zit.: Autor, in: *Shaffer/Melendez-Ortiz*)

Shaw, Malcolm N. – International law, 4th edition, Cambridge 1997

Simma, Bruno (Hrsg.) – The Charter of the United Nations: a commentary, Vol. 1, 2nd edition, München 2002 (zit.: Bearbeiter, in: *Simma*)

Sinclair, Ian – The Vienna Convention on the law of treaties, 2nd edition, Manchester 1984

Stein, Torsten – Das Attentat von Lockerbie vor dem Sicherheitsrat der Vereinten Nationen und dem Internationalen Gerichtshof, AVR 1993, Band 31, S. 206–229

Stein, Torsten / *Von Buttlar*, Christian – Völkerrecht, 11. Auflage, München 2005

Stieglitz, Edgar – Allgemeine Lehren im Grundrechtsverständnis nach der EMRK und der Grundrechtsjudikatur des EuGH: Zur Nutzbarmachung konventionsrechtlicher Grundrechtsdogmatik im Bereich der Gemeinschaftsgrundrechte, Baden-Baden 2002

Stoll, Peter-Tobias / *Schorkopf,* Frank – WTO – Welthandelsordnung und Welthandelsrecht, Köln, Berlin, Bonn, München 2002

Thirlway, Hugh – The law and procedure of the International Court of Justice 1960–1989 (part eight), BYIL 1996, S. 1–73

Thürer, Daniel – „Soft Law" – eine neue Form von Völkerrecht?, ZSR 1985, Band 104, 1. Halbband, S. 429–453

Tietje, Christian – Die völkerrechtliche Kooperationspflicht im Spannungsverhältnis Welthandel/Umweltschutz und ihre Bedeutung für die europäische Umweltblume, EuR 2000, S. 285–296

Torres-Bernárdez, Santiago – Interpretation of treaties by the International Court of Justice following the adoption of the 1969 Vienna Convention on the Law of Treaties, in: Hafner, Gerhard – Liber amicorum Professor Ignaz Seidl-Hohenveldern in honour of his 80th birthday, The Hague 1998, S. 721–748 (zit.: Torres-Bernárdez, in: *Hafner*)

Triebold, Claudius – Rechtliche Grundlagen des Umweltschutzes in GATT und WTO am Beispiel des internationalen Warenverkehrs, Zürich 2000

Verdross, Alfred / *Simma*, Bruno – Universelles Völkerrecht: Theorie und Praxis, 3. Auflage, Berlin 1984

Vitzthum, Wolfgang Graf (Hrsg.) – Völkerrecht, 4. Auflage, Berlin 2007 (zit.: Bearbeiter, in: *Vitzthum*)

Volger, Helmut (Hrsg.) – Lexikon der Vereinten Nationen, München, Wien 2000 (zit.: Bearbeiter, in: *Volger*)

Von Heinegg, Wolff Heintschel (Hrsg.) – Casebook Völkerrecht, München 2005 (zit.: Bearbeiter, in: *von Heinegg*)

Von Heinegg, Wolff Heintschel – Umweltvölkerrecht, in: Rengeling, Hans Werner (Hrsg.) – Handbuch zum europäischen und deutschen Umweltrecht, Band I: Allgemeines Umweltrecht, 2. Auflage, Köln, Berlin, Bonn, München 2003, § 23, S. 750–835 (zit.: von Heinegg, in: *Rengeling I*)

Von Münch, Ingo – Völkerrecht, 2. Auflage, Berlin, New York 1982

Voss, Gerhard – Der Irrtum des Verzichts, in: Die Zeit vom 3. November 1995, Nr. 45, S. 33

Wallace, Rebecca M. M. – International Law, 5th edition, London 2005

Walker, Sandra – Environmental protection versus trade liberalization: finding the balance, Bruxelles 1993

Weidmann, Klaus W. – Der Europäische Gerichtshof für Menschenrechte auf dem Weg zu einem europäischen Verfassungsgerichtshof: Die Entwicklung der Rechtsprechung des Europäischen Gerichtshofs für Menschenrechte, insbesondere der methodischen und grundrechtstheoretischen Ansätze, Frankfurt am Main, Bern, New York 1985

Weiß, Wolfgang / *Herrmann*, Christoph / *Ohler*, Christoph – Welthandelsrecht, 2. Auflage, München 2007 (zit.: Bearbeiter, in: *Weiß/Herrmann/Ohler*)

Weizsäcker, Carl Christian von – Der Freihandel als Friedensstifter, in: FAZ vom 15. November 1997, S. 15

Wirth, David – Trade implications of the Basel Convention Amendment Banning North-South Trade in Hazardous Wastes, RECIEL 1998, Vol. 7, Issue 3, S. 237–248

Wolfrum, Rüdiger / *Stoll*, Peter-Tobias / *Hestermeyer*, Holger P. (editors) – WTO-Trade in Goods – Max Planck Commentaries on World Trade Law, Boston 2011 (zit.: Bearbeiter, in: *Wolfrum/Stoll/Hestermeyer*)

Yearwood, Ronnie R. F. – The Interaction between World Trade Organisation (WTO) Law and External International Law: The constrained openness of WTO law (A prologue to a theory), London 2012

Schriften zur Internationalen Entwicklungs- und Umweltforschung

Herausgegeben vom

Zentrum für internationale
Entwicklungs- und
Umweltforschung
der Justus-Liebig-Universität Gießen

Band 1 Hans-Rimbert Hemmer / Rainer Wilhelm: Fighting Poverty in Developing Countries. Principles for Economic Policy. 2000.

Band 2 Lorenz King / Martin Metzler / Tong Jiang (eds.): Flood Risks and Land Use Conflicts in the Yangtze Catchment, China and at the Rhine River, Germany. 2001.

Band 3 Ingrid-Ute Leonhäuser (ed.): Women in the Context of International Development and Cooperation. Review and Perspectives. Selected Papers and Abstracts presented at the Justus-Liebig-University Gießen 26.–28. October 2000. 2002

Band 4 Margit Schratzenstaller: Internationale Mobilität von und internationaler fiskalischer Wettbewerb um Direktinvestitionen. 2002.

Band 5 Armin Bohnet u.a.: Theoretische Grundlagen und praktische Gestaltungsmöglichkeiten eines Finanzausgleichssystems für die VR China. Unter Mitwirkung von Chen Biyan, Chen Shixin, Ge Licheng, Ge Naixu, Ge Zhuying, Ma Shuanyou, Markus Peplau, Yang Zhigang, Zhu Qiuxia. 2003.

Band 6 Armin Bohnet / Matthias Höher (eds.): The Role of Minorities in the Development Process. 2004.

Band 7 Thi Phuong Hoa Nguyen: Foreign Direct Investment and its Contributions to Economic Growth and Poverty Reduction in Vietnam (1986–2001). 2004.

Band 8 Andreas Böcker / Roland Herrmann / Michael Gast / Jana Seidemann: Qualität von Nahrungsmitteln. Grundkonzepte, Kriterien, Handlungsmöglichkeiten. 2004.

Band 9 Christina Mönnich: Tariff Rate Quotas and Their Administration. Theory, Practice and an Econometric Model for the EU. 2004.

Band 10 Reimund Seidelmann / Ernst Giese (eds.): Cooperation and Conflict Management in Central Asia. 2004.

Band 11 Claudia Ohly: Das Steuersystem im ungarischen Transformationsprozess. Ein Beitrag zur Transformationstheorie. 2004.

Band 12 Nicole Mau: Umweltzertifikate. Der Einsatz von Umweltzertifikaten in der Landwirtschaft am Beispiel klimarelevanter Gase. 2005.

Band 13 P. Michael Schmitz (Hrsg.): Water and Sustainable Development. 2005.

Band 14 Ira Pawlowski: Die Wettbewerbsfähigkeit der ukrainischen Milchwirtschaft. Messung von Marktverzerrung und Politikeinfluß im Transformationsprozeß. 2005.

Band 15 Kirsten Westphal (ed.): A Focus on EU-Russian Relations. Towards a close partnership on defined road maps? 2005.

Band 16 Andreas Langenohl / Kirsten Westphal (eds.): Conflicts in a Transnational World. Lessons from Nations and States in Transformation. 2006.

Band 17 Rosemarie von Schweitzer: Home Economics Science and Arts. Managing Sustainable Everyday Life. 2006.

Band 18 Dörthe List: Regionale Kooperation in Zentralasien. Hindernisse und Möglichkeiten. 2006.

Band 19 Michael Gast: Determinanten ausländischer Direktinvestitionen. OECD-Länder als Investoren und besonderer Aspekte der Ernährungswissenschaft. 2007.

Band 20 Kim Schmitz: Die Bewertung von Multifunktionalität der Landschaft mit diskreten Choice Experimenten. 2008.

Band 21 Kerstin Kötschau / Thilo Marauhn (eds.): Good Governance and Developing Countries. Interdisciplinary Perspectives. 2008.

Band 22 Armin Bohnet (ed.): Poland on its Way to a Federal State? 2008.

Band 23 Johannes Harsche: Regionale Inzidenz und ökonomische Bestimmungsgrößen der Gemeinsamen Europäischen Agrarpolitik. 2009.

Band 24 Aikaterini Kavallari: Agricultural Trade Policy Reforms and Trade Liberalisation in the Mediterranean Basin. A Partial Equilibrium Analysis of Regional Effects on the EU-27 and on the Mediterranean Partner Countries. 2009.

Band 25 Marc Christopher Kramb: Sanitäre und phytosanitäre Handelsbeschränkungen unter dem Einfluss des WTO-Abkommens. Ein Gravitationsansatz unter besonderer Berücksichtigung des EU-Rindfleischsektors. 2009.

Band 26 Lorenz King / Giorgi Khubua (eds.): Georgia in Transition. Experiences and Perspectives. 2009.

Band 27 Frank Schüssler (Hrsg.): Geographische Energieforschung. Strukturen und Prozesse im Spannungsfeld zwischen Ökonomie, Ökologie und sozialer Sicherheit. 2010.

Band 28 Kerstin Kötschau: Impact of Land Reform Strategies on Rural Poverty in the Commonwealth of Independent States. Comparison between Georgia and Moldova. 2012.

Band 29 Eva Greschek: Die evolutive Auslegung völkerrechtlicher Verträge am Beispiel des GATT. 2012.

www.peterlang.de